江苏省重点史志作品编纂出版资助项目
江苏省地方志编纂委员会办公室　指导

南京云锦口述记忆

南京市地方志编纂委员会办公室　编
万宝宁　编著

南京出版传媒集团　南京出版社

图书在版编目（CIP）数据

南京云锦口述记忆 / 南京市地方志编纂委员会办公室编；万宝宁编著. -- 南京：南京出版社, 2023.12

ISBN 978-7-5533-4081-4

Ⅰ. ①南… Ⅱ. ①南… ②万… Ⅲ. ①织锦缎 - 纺织工业 - 工业史 - 史料 - 南京 Ⅳ. ①F426.81

中国国家版本馆CIP数据核字（2023）第015935号

书　　名　南京云锦口述记忆
编　　者　南京市地方志编纂委员会办公室
编　　著　万宝宁
出版发行　南京出版传媒集团
南　京　出　版　社

社址：南京市太平门街53号　　邮编：210016
网址：http://www.njcbs.cn　　电子信箱：njcbs1988@163.com
联系电话：025-83283893、83283864（营销）　025-83112257（编务）

出 版 人　项晓宁
出 品 人　卢海鸣
责任编辑　鲍咏梅　周　莉
装帧设计　赵海玥
责任印制　杨福彬

排　　版　南京新华丰制版有限公司
印　　刷　南京凯德印刷有限公司
开　　本　787 毫米 × 1092 毫米　1/16
印　　张　19
字　　数　316千
版　　次　2023年12月第 1 版
印　　次　2023年12月第 1 次印刷
书　　号　ISBN　978-7-5533-4081-4
定　　价　139.00 元

用微信或京东APP扫码购书

用淘宝APP扫码购书

编委会

序

中华文化历史悠久、博大精深，中华民族5000年的文明史给我们留下了极为丰富的文化遗产，既有物质形态的文化遗产，又有以非物质形态存在的非物质文化遗产，内容丰富、形式多样。非物质文化遗产是指各族人民创造并世代相承的，与人民群众生产生活密切相关的各种传统文化表现形式，包括十大门类：民间文学，传统音乐，传统舞蹈，传统戏剧，曲艺，传统体育、游艺与杂技，传统美术，传统技艺，传统医药，民俗等。“非遗”有如下特点：一是口传心授，人际传承；二是活态流变，因地制宜；三是与时俱进，开放包容。几千年来，中华民族在生产生活中创造、传承着丰富多彩的非物质文化遗产，滋养着中华民族、维系着社会稳定、推动着历史发展。

中国是丝绸的发源地，纺织品的织染印绣等非遗技艺更是与人们的生活密切相关。中国最早的丝织品，出现在距今四五千年前的浙江良渚文化遗址中。公元前1世纪，汉武帝开通由西北通向罗马的“丝绸之路”，中国丝绸锦绣即源源不断输送到西方，中国被称为“丝绸之国”。今天，丝绸之路早已经超越了它本身的含义，成为文明交流互鉴的典范。

在中国古代的丝织品中，“锦”是代表最高技术水平的织物。南京云锦是在继承历代织锦优秀传统的基础上发展而来的，它用料考究，织造精细，图案精美，锦纹绚丽，因宛若天上的云霞而得名。南京丝织业的发展与北方技术工匠的南迁密切相关，南京云锦的正式发端，始于东晋安帝义熙十三年（417）。东晋权臣刘裕在南京城南秦淮河畔斗场寺附近设置锦署，专门管理和从事锦缎的生产，这是南京历史上第一个官办织锦机构，从此南京织锦业登上了历史舞台。

南京云锦有元、明、清三朝700多年为皇室服务的历史，特别是明、清两代生产的云锦衣袍官服，用料之珍贵、织造之精美登峰造极。南京云锦传统工艺十分独特，它用提花木机织造，织造时由上、下两人配合操作，一天仅能织出五厘米左右，故有“寸锦寸金”之称。织造材料由真金线、真银线、蚕丝线及各种鸟兽羽毛线等构成。南京云锦有“织金”“库锦”“库缎”“妆花”等优秀的传世品种。其中“妆花”的织造技艺最为复杂，是明代织锦业中的一个重要创造。这种妆花的织造技艺，可以娴熟地运用在纱、罗、绸、绢、绒等不同质地、不同组织的织物上，将色调繁多的妆花织物处理得繁而不乱、统一和谐，使织物上的纹饰获得生动而优美的艺术效果。南京云锦花纹配色多达五六十种，纹样层次感极强，这种利用“通经断纬”“挖花妆彩”的织造工艺来完成的品种，是一般丝织品所不能企及的。直到现在，现代机器仍然无法替代这种手工工艺。南京云锦一直以其顽强的生命力代代相传至今，其生产工艺更是成为中国丝织史上的“活化石”。

2009年9月，“南京云锦织造技艺”入选联合国教科文组织人类非物质文化遗产代表作名录。

非物质文化遗产保护中的活态传承也被称为“活态保护”或“动态保护”，主要是基于对传承人的保护及非物质文化遗产生命力的延续和发展。南京云锦织造技艺的传承人通过师承，以口耳相承的方式将技艺传承至今。传承人在漫长的学艺过程中，除生产工艺不断地丰富、技巧不断地提高外，思维方式、精神世界也在不断地升华，这都是南京云锦事业传承、发展的一部分，也是研究的视野所在。他们立足于新时代发展的脉搏，不断地汲取中华优秀传统文化的精髓，在传承活态技艺的过程中不断地进行创造性转化与发展，从而推动南京云锦事业焕发新的生命力。

2017年，“南京云锦口述记忆”项目启动，花费了6年多的时间搜集材料，翻阅南京云锦研究所的档案资料；采访了37位南京“云锦人”（含技艺传承人、技艺创新人，以及参与过云锦工作的各级领导、专家、从业人员等），从他们的生活环境、人生经历、学艺过程、思想意识等方面做了深入的口述访谈，以期全面认识和了解南京云锦事业在动态发展过程中与社会发展之间的关系。通过访谈，收集受访者对南京云锦事业发展的个人经验、情感和想法，以弥补南京云锦事业其他历史记录的空白。历经对个体、群体，以及两者互动性之间的关注，进一步阐释南京云锦在现代社会语境中的创造力、生命力，为科学保护提供依据。

作者从民间口述记忆中去挖掘故事，用心去倾听、去感悟那个时代的呼吸和脉动；收集了大量的图文资料，又历经漫长的文案整理，在吸收和消化的基础上，最终将南京云锦事业发展的历史凝聚到笔墨里。此外，也配合时代，加入了录音与录像的科技资料，并将收集到的访谈录音、录像等加以录制、保存和传播。工作量之大，态度之认真，作风之严谨，令人赞佩！

很高兴能见到这本书的正式出版，深信这本书能与其他非物质文化遗产项目在口述历史方面有更多、更深入的交流，并希望在后续工作中能够进一步拓展与深化对其他非物质文化遗产项目口述历史的认识与研究。

现代信息技术为口述历史的广泛开展提供了支撑和保障，对南京丰富的非物质文化遗产项目口述历史资料的抢救、整理、保存、研究已迫在眉睫，口述记忆工作必将迎来更大的发展契机。

谨对此书的出版表示衷心的祝贺！

周和平

2023年3月21日

一项刻不容缓的工作
——写在《南京云锦口述记忆》出版之际

由南京市地方志编纂委员会办公室编、万宝宁女士编著的《南京云锦口述记忆》即将出版，嘱我作序，深感荣幸。我对南京云锦织造技艺没有研究，但我对南京云锦却有着深深的感情。2009年9月，“南京云锦织造技艺”入选联合国教科文组织公布的人类非物质文化遗产代表作名录。我当时担任中国非物质文化遗产保护中心常务副主任，是中国向联合国教科文组织申报人类非物质文化遗产代表作名录评审委员会的成员，还主持了中国向联合国教科文组织申报“人类非物质文化遗产代表作名录”初选项目暨备选项目申报文本协调会，并参加了“南京云锦织造技艺”申报片的最后审定工作。作为“南京云锦织造技艺”申报“人类非物质文化遗产代表作名录”的亲历者，每每听到与南京云锦有关系的事，都像说我自己的事情一样，感到非常亲切，非常有感情。

《南京云锦口述记忆》是南京云锦保护的重要收获，而且这是一项极为重要、刻不容缓的工作。

南京云锦是中华优秀传统文化的一枝奇葩，云锦中的妆花是我国丝织工艺的最高境界。尽管“南京云锦织造技艺”已经是中国织锦工艺的最后一个里程碑，但它的“前世”就像云锦的色彩一样，光彩夺目，灿若云霞，风光无限。而云锦的“今生”，则是和许许多多非物质文化遗产一样，“生存还是死亡，这是一个问题”。这绝非耸人听闻，而是实实在在面临的严峻考验。根本的原因在于，南京云锦的生存条件已经发生了根本的改变，它的功能和需要已经发生了根本的改变。南京云锦的繁华兴盛，与明、清王朝的需要紧密联系在一起，它代表着一种高贵的皇家风范。

而今天它面临着现代化的生活，面临着年轻人的审美和时尚需求。南京云锦还能适应今天人们的生活需求吗？当然，不管现在的生活是否还需要南京云锦，我们都要保护它，这不是一个需要讨论的问题。作为中国丝织工艺发展到高峰的代表，作为中华民族纺织技艺和审美观念的杰出代表，它充分体现了中国人的聪明才智，是中国人智慧的生动展现，是中华民族对人类文明的重要贡献。保护好南京云锦，是我们这一代人义不容辞的使命与担当。

“南京云锦织造技艺”怎样保护，这是所有南京云锦传承人和非遗工作者都面临的严峻问题。关于怎样保护非物质文化遗产，联合国教科文组织公布的《保护非物质文化遗产公约》有明确的阐释，指出：“‘保护’指确保非物质文化遗产生命力的各种措施，包括这种遗产各个方面的确认、立档、研究、保存、保护、宣传、弘扬、传承（特别是通过正规和非正规教育）和振兴。”应该说联合国教科文组织关于“保护”的规定内容是很具体了，这也是各个国家对非遗保护实践的总结和归纳，是行之有效的。这其中提到的“保存”无疑是一个重要的方面，《南京云锦口述记忆》就是“保存”南京云锦的重要举措。

《南京云锦口述记忆》的价值在于，它通过37位“南京云锦人”的口述，保留了南京云锦第一手资料，是原生态资料，所以非常珍贵。这样的口述记忆，“提炼出南京云锦活的历史和制作技艺，用科学系统的方法储存南京云锦人的口述史料，让有价值的个人记忆成为一个民族的宝藏。它赋予了未被充分代表的群体发声的机会，用普通公民的故事补充了正式书面的历史，为官方记录提供了另一种视角”。

这些年来，文旅部非物质文化遗产司正在推动一项“国家级非物质文化遗产代表性传承人记录工作”，以前叫“抢救性记录工程”。“抢救性”三个字已经表明这项工作的重要性和紧迫性，有人称这是一项进入倒计时读秒的工作，的确是这样。据统计，我国现有国家级非物质文化遗产代表性传承人大多数年事已高，不少代表性传承人身体状况很不好，有的是在病床上接受采访的。据说有好几位国家级代表性传承人在记录工作完成后不久，就去世了，令人非常难过。所以抢救他们掌握的非物质文化遗产技艺绝活确实刻不容缓。现在把“抢救性”三个字去掉了，不是说对传承人的记录不需要“抢救”了，而是现在把这项记录工作转为了常态化，也就是对传承人的记录要坚持长远，要对所有代表性传承人都进行“记录”，要尽可能地把还存续的非物质文化遗产全面、真实地“保存”下来，这无疑是非常重要的理念和举措。

实践证明，启动国家非物质文化遗产代表性传承人抢救性记录工作，是在新的形势下对非遗传承人保护所采取的一项重要举措，是很及时的，很有必要的。我们的抢救性记录工作，或者口述记忆工作，说得好听一点，是完善档案建设；说得不好听一点，是补课。我认为，我们现在做的记录工作或口述记录的工作，一定要做成一次不留遗憾的工作。流逝的时间我们无论如何也留不住，传承人的年龄一天比一天大，我们挡不住，我们能做的就是与时间赛跑，留住传承人掌握的技艺，这个“留住”，就是“保存”。这个“保存”很有必要，很重要，这是一种原真的、活态的保存。它首先是建立在对保护对象认真、系统、科学认识基础上的“保存”；其次，它又为今后的研究、传承留下了“根”，留下了种子，保留了中华民族优秀传统文化基因，为后人传承、研究、宣传、利用非物质文化遗产留下了宝贵资料。这对于继承和弘扬中华民族优秀传统文化、构建中华民族优秀传统文化传承体系，具有重要意义。

南京云锦应该成为南京的文化名片、江苏的文化名片，应该成为推动江苏、南京的文化旅游发展的重要资源。任何非物质文化遗产的保护，都离不开一定的生存环境，这就是生活的需要。非物质文化遗产是活态传承，它只有在当代生活中“活”起来，才能生存下去，才能传承发展。南京云锦如何融入现代生活，是决定南京云锦能否生存发展的关键。今天，南京云锦的功能和需要与清代完全不同了。在曹雪芹生活的时代，南京云锦是为皇帝和皇宫服务的。今天，南京云锦的服务对象已经发生了根本性转变，它要为当代人的生活服务，尤其是为当代年轻人的生活服务，要适应当代人尤其是当代年轻人的审美需求。因为年轻人的审美需求代表了最大的市场需求，这就要求今天南京云锦的作品必须改变，这是需要好好研究的重要课题。能否把南京云锦与时尚结合起来，能否把南京云锦与高贵、高品位的审美结合起来，使年轻人把南京云锦看作一种时尚审美的追求，这是南京云锦能否融入当代生活的关键所在。我还希望南京云锦走好“国际路线”，即把南京云锦推向世界，这包括两个方面的工作：一是在对外文化交流中宣传好南京云锦，让南京云锦世界有名；二是打造好能走向世界的南京云锦的品牌。南京云锦与《红楼梦》有那么多的故事，要充分利用《红楼梦》这部最伟大的古典名著的文化效应。能否从《红楼梦》的人物、故事中，开发出文化创意产品；能否讲好《红楼梦》与南京云锦的故事，使《红楼梦》成为南京云锦的代言人，提升南京云锦的文化内涵，使更多的人知道《红楼梦》与南京云锦的关系，这方面大有开发的空间。

感谢南京市地方志编纂委员会办公室和万宝宁女士共同做了一件功德无量的好事，衷心祝贺《南京云锦口述记忆》的出版。

是为序！

張慶善

2023 年 3 月 8 日

于北京惠新里

目　录

云之锦

一

中国是丝绸的发源地，丝绸在古代中国政治、文化、贸易互通等领域有着举足轻重的地位。在“丝绸之路”和后来的“海上丝绸之路”的概念中，丝绸都作为珍贵的礼品和商品，扮演着重要的角色。

西周及春秋战国时期，锦的出现是中国丝绸史上一个重要的里程碑。锦是用蚕丝经复杂的织机和高超的织造技艺织成的，而南京云锦则集历代织锦工艺艺术之大成，列中国三大名锦之首，在元、明、清三朝均为皇家御用贡品，被称作是“中国古代织锦工艺史上最后一座里程碑”。

南京云锦的正式发端，始于东晋安帝义熙十三年（417）。这一年，东晋权臣刘裕北伐中原，灭掉后秦，将长安织锦工匠迁徙到建康（今江苏南京），并在南京城南秦淮河畔斗场寺附近设置锦署，专门管理和从事锦缎的生产，这是南京历史上的第一个官办织锦机构，从此南京织锦业登上了历史舞台。

在后来的南朝、隋唐、南唐、宋朝时期，云锦一直持续地发展着。

元代，元世祖忽必烈在建康路（后改为集庆路，今南京）设立了专为皇室和官府织造锦缎的“东织染局”和“西织染局”，对织造机构投入巨大的财力，使得南京云锦迎来了发展的高峰。

明代，中国丝织业以南京、苏州、杭州三地为中心，明朝政府在南京设有内织染局（又称“南局”）、神帛堂、供应机房等机构，专门管理云锦的生产。

清代，在南京设有江宁织造署，使南京云锦迎来了新一轮的发展机遇。以云锦为龙头的南京丝织业呈现出前所未有的繁荣景象，成为南京经济的支柱产业。

1912年中华民国建立后，南京云锦失去了主要的服务对象。同时，由于质优价廉的欧、美、日的呢绒、哔叽等纺织品的输入，以及国内政局动荡不安、销路不畅等原因，昔日兴盛发达的南京云锦业呈现出一派萧条景象。1927年，南京云锦行业还有织机8000架，男女织工2万余人；到了1949年4月，南京云锦行业只剩下织机150台左右，能够从事云锦生产的只有中兴源丝织厂的4台织机而已。南京云锦的生产跌入历史上的最低谷。

二

南京云锦在1600多年的历史中，吸取了各族人民纺织技艺的精华，形成了自己的独特风格和鲜明特色，由皇室官府的专用品发展成为大众喜闻乐见的产品。这一发展变化过程在某种程度上也印证了中国政治、经济、文化的发展历程。

特别是遗留下来的大量云锦实物，为后人研究中国纺织品的发展历史、探索纺织品的织造工艺、了解不同时代的文化取向和审美观念，以及历代职官制度、服饰制度及工匠体制提供了珍贵的实物资料。

1. 科技价值

“南京云锦织造技艺”继承了中国古代丝织工艺的优秀传统，并在设计意匠和织造技艺上有新的创造，具有鲜明、强烈的地方工艺特色。其主要的生产工具是长5.6米、高4米、宽1.4米的大花楼木质提花机，织造时由上、下两人配合操作，一天仅能织出5厘米左右的云锦，故有“寸锦寸金”之称。

南京云锦所特有的手工织造技艺涵盖了各兄弟民族织锦的特点，汇集、提升、发展了云锦的富丽堂皇、壮锦的花鸟山水图案、傣锦精炼的色彩、黎锦的小巧细致、苗锦的生动自然等织锦的精华，因而也是各民族世世代代共同创造的成果。

南京云锦因其皇室专用的特殊地位，对艺术和织造的要求极高。特别是自元代以来的700余年里，在图案的取材、构成、配色、纹样设计、挑花结本、造机、原料准备和织造等方面形成了一套完整的体系，并产生了“织金”“库锦”“库缎”“妆花”

等优秀的传世品种。

其中“妆花”品种的织造技艺最复杂，它是明代织锦业的一个重大创造，其纹样配色多达五六十种。要将繁多的纹样配色处理得繁而不乱、统一和谐，使织物上的纹样达到生动、优美且层次感极强的艺术效果，必须利用“通经断纬”“挖花妆彩”的织造技艺来完成，这种织造技艺可以娴熟地运用在纱、罗、绸、绢、绒等不同质地、不同组织的织物上。直到现在，现代机器仍然无法替代“妆花”品种的织造技艺。

2. 文化艺术价值

南京云锦不仅历史悠久，技艺精绝，还具有博大精深的文化艺术蕴意，充分体现了物质文明和精神文明的双重属性。

南京云锦古代就曾沿着陆上丝绸之路，经中亚、土耳其到达地中海地区；明代以后，通过海上丝绸之路销往欧洲和东南亚等地。丝绸之路让我们了解了中国丝织业的发展历程，反映了东、西方商贸、文化交流的盛况。

南京云锦不仅为皇室所用，同时还作为服饰面料被蒙古、藏、维吾尔等民族所青睐，常用于寺庙中的经幡、包柱等等。南京云锦为各民族之间的沟通、团结奠定了一定的基础。

南京云锦在历史上不是孤立存在的文化、艺术现象，它是审美与实用、物质与精神的统一体。它的艺术价值在于通过云锦纹样、色彩形式显示皇权和宗教、伦理、吉祥的情感意念，表现中国吉祥文化的深厚底蕴，集中国传统吉祥图案之大成，且真实地反映不同时代人们的审美取向。

明清时期，是南京云锦发展的鼎盛时期，皇帝龙袍冕衣、后妃凤衣、华冠霞帔、宫闱帐幔、马褂旗袍、文武官员补服、宫廷坐褥和靠垫等御用贡品，以及高级华贵的衣裳和绚丽璀璨的云锦装饰品中，装饰纹样几乎“图必有意，意必吉祥”。如龙纹和黄色为皇帝专用，是皇权的象征；麒麟、蟒等纹样和靛蓝色是王公大臣的专用品和地位的象征；而其他如长寿纹、宝相花、莲花、缠枝花等极富圆满、喜庆、绵延不断等吉祥意义的纹样形式及明亮的色彩，千百年来为中国民众所喜闻乐见。

它表达了三种美的意象，即雍容华贵的宫廷王室之美，抒情雅洁的士大夫、宗主儒生之美，实用与华丽相结合的民间喜庆礼仪之美，体现了真善美的有机统一。

清代的江宁织造不仅创造了中国云锦鼎盛的辉煌，而且造就了一位伟大的古典文学作家曹雪芹（约 1715 ~约 1763）。出生于织造世家的曹雪芹，耳濡目染的是传统的民族文化、吉祥文化、皇室文化，这些文化积淀成为曹雪芹创作《红楼梦》的深厚基础。可以说，没有手工织造的南京云锦，就没有江宁织造，当然也就不可能有曹雪芹创作的《红楼梦》。《红楼梦》用古典文学特有的笔法，对云锦服饰进行了细腻的描写和渲染，呈现了南京云锦昔日的辉煌，影响遍及世界，是我国历史和传统文化的见证。

三

1954 年 6 月，南京市人民政府文化事业管理处（南京市文化和旅游局前身）成立了“云锦研究组”，这是中华人民共和国成立初期最早的工艺美术研究机构。参与这项工作的领导、专家、传承人如陈之佛、何燕明、汪印然、张福永、吉干臣、朱枫、徐仲杰、王道惠、朱守茹等，目前仍健在的只有两位，分别是耄耋之年的王道惠老师和朱守茹老师。当年，研究组在组长陈之佛的带领下，花费了 4 年多的时间，对南京云锦行业的现状进行摸底调查，对云锦发展的历史沿革，艺人的生存状况，技艺的过程、特点等做全面的了解。当时云锦已濒临失传，大多了解点历史、懂得技艺的艺人早已改行，织机、手稿、样品等都散落在民间，可见初期的调查、搜集、整理工作难度有多大。但工作组通过一系列严谨、扎实、细致、专业的研究工作，从民间收集整理出云锦图案、纹样稿共计 2448 件（篇），就是这些资料将云锦从濒临消亡的边缘拉了回来。在此后的 60 多年里，它们成为南京云锦研究所赖以生存发展的宝贵财富。

1956 年 12 月，周恩来总理在北京指示：“一定要把云锦的工作做好，把它延续下去，不要丢掉。”

1957 年 12 月，江苏省人民政府批准建立了“南京云锦研究所”，这是 1949 年以后中国第一家工艺美术类研究机构。从此，南京云锦研究所作为全国唯一的云锦专业研究机构，承担着云锦传承和保护的重任。

20世纪70年代末，刚刚正常恢复工艺生产的南京云锦研究所百废待兴，所里要在各个方面证明自己在全国织锦行业中的能力，复织明代丝织文物便是其中之一。当年的冯彧所长力排众议，接下了北京定陵博物馆八件丝织物的复织任务，并指定时年46岁的王道惠老师作为纱龙袍料和缎龙袍料两件复织品的项目负责人。王道惠老师不负众望，不辱使命，带领南京云锦研究所的复织团队花费了5年时间，克服了重重困难，成功地恢复了中国纱地妆花织锦技艺，真实地再现了明代丝织文物的面貌。1985年9月16日，纱龙袍料作为中国古代科技成果，由国家科委送展日本筑波世博会并获金奖，还作为国宝被收藏于中国工艺美术珍宝馆。王道惠老师为国争了光，她那年也获得了南京市劳动模范和技术新能手的光荣称号。这不仅是王道惠老师个人的荣光，也是南京云锦研究所的荣光，更是南京人民的荣光。这项成果被写进了《十三陵地下宫殿发掘报告》，并被载入了明陵发掘史册。

也正是这批30万元的丝织物的复织任务让南京云锦研究所有了喘息的机会，研究所建立了古代丝绸文物复制基地，修建了织锦陈列馆，更新了设备，也培养了后来列入国家级、省级、市级等各级代表性传承人名单的周双喜、金文、郭俊、杨玉柱、戴健、张洪宝、王继胜等人。

后因与定陵签订的复织合同到期，国家文物局基地经费也结束了。所里的产品无法与市场接轨，只剩下两台机子、五六个人在织造生产着，艰难地维系着生存。

1993年，王宝林被上级任命为南京云锦研究所的办公室主任，他至今都记得第一天到所里上班时，因门头太小，没注意走过了。放眼10亩面积的地方，除了一幢六层水泥大楼、几间平房，就是菜地，荒凉无比；车棚都是石棉瓦的，厕所就是过去农村经常见到的蹲坑。他当时并没有想到，此后的27年他都是作为南京云锦的掌门人与这里相伴而行的。

1996年，王宝林临危受命，勇挑重担，主持南京云锦研究所的工作，他与所里的团队一路携手，同心同行。在国家各级政府官员、驻外使节、学者与专家、从业人员等的共同努力下，从2001年至2009年的9年间，南京云锦分别于2002年、2004年、2008年3次被列入中国向联合国教科文组织申报人类非物质文化遗产代表作名录的预备清单。2009 年，在阿联酋首都阿布扎比召开的联合国教科文组织保护非物质文化遗产政府间委员会大会上，“南京云锦织造技艺”终于被列入人类非物质文化遗产代表作名录。它将南京云锦研究所从濒临破产的边缘拉了回来，使南京云锦从技艺即将失传的窘境一跃成为南京这座城市的文化名片，让云锦从南京、江苏、中国走向了世界，把南京云锦事业带到了最辉煌的顶端。

可以说，南京云锦项目的成功申遗是从中央政府到地方政府自上而下重视与努力、齐心协力目标一致坚持的成果。时代造就了云锦人，云锦人也没有辜负时代，完成了他们应该完成的传承、发展南京云锦的历史使命。

《南京云锦口述记忆》用非虚构创作的方式，重拾南京云锦历史的点点滴滴；以鲜活、生动、具体为特点，从散落的民间记忆中挖掘故事，用心去倾听、去感悟那个时代的呼吸和脉动；在吸收和消化的基础上，最终将南京云锦的发展历史凝聚到笔墨里。它生动地诠释了几代云锦人那种执着的逐梦精神、那种自强不息的集体信念与符号，以及他们用生命所谱写的精神赞歌。这不仅是南京云锦人的精神，而且是我们华夏儿女代代相传的民族精神。

传承篇

《南京云锦口述记忆》
传承篇

王道惠

复织云锦龙袍料第一人

王道惠，1934 年出生，自 1954 年云锦研究组成立至今两位仍健在者之一。1986 年王道惠带领团队成功地复织了“孔雀羽、织金妆花、柿蒂过肩龙、直袖、膝襕、四合如意云纹纱龙袍面料（W250）”。该面料 1984 年获中国工艺美术品百花奖最高奖“金杯奖”，1985 年 3 月参加日本筑波世界博览会并获金奖。2010 年，王道惠被中国工艺美术学会授予“中国工艺美术终身成就奖”。

口 述 人：王道惠

采访时间：2017 年 10 月至 2018 年 10 月，共四次

采访地点：王道惠家中

问：请您描述当年云锦研究组成立的情况。

答：1954 年 6 月，南京市人民政府文化事业管理处（南京市文化和旅游局前身）成立了“云锦研究组”，设在南京中兴源丝织厂，邀请中国著名的工艺美术理论家、工笔画家陈之佛教授（1896 ~ 1962）担任名誉组长，负责对云锦研究工作进行指导。

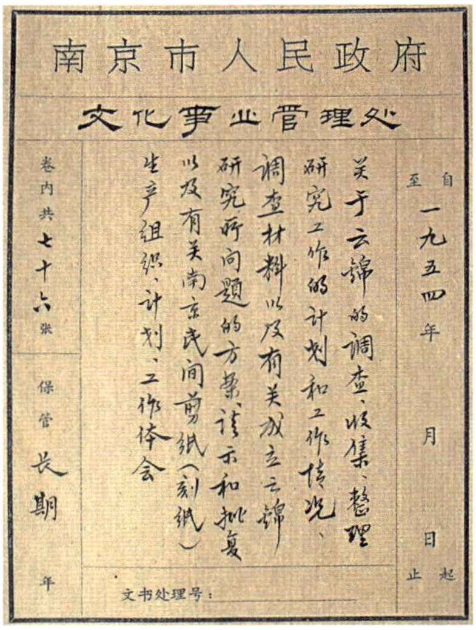
南京市人民政府
文化事业管理处
自 一九五四年 月 日 起
至 止
关于云锦的调查、收集、整理研究工作的计划和工作情况、调查材料以及有关成立云锦研究所问题的方案、指示和批复以及有关南京民间剪纸（刻纸）生产组织、计划、工作体会
卷内共 七十六 张
保管 长期 年
文书处理号：

1954 年，南京市人民政府文化事业管理处关于成立南京云锦研究所的方案报告

（南京云锦研究所供图）

当时陈之佛的研究生李有光、进修生张道一（后任东南大学艺术学系教授）前期也参与了研究组工作。文化事业管理处美术组的何燕明（中华人民共和国成立前的中共地下党员，后任中央工艺美术学院副教授，雕塑家）兼任研究组组长，朱枫（1915 ~ 2009，“南京云锦织造技艺”国家级代表性传承人）、徐仲杰（1924 ~ 2009，《南京云锦史》作者）、高增修、汪印然（时任文化事业管理处团支部书记、20 世纪 80 年代任南京云锦研究所所长）、朱东升等加入了研究组，同时吸收了在中兴源丝织厂工作的张福永(1903 ~ 1961)、吉干臣（1893 ~ 1976）两位老艺人（中华人民共和国成立后仅有的 4 位老艺人中的 2 位，他们代表着当时南京织锦行业技艺的最高水平）。还邀请了原中兴源丝织厂的资方和职工代表，共同组建了研究组的工作班子，对南京云锦进行有计划的整理和研究工作。这是 1949 年后最早的中国工艺美术研究机构。开创初期向社会征集与云锦相关的老艺人、小业主、织造坊等收藏的传统纹样设计稿。

一年后，研究组感到南京云锦的意匠、挑花这两个关键工序的传承人太缺乏，而且现有人员的年龄大都在 60 岁以上，为及时把他们掌握的技艺传承下去，研究组决定招收学徒。

问：当年您是怎么想到要去参加云锦研究组招收学徒的考试的？

答：我是江宁县禄口镇人。1955 年 3 月，我 22 岁，在江宁县周岗镇的一所小学当代课老师，校长推荐我去参加由南京市文化局、南京市手工业管理局（南京市二轻局前身）、南京市教育局联合举办的招收云锦学徒的考试。

考点设在新街口中山南路的一所小学里面，考场教室内满满一屋子考生，卷上印

左图　品蓝地加金大折枝牡丹富贵三多妆手绘稿

（南京云锦研究所供图）

右图　雪白地加金缠枝牡丹莲花妆手绘稿

（南京云锦研究所供图）

有“云锦艺徒”四个字，考语文、数学、政治、绘画四门课。考绘画时，我还没画完，铃声响了，我心里有点发慌。有位监考老师和蔼地对我说：“不用着急，等你画完再交。”后来进了云锦研究组，我才知道他就是南京云锦早期传承人之一徐仲杰老师。

10天后，我接到了面试通知，面试地点在南京市中山东路6号（原南京市手工业管理局）一楼，就是现在南京新百的位置。不久，我接到了录取通知书。5月，我进了研究组正式参加工作，同时进组的还有朱守茹。

问：您在学徒过程中遇到过哪些不适应的问题，是怎么克服的？

答：那时研究组的经费十分有限，经费是每个月30块钱，两位老艺人没有工资，每人每月的津贴是10块钱，再给10块钱作为研究经费。后来研究费增加到50块钱，老艺人的津贴也增加了一倍，但没有多余的钱给我们两人发工资。后来领导经过多次交涉，从市手工业管理局下属的艺新丝织厂、艺光丝织厂、手工业合作社等单位的生产成本中拨出一部分经费作为我们的生活费。

我当学徒时就住在南京中山东路6号市手工业管理局三楼宿舍里，白天的工作地点就在市文化局下属的新街口胜利电影院三楼腾出的两个房间里，一个房间作办公室，另一个房间放花本。白天跟着陈之佛、朱枫、徐仲杰等老师学描图理论、素描、写生、临摹等，白天来不及画完晚上吃完饭再去办公室接着画，直到深夜电影院散场才结束。有时一坐就是8个小时，很累，当时也有过当逃兵的想法，但还是耐着性子坚持了下来。虽然学习地点在市中心的电影院，但是我从来没看过一场电影。几位老师有计划地给我们上课，没有教科书，我们就是严格按照老师的要求做，他们有意识地安排我临摹云锦图案稿，这样既练笔又丰富了图案知识。

经过努力，我有两幅画稿用在了1958年由上海人民美术出版社出版的《南京云锦》图案集（黑白为主）中，陈之佛先生写的前言。这是有关南京云锦最早出版的书籍，我特别自豪。

问：1957 年 12 月，南京云锦研究所正式成立后，又遇到了哪些困难，怎么克服的？

答：研究组成立时，初衷只是在短时期内完成阶段性的收集、整理、研究等工作，预计八九个月的时间，工作组就可以解散，各自回到原来的工作岗位。但随着研究工作的进一步展开才发现，最初太小看工作中遇到的困难了，如果研究组就此解散，根本无法完成以后要建立南京云锦研究所的目标。

1957 年 3 月，陈之佛老师在江苏省人民代表大会上多次呼吁筹建云锦研究所的建议受到了重视。不久，中央手工业管理局为南京云锦研究所立项，并拨了专款，江苏省人民政府正式下文批准建立南京云锦研究所。当时分管文化、教育的副省长是教育家吴贻芳，给了 15 个编制。

1957 年 12 月，南京云锦研究所正式挂牌成立，这是中华人民共和国成立后的第一家中国工艺美术类研究所，由南京市手工业管理局领导，南京市文化局负责业务指导。

建所首先要有所址，局里暂时把办公地点放在了新街口中山南路丰富路口一座像个火车头一样的建筑里，在它三楼的一个房间里，这里之前是市手工业管理局的一个门市部，名誉所长是陈之佛。不久，这事让时任南京市委书记彭冲知道了，他说：“怎么能将云锦研究所究放在如此边边角角的地方。”就这样，1959 年搬到太平南路 388 号（娃娃桥巷口）一座三层楼房内。

1959 年，陈之佛为迎国庆十周年正在创作巨幅作品《松鹤延年》，后来也成为云锦经典作品　（来自网络）

南京市手工业管理局派陈子彬科长任南京云锦研究所第一任所长，他是一位老地下党员，为人朴实正直。所里成

1960 年 11 月，南京云锦研究所欢送首任所长陈子彬（第一排左一吉干臣，左二张福永，左四陈子彬；第二排左二朱守茹，左五王道惠）（受访者供图）

立了设计组、资料组、挑花组。设计组组长是朱枫老师，资料组组长是徐仲杰老师，挑花组组长是张福永、吉干臣，我是副组长。不久后，由于工作紧，人手少，朱枫老师提议，把下乡参加劳动的汪印然调回来担任所长秘书，协助陈所长管理日常行政工作。

建所后，首先遇到中午吃饭问题。因为没有食堂，我们一到中午饭点就跑到马路对面马府街一家外贸公司吃罐头，几天后就受不了了，倒胃口。所里一看，赶紧与羊皮巷的南京木器厂联系，在他们的食堂里搭伙，解决了人员中午吃饭问题。

建所前的工作重点主要是收集、摹绘、整理云锦图案资料，总结老艺人的经验。建所后的工作重点就是要适应当代生活的需求，逐步转为推陈出新，进入云锦的实验性生产和新品种的创新设计阶段，因此，所里特别配备了一张云锦大花楼木织机和两位织手。研究所的核心任务就是通过设计画稿、画好意匠图、挑好花本后进行织造试样，成功的样品交给南京艺新丝织厂或南京艺光丝织厂正式投产织造。

从此，南京云锦研究所作为全国唯一的云锦专业研究机构，承担着南京云锦的传承与保护的历史重任。

左图　朱红地加金双狮戏球妆手绘稿

（南京云锦研究所供图）

右图　海蓝地加金如意富贵天华妆手绘稿

（南京云锦研究所供图）

问：张福永、吉干臣两位老艺人都是您的师傅，他们各有什么特长？

答：我进云锦研究组时就跟着张福永、吉干臣两位师傅学习织造、挑花技艺。他们是我学习云锦技艺的启蒙老师，不管刮风下雨，天天到研究组，就带我和朱守茹两个徒弟。

他们都是中华人民共和国成立前的云锦老艺人，张福永师傅是南京人，去世时只有58岁。他出生在云锦世家，祖辈六代都是做挑花工的，祖父、父亲都是清代江宁织造局挑花堂的管事。他18岁就熟练地掌握了一手过硬的挑花技艺、纹样设计等云锦核心工艺，民间称他为“挑花张”。他采用的挑花办法是将纹样稿放在挑花架上，用钩子直接挑花。初学者不适合用这种方法，这对挑花艺人的手、眼、心等都有很高的要求。

布达拉宫弥勒佛殿内弥勒佛像（来自《中国南京云锦》）

张师傅长得像个老爷爷，很清瘦，留着八字胡，老南京口音，说话时气喘喘的。他一边带我们两个徒弟，一边参与整理收集来的云锦传统图案资料，并总结云锦图案中的创作规律和方法。1959年，当过江苏省政协委员。

吉干臣师傅比张师傅大10岁，他83岁去世的。19世纪中期吉家从山西迁到南京开了个“吉公兴”绸缎庄，其中也包括云锦，家境比较殷实。当时他家在广州、香港都有分庄。清宣统二年（1910），“吉公兴”的云锦参加了在南京办的首届南洋劝业会。吉师傅的父亲去世后“吉公兴”就败了。吉师傅20岁开始自学挑花工艺，很快无师自通。他的挑花技术娴熟，倒花、拼花运用自如，是当时南京城里的一绝。黑簪巷6号是吉师傅居住了一辈子的地方，放有一大一小两台织机。听说在1945年前后，还有人慕名找到吉师傅，请他为当时西藏的某活佛织过一件金丝龙袍。1951年，他织的玄缎在巴拿马万国博览会上获了奖。

吉师傅的挑花方法是先设计纹样，然后铺在桌上挑，他还亲自设计了我们用的挑花绷子，他用自制的方格纸画好，叫我对照横竖格子纸挑花结本，吉师傅的挑花方法易学难精。

问：那年代没有教科书，师傅怎么带您呢？

答：那年代师带徒就是传统的口传心授，师傅教什么，徒弟就照着做什么，没有教科书。过去传统师带徒的规矩是传男不传女，传家人不传外人，而研究组招的我和朱守茹两个女学徒都不符合这两个要求。刚开始学艺时，他们不说话或者说话很少，气氛很严肃，让你打几个结，你就打几个，为什么这样打，他们回答就这样。教学时见不到一张

1960年，张福永师傅（中）在云锦研究组指导学员学习纹样设计　（受访者供图）

纸一个字，全凭口传。我因为不懂就不停地问，问多了，张师傅就烦了，冲我发脾气，把桌子一拍，“就这样做，不这样做就不教了，烦死了”，掉头就走。我一看把张师傅气走了，吓得直哭。陈所长这时就来了，倒杯水给我，安慰我，让我把两位师傅当自己的亲人一样看待。第二天我继续笑眯眯地给师傅们端茶倒水，跟前跟后地师傅长师傅短地请教他们。后来我自己也学着边干边琢磨，慢慢地才明白里面的很多技巧和方法。学习时，我就先记下来，实在不懂时再向两位师傅请教，他们在我心目中就像“老祖宗”一样，小心翼翼地供着。经过不断努力，我的技艺也逐渐提高了，师傅们对我的态度也越来越好了，指点得也越来越有耐心了，我也越来越自信了。

1958年，云锦研究组名誉组长陈之佛教授（左五）在研究组对一些纹样稿提出分析意见　（受访者供图）

问：您对云锦研究组的其他几位老师有什么印象?

答：当时研究组的陈之佛、朱枫、徐仲杰、张福永、吉干臣等老师都在办公室伏案写写画画，那时办公室常常静得让人不敢喘气。

我当学徒时，经常找个三轮车到陈之佛老师家，把他接到研究组上班。他就住在南京艺术学院附近的一个小山坡上。我看过他画工笔画，一笔一笔地画，很细致。我还听过陈老上的云锦课，一听就懂。陈老的几位学生像喻继高（曾任江苏省国画院副院长）、吴山（曾任南京艺术学院教授）、张道一（曾任东南大学艺术学系教授，工艺美术史论家）等我都熟悉。陈老平易近人，从不摆架子，不发脾气，是典型的好好先生。他对我们学员也非常和蔼，总是笑眯眯的，称呼我们学员“小朋友”“小艺人”。

根据陈之佛先生的国画作品《松龄鹤寿》（1959 年）创作的同名云锦作品

（南京云锦研究所供图）

他经常对我说：“要记住老艺人、老前辈的经验，要勤学、勤问，老艺人是活字典啊，他们有丰富的创作实践经验，熟悉传统工艺，有一套自己的创作方法，还能熟练地运用传统规律”。观、写、摹、读四字诀是陈老的金科玉律，陈老的启迪、教诲让我受益一生。遗憾的是，1962 年，陈之佛老师刚 66 岁就因突发脑出血去世了。

徐仲杰老师是南京人，1956 年《南京日报》创刊时，他曾接受上级安排，被调往报社担任摄影记者。1957 年，南京云锦研究所成立时他放弃了前景看好的报社记者工作回到了所里。1958 年，根据江苏省人民政府的要求，迎接国庆十周年庆典，他接下撰写云锦史的任务，时间紧任务重，那个年代物资匮乏，一张白纸、一支笔都很难得到满足。他就利用废卷子当作草稿纸，还有同事支援的罐头商标纸，裁切加工后，便是记录资料的卡片。一年后，《云锦史略》初稿就这样完成了。其间还得到了沈从文、陈之佛等名家的热心指点和帮助。等正式出版时更名为《南京云锦史》，已是 1987 年南京云锦研究所成立 30 周年的时候了。2002 年又再次更名为《南京云锦》。徐仲杰老师的工作偏重于理论研究，他于 2006 年获“中国工艺美术终身成就奖”。2009 年，85 岁高龄的徐老师去世了。

问：20 世纪 80 年代，南京云锦研究所是怎么接到定陵博物馆的复织任务的？

答：北京明十三陵定陵是明神宗万历皇帝和孝端、孝靖皇后的合葬陵墓，1956 年 5 月国家开始破土动工挖掘。后来听业内专家们讲，在棺椁里面发现了明代万历年间的丝织衣物 467 件、锦缎 165 匹。在定陵出土的 3000 多件文物中，这批丝织文物集汉、唐以来历史纹样的大成并且品类齐全。

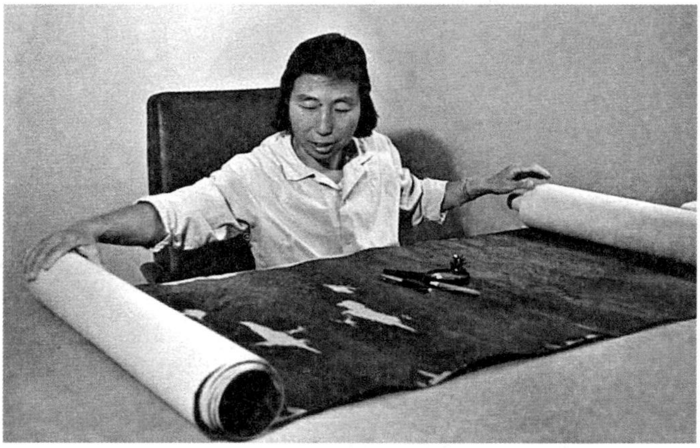

1981 年，王道惠在定陵博物馆办公室分析丝织文物的组织结构 （受访者供图）

在定陵发掘之前，民间很少见到明代的丝织物。从定陵出土的每卷锦缎匹料中间的腰封上都裹着黄色的纸签，纸签上写着锦缎的名称、织造的年月、织料的尺寸规格和织造工匠的姓名等。其中，有“织金”和妆花锦缎，就是南京内织染局织造的。

在棺椁中发掘的 600 多件丝织品中，最高贵的是明万历皇帝纱龙袍料，图案精美、工艺精湛。听专家说，刚发掘出来时，它的纹路组织还能用肉眼看清，真金线还发亮，孔雀羽线闪着青翠的光，袍料轻、薄、透。

因没有足够的技术支持，龙袍在与空气接触后开始迅速氧化，逐渐呈现深褐色。出土后由于考古人员经验不足，用塑料加入软化剂，涂抹在半腐的袍料上，过了几个月袍料就全变黑、变硬、变脆了。专家们非常痛心，下定决心要把这件丝织文物复织出来，后来专家们把这件袍料定名为“孔雀羽、织金妆花、柿蒂过肩龙、直袖、膝襕、四合如意云纹纱龙袍面料（W250）”（简称纱龙袍料）。

1978 年，定陵博物馆找到南京云锦研究所，提出来能不能由所里承担复织任务。时任南京云锦研究所副所长冯彧，是个复员军人。冯所长从朱枫、徐仲杰老师那儿了解到我有能力承担这个任务，他决定接这个任务。记得当年有很多人是反对的，其中还有所里的部分主要领导，但冯所长力排众议，决定先赴定陵博物馆考察。

1979年5月，冯所长带着朱枫、刘杰、杨虹和我一行5人前往定陵博物馆，任务是参观学习并收集古代丝织文物的纹样资料和分析织物的组织结构。没想到，到了定陵博物馆，冯所长当场打了包票，并表态没有金刚钻不会揽瓷器活。定陵博物馆一听，生怕我们反悔，立即与我们签订了合同，给了30万左右的资金，先复织八件丝织物，其中就有纱龙袍料（W250）、“柘黄地妆花龙栏缎直身龙袍料”（简称缎龙袍料）、团龙补子袍、西织并蒂莲、织金本土纱等5匹龙袍料。

问：当年您克服了怎样的困难，带领团队成功地完成了复织任务？

答：冯所长指定我做纱龙袍料和缎龙袍料两件复织件的负责人。等我见到纱龙袍料时，它的颜色是黄褐色的，只有金线和靛蓝色仍很光亮，但织物的组织结构用肉眼根本无法看出来，我只能通过放大镜和显微镜来进行研究。这时才知道复织工作的艰难，这是所里成立以来从未遇到过的难题，一开始我很难摸到头绪，几百年前的工艺，没有一点文字资料可以借鉴。

我忽然想起来张师傅曾告诉过我，过去织龙袍是很严格的，对接起来要天衣无缝，搞不好要杀头的。在定陵时，我就急着找到冯所长要推掉这任务。冯所长立即表态说：“没事，就由你负责，回南京后全所的人员由你调动，工作由你统一安排。我相信你，不用怕，只管做，出了问题算我的，你要为国家立功。”这一席话让我消除了所有的顾虑，也没有退路了，只有集中精力思考复织方案，包括图案布局、色彩推敲、织物组织结构确认、机台装造、纹样制作、图表复制、织造技艺还原等一系列工序。

1979年9月，所里没有纱机，就在江宁县向阳大队（现江宁区殷巷附近）研制机台。当时我带着孙大林、袁玉明、张美丽、金文等4人吃住在那里，困难重重。金文负责装纱机，孙大林配合金文装机、试机、拽花，袁玉明、张美丽负责花本、倒花工作。到了12月，完成了妆花纱龙袍的机台装造和试样工作（织出一块样品）。

为了恢复纱龙袍料本来的面貌，我决定带团队赴定陵临摹纱龙袍料和缎龙袍料的纹样，也叫拷贝纹样。

1980年12月5日至1981年1月21日，我带着几个年轻人来到了定陵，定陵博

1980 年 12 月～1981 年 1 月，王道惠在定陵临摹了 48 天，终于完成了 W250 纱龙袍料的摹稿，记录下了精确的数据，为复织做好了准备 （受访者供图）

物馆的领导特意为我腾出了一间办公室，方便我工作和休息。我没白天没黑夜地临摹纹样。在定陵的每一天，我都要用放大镜和读数显微镜一根根地观测多种彩线的粗细有多少毫米，并结合褪色的原物，来判定原物的色彩差异、纹样组织结构。我找出了各种图案的规律，并绘制出了整个施工图案和设计稿。

龙袍的颜色已经完全褪去，我很头疼不知道怎么才能恢复 400 多年前的颜色。我去请教专家时，专家指点我去看故宫博物院珍藏的明代织物，我去了故宫博物院织绣组，得到了陈娟娟老师（沈从文的弟子、中央工艺美术学院教授黄能馥的夫人）的帮助。共临摹了 48 天，终于完成了纱龙袍料的摹稿，记录下了精确的数据。

这种最原始的办法也是最有用的办法，为最后的织造做好了充分详细的准备。不过，我在北京完成纹样采集只是渡过龙袍复织过程中的第一道难关。

回到所里，在朱枫和徐仲杰老师的指导下，我开始全面地开展纱龙袍料的复织工作。我从设计组调来邬悉尔（后来的“南京云锦织造技艺”省级代表性传承人）负责纹样绘制工作，孙大林负责纹样放大，袁玉明、张美丽负责填绘意匠图，最后我绘制出了整个龙袍的施工图案。

1981 年 7 月 23 日至 8 月 25 日，我再次带着复织团队来到定陵。这次的任务是对照文物，完成妆花纱龙袍意匠图的填绘。5 年间，我 3 次往返定陵。那时候，定陵博物馆的保管员常常看见我下班还在工作，都感叹我不知道休息。因为我知道复织袍料的后序工作如意匠稿、挑花、织造等都要等我的设计稿完成才能往下进行。

回所后，我开始组织挑花结本和织造原料染色加工，团队里的王常庆保证了原料供应，黄小敏负责染色，一遍遍试样，直到颜色满意为止。我终于突破了第二道难关。

第三道难关出现了，纱龙袍料在原料上使用了真金线。我又一趟趟地赶到位于龙潭的南京金线金箔厂（后来的国家级非遗名录“南京金箔锻制技艺”的项目保护单位）和行家一起商量，成功地研制出了很鲜艳的真金线。

接着第四道难关又来了，纱龙袍料除了在织物中用了大量的金线外，还把孔雀羽线作为织物加了进去，这是一个以前没有遇到过的问题，甚至一些做了一辈子的老艺人也只是听说而没有织过。

明代就有用孔雀羽毛织进丝线的工艺，只是后来失传了。我通过放大镜能看出，羽毛是粘在丝线上的，如果没有丝线，羽毛就没法织起来。于是我就通过定陵找到北京动物园，收集孔雀掉下的羽毛。我一有空就拿着孔雀羽线与棉纱线汇成一体、交错缠绕，用手一点点反复搓捻。经过多次试验，都不能完全符合原物标准。我心急如焚，白天黑夜都在思考，一有空就拿着孔雀羽毛在手上反复搓捻，逐渐掌握了要领。为了批量生产，回南京后，我又一趟趟地跑到龙潭的南京金线金箔厂和行家们商讨，终于把孔雀羽线研究成功了，解决了复织的急需，也填补了所里科研的一项空白。整块纱龙袍料复织所需的孔雀羽线长达 300 多米。

第五道难关开始了，纱龙袍料采用的是“纱地妆花”织造技艺。就是在纱地上过管挖花。当时我询问了南京为数不多的老艺人，大家既没见过妆花纱工艺，也不知如

纱龙袍料局部
（南京云锦研究所供图）

何在纱地起花妆彩织金。经过一年多的摸索实验，我带着团队终于研制出了一台能织出大型整幅妆花纱的织机，并且可以在织物中加入大量的金线和羽毛，解决了织造中带来的许多技术上的问题。后来才知道这就是著名的已失传三百多年的“纱地妆花织金”工艺。

1983年11月，花了5年时间，纱龙袍料终于下机了。长17米，宽70厘米，底料是绛红色真丝线，由约1.8万根经线和12万根的纬线织成，薄如蝉翼。迎光望去，99朵云彩、海水江涯、金边彩晕等图案像一片片的红云，在红云上用真金线、孔雀羽线、彩色真丝线织出龙的图案。龙袍前襟、后背纹饰是柿蒂形，过肩盘绕两条龙，衣领有两条精致的小龙，龙身的羽绒是立绒状，闪七彩光泽。当人处在不同的角度看时，感觉龙似乎在红云中游动，颜色会变成蓝、绿、黑等不同色彩，双袖还有两条龙对映，膝栏有10条龙在戏珠，总共有17条姿态不同的龙，在底料上凸现出来，有一种浮雕般的效果。袍料拼接后天衣无缝。

问：业内专家对复织成功的纱龙袍料是怎么评价的？

答：1983年11月30日，南京云锦研究所召开了“明万历孔雀羽织金妆花纱龙袍料”复织品第一次专家评鉴会，来的都是首都博物馆、定陵博物馆、中科院考古所、江苏省、南京市的领导、专家等。他们一致认为复织的纱龙袍料真实地再现了明代文物的面貌，成功地恢复了我国的“纱地妆花”织锦技艺，是古今中外不可多得的珍品。首都博物馆馆长、原定陵考古发掘队队长赵其昌说：“把以前断了线的东西恢复起来，研制出来，工作很艰苦，这个成果应该公诸全世界。它不仅是南京云锦研究所的光荣，也是中华民族传统文化的一部分。这项成果要写进《十三陵地下宫殿发掘报告》，载入明陵发掘史册。”

纱龙袍料局部　　（南京云锦研究所供图）

1984年7月5日，在北京故宫漱芳斋召开了第二次专家评鉴会。中国艺术研究院的王树村教授说："以前读《红楼梦》时，总认为'勇晴雯病补雀金裘'是作者的夸张和炫富之笔，今天很庆幸见到了这份珍宝，让我上了一堂生动的爱国主义教育课，同时也让我认识到不仅清代有这工艺，其实明代就早已有了。南京云锦研究所不仅复织了明代纱龙袍料，还探索出古代织锦技艺的重要科研成果。"中国古代服饰研究专家沈从文评价说："南京云锦研究所经过五年的努力，克服了各种技术和工艺上的困难，恢复了这件珍品原来的面貌，在工艺上达到了历史最高水平。这次工作是一个良好的开端，我国还有大量的丝织品需要复织，我对此项研究成果非常钦佩。"

问：当年您全身心地投入复织纱龙袍料项目时，对您的家庭生活产生了什么影响？

答：我爱人是东海航队开军舰的海军军人，之前部队在芜湖。后来市二轻局时任局长丁子安把我爱人调回了南京，复员到市二轻局当时最好的企业南京袜厂。1978年，我回所里后，我就想把失去的时间补回来。加班加点对我来说是常事，白天忙不完就晚上带回家画。我老婆婆在世时总是指责我不顾家和孩子，但我爱人知道我的工作意义重大，一直很理解支持我的工作。1979年，我爱人动肺部手术，我都没时间好好照顾他，我也没时间去呵护我的五个子女。

1982年，我在北京定陵博物馆进行纱龙袍料复织的关键时刻，一连接到所里发来的3份电报和我二女儿的一封信。那时，我大女儿刚工作，二女儿20岁左右，主要是二女儿在家照顾3个弟妹。她在信中说，爸爸因晚期肺癌咳血了，她实在撑不住了，才写了这封信。我这才赶回南京。回南京后，我一边照顾我爱人，一边还是在所里上班，同时指挥北京定陵博物馆的复织团队，最后连所里都去不了了，复织团队回南京后就到我家里来请教工作。

不久，我爱人去世了，我强忍心中的悲痛，继续埋头工作，每天都干到深夜。1984年纱龙袍料复织成功了，我爱人很遗憾没有看到。我到现在想起来都觉得愧对他，他对我没有一句埋怨，他理解我和我从事的事业。

问：复织成功后，您获得了什么样的荣誉？您对现在的生活和社会声誉满意吗？

答：定陵博物馆准备出一本定陵考古专集，专门指定并邀请我住在定陵博物馆。我带着最小的儿子住在定陵博物馆安排的一间宿舍里，写了《蒂形龙云肩通袖龙襕织金、孔雀羽妆花纱龙袍料织造技术鉴定》这篇文章，并在很专业、很权威的，由文物出版社出版的《定陵：中国田野考古报告集考古学专刊丁种第三十六号》上发表了。

我在定陵博物馆时，经常有机会接触到沈从文先生。沈先生和南京云锦颇有渊源，他原来是一位知名的作家，曾写过《边城》和《湘西散记》等知名的小说、散文等。中华人民共和国成立后，他在中国历史博物馆从事历史文物研究工作，经常热心、主动地做讲解员。

他对我设计的龙袍纹样非常认可，我在北京期间去过沈先生家，才知道他就住在北京东堂子胡同 21 号，房子不到 20 平，真叫陋室，有一个小院，院角有一个厨房，光线昏暗。他有个助手，夏天时屋子哪阴凉就在哪写。屋里家具只有一张桌子，一张藤椅，两个长条凳。作为一名知名学者，住得这样简陋，我非常意外。后来听说国家领导人知道他的处境后，作了批示，他被安排住进了中国社会科学院宿舍楼的一个小三居室里。

沈先生对传统极为熟悉和尊重，举言引论必有出处。他平时说话慢声细语，善于启发别人，深入浅出，由点及面，让你自己去感悟。但他对创新

考古专集《定陵》封面 （万宝宁摄）

一词很慎重，朱枫老师曾几次想与他讨论如何创新，都被他婉拒了。

1984 年，所里带着这匹纱龙袍料参加了第四届中国工艺美术品百花奖的评奖，获得了最高奖金杯奖，全国各地的大小报刊、电视、广播都进行了反复的报道，一时间很轰动。1985 年 3 月 17 日至 9 月 16 日，国家科委将这匹纱龙袍料送展日本筑波世博会并获了金奖。我终于为国争了光，那年也被评为南京市劳动模范和技术新能手。

38 年过去了，当年复织纱龙袍料时的手稿、丝织样品，研究用的放大镜、显微镜，甚至是线头和碎纱布，都还保存在我的家中。

1991 年我退休了，2010 年我被中国工艺美术学会授予“中国工艺美术终身成就奖”。我很欣慰，对云锦，我尽职尽责了。

1984 年，孔雀羽织金妆花纱产品获第四届中国工艺美术品百花奖珍品金杯奖（南京云锦研究所供图）

朱守茹

推陈出新的元老匠人

朱守茹，1937年出生，自1955年云锦研究组成立至今两位仍健在者之一。1980年开始，朱守茹将传统工艺与创新设计加以结合，生产出一系列符合市场需求的云锦新产品，并在相关比赛中获奖。2014年，朱守茹被全国促进传统文化发展工程工作委员会授予“中华传统工艺大师”称号，并获中国传统工艺领军人物奖。

口 述 人：朱守茹

采访时间：2017年10月至12月，共四次

采访地点：朱守茹家中

问：当年您是怎么考进云锦研究组当学徒的？

答：1955年3月，南京市文化局、南京市手工业管理局（南京市二轻局前身）、南京市教育局联合在新街口附近的一所小学设考点招收云锦学徒。那年，我18岁，记得绘画考题是画一朵莲花。5月，我与王道惠一起考进了研究组。

1957年3月，江苏省人民政府批准建立“南京云锦研究所”，在南京市手工业管理局的领导下，给了15个编制，名誉所长是陈之佛。1959年搬到太平南路388号一座三层楼房内（现已拆除），所长是陈子彬。成立了设计组、资料组和挑花组，设计组组长是朱枫老师，我就在这组。

20世纪60年代中期，当时的南京市手工业管理局在下属单位南京艺新丝织厂为所里借了一幢房子四楼的三间房间作办公场所，给了“南京云锦研究所”一块牌子，是朱枫老师带着我用三轮车把它送到南京艺新丝织厂的。

问：您印象中的朱枫老师是怎样的人？

答：朱枫老师也是我的老师。1960年，所里派我到南京艺术学院进修艺术设计，两年后回到所里，我主要跟他学图案设计。他的工笔画好，很精巧,写生能力很强。他不刻意教我，我自己设计好后请教他，他就站在旁边指点我修改。

朱枫老师本来是搞美术创作的，到云锦研究组改变了他的一生。当年与他一起共事的魏紫熙、亚明等正在酝酿筹建江苏省国画院，朱老师没有去，云锦成了他毕生的事业。

朱枫老师在所里首要的工作就是通过老艺人、作坊、织造庄，把云锦图案的手稿和样品尽可能搜集齐全。他和研究组成员陆续搜集了2400多幅传统云锦图案画稿。这些资料，将云

海蓝地加金双鹤庆寿妆手绘稿

（南京云锦研究所供图）

锦从濒临消亡的边缘拉了回来，在未来的60多年里，它们成为南京云锦研究所赖以生存发展的宝贵财富。朱枫老师在设计上坚持要走传统与创新结合起来的路。

1960年前后，他创作第一幅云锦作品《凤戏牡丹》时，在设计中凤和牡丹的造型时遵循了传统的原则，但在构图上则采用了圆与方的构成方式，这在以前的云锦图案构图中从来没有过。

1977年，他第一次尝试把中国工笔花鸟画运用在云锦妆花工艺上，创作出《万紫千红》金宝地挂屏作品，就是借鉴中国画的表现形式，在缎地上通过一只翩翩起舞的蝴蝶与牡丹花的互应关系，表现出大地回春、百花盛开的美好景象，再加上用真金

1960年前后，朱枫创作的第一幅云锦作品《凤戏牡丹》，是云锦经典作品之一

（南京云锦研究所供图）

1977 年，朱枫第一次尝试把中国工笔花鸟画运用在云锦妆花工艺上，创作出《万紫千红》金宝地作品，至今都是南京云锦研究所的畅销款　（南京云锦研究所供图）

线绞边，作品看上去富丽堂皇。

1978 年，南京与日本名古屋结为友好城市。12 月，南京市人民政府代表团访问日本名古屋时，将《万紫千红》金宝地挂屏作为礼品赠送给了日本名古屋议会，这是南京云锦第一次作为南京城市文化名片在外交舞台上亮相。至今，这幅作品在南京云锦研究所的产品中仍然属于畅销款。1993 年，朱枫老师获中国工艺美术大师称号。

2007 年 9 月，所里的领导去看望他时，他的听力严重衰退，同时因严重的脊椎病，他的头无法正常抬起，只能倚在沙发上吃饭、看书。这与他多年的伏案工作有关，那时他已只能通过纸笔跟人交流了。2009 年，94 岁高龄的朱枫老师去世了。

问：您在学艺期间有什么难忘的经历？

答：云锦图案中的牡丹花形硕大饱满，色彩娇艳，尤其适合云锦富丽堂皇、大气雄浑的表现形式。过去云锦图案中牡丹的纹饰都有固定的模式，它们是历代艺人根据牡丹的特点经过变形处理而总结出的一套规律，一直沿用到现在，缺少创新变化，有点千篇一律，很少采用写实表现的方法。

为了寻求突破，1973 年初春，朱枫老师带着我们设计组的青年学员还有艺新丝织厂、艺光丝织厂、花边厂等企业的设计同仁共 28 人去山东牡丹之乡菏泽体验生活，用现在的专业说法，叫写生。为了弄清牡丹花的生长规律，这个体验过程一定要在花期之前，就是牡丹还未开就开始，到牡丹凋谢结束，也是田头第二次播种之前，时间是 3 月至 5 月期间。这样，我们就能观察牡丹从花蕊到凋谢的整个过程，直观地了解牡丹花的特性和外观形式的变化。

在田间画画时条件很艰苦，我们都是在地头用个砖头垫在屁股下、画板搁在膝盖上画，顿顿吃黑窝头，难得有顿白米饭吃。

每天天刚蒙蒙泛白，朱枫老师就带着我们在拂晓前赶到田头，打开画夹，细心地观察牡丹花的生长习性、特征，观察不同地方、不同角度、不同光线下的牡丹变化。早晨是一天中牡丹花长相最精神、最妩媚的时辰，我们就要把它的娇媚之态一笔一画地描摹下来。到了中午，太阳一照射，花形便显蔫状了，缺少了露水晨风中的水灵。

我们去的时间是 3 月份，早上必须穿上厚厚的棉衣才能御春寒。过了一段时间，天气才转暖。随着花形逐渐丰满硕大，从全国各地来的参观人流也站满了田间地头，密密麻麻，有几千人之多。由于人太多，公社派人用绳圈起来，禁止普通游客进入。而我们的胸前佩有特别通行标志，可以自由进入田间地头近距离地观察和写生。

1973 年春，朱枫（左）带领朱守茹（右）等设计组人员赴山东菏泽为牡丹写生的照片刊登于 1973 年《人民画报》英文版封面（万宝宁摄）

云锦作品《百花金宝地》（南京云锦研究所供图）

在去山东菏泽之前，我们设计组的大多数人还从未接受过花卉写生训练，对牡丹的品种、特点和生长规律一无所知，经过这些日子的学习和实践，不仅了解了牡丹生长的过程和习性，还掌握了白描写生的技法和规律。我废寝忘食地学画线，学调色，学运笔，学画花头、花苞、花叶、枝干，我的写生能力提高得很快，体验生活为我后来的云锦设计打下了坚实的基础。

1977 年，朱枫老师把写生稿统一汇编成册，叫《牡丹资料写生谱》，在五四印刷厂印了两万册在南京杨公井古籍书店销售。书印出来后，汪印然所长担心书印多了卖不出去，过了一段时间，专门派朱枫老师去打听。不料，市场情况良好，书很快卖脱销了。后来，南京市工艺美术公司派我去制花厂指导艺人做绢花，我用羽毛做的牡丹绢花生动、有灵气，我的作品还代表南京市工艺美术公司去参加中国进出口商品交

左图：1980 年，朱守茹设计的南京云锦妆花宝蓝地织金《普天同庆》（南京云锦研究所供图）

易会（广交会）呢。

那时我白天要忙工作，晚上到家还要做家务、照看孩子。孩子晚上 9 点睡觉后，我才开始设计画稿，经常画到夜里 2 点左右。我的工笔画能力，跟那时打下的基础有很大关系。

问：20 世纪 80 年代，您对云锦图案设计做了怎样的创新？

答：当时，我想表现全国各族人民空前大团结，祖国处处莺歌燕舞、庆祝欢呼的情景，就决定选用云锦织造技艺中最复杂，也最有特色的妆花工艺。在表现形式上，我考虑用云锦图案中常用的牡丹花卉，再用叠花景来表现牡丹的富贵，选择比较浓艳的色彩来表现，最后把作品定名为《普天同庆》。

后来所里要求用云锦工艺生产包、枕头、拖鞋、办公用品、镜框画等一批实用品与市场接轨。我抓住了南京云锦装饰性强、色彩绚丽、豪华高贵的特点，主张将匹料变成小巧的供欣赏的工艺品，在经济上容易被更多的普通老百姓所接受，这也是让云锦走向大众的途径。我还特别关注顾客的审美需求，我设计的《万象更新》《国色天香》《敦煌伎乐》等作品在当时创下了很好的销售业绩。

1980 年，朱守茹（左）在指导学生绘制意匠图　　（受访者供图）

1979 年，朱守茹设计的云锦畅销作品《孔雀铜镜》　　（受访者供图）

1978年，南京和日本名古屋市结为友好城市。所里要求把云锦工艺品打进日本市场。当时日本国宝织品西阵织很发达，我看了日本西阵织的许多图案，发现它们和中国的织锦在组织、纹样的制作方面都有共性，在设计方面大多借鉴了中国的文化元素如剪纸、刺绣、敦煌壁画等。于是我想到日本的文化是从中国唐朝传入的。我便决定采用茶花、月季、白孔雀、铜镜等中国传统图案加以设计，以白孔雀为主，各种铜镜作暗花，用一枝茶花巧妙地插在孔雀与铜镜之间，白孔雀用银线包边，花用金线包边，整个画面纹样统一，色彩典雅。这件云锦工艺品果然在日本很好销。

后来我又了解到日本的和服已从日常服装变成了礼服，要求会更加精致华丽，就决定用云锦生产和服腰带。于是我埋头查阅文字资料，翻看了大量的图片，又去苏州找我的同学看真正的和服样式和腰带尺寸，然后结合织造工艺，用云锦生产出日本和服腰带，色彩沉静文雅。1982年我的作品《云锦和服腰带白孔雀》获南京市工艺美术作品二等奖。

我创作设计了三百多个花色品种，多次在国内工艺美术展览中获得奖项。2000年，我设计的作品《麻姑献寿》获第一届中国国际传统工艺技术博览会金奖；2002年，我设计的作品《孔雀铜镜》获中国华东工艺美术精品奖银奖。2014年，我被全国促进传统文化发展工程工作委员会授予“中华传统工艺大师”称号，并获中国传统工艺领军人物奖。

张道一

周总理关心云锦的见证人

张道一，1932 年出生，东南大学艺术学院教授。1954 年 6 月，他作为陈之佛先生的进修生参与了南京云锦的图案研究工作。1956 年，张道一去北京的苏联展览馆（后更名为北京展览馆）参观正准备举办的“埃及艺术展览会”。在现场，亲耳聆听了周恩来总理关于南京云锦的讲话后，他立刻写信告诉了在南京的陈之佛先生，周总理的嘱托就这样一下子传开了。这对 1957 年 12 月南京云锦研究所的建立起到了很大的促进作用。

口 述 人：张道一

采访时间：2021 年 2 月 19 日 16：00

采访地点：张道一教授家中

问：1954 年，云锦研究组成立后，您参与了哪些工作呢？

答：1953 年，陈之佛先生在南京师范学院美术系教书期间，我从无锡华东艺术专科学校来到南京师范学院做陈之佛先生的进修生。1954 年，云锦研究组成立了，陈之佛先生任云锦研究组名誉组长，南京市人民政府文化事业管理处美术组的何燕明兼

1954年，陈之佛（中）与他的两位弟子李有光（左）、张道一（右） （受访者供图）

任云锦研究组组长，朱枫、徐仲杰、汪印然等人同时加入研究组，他们大多数会画画，但不会画图案，我就帮助他们整理图案，搞清图案名称。

那时我就住在南京师范学院学生宿舍，研究组就在南京新街口胜利电影院三楼的一间房里办公，离得不远，我经常过去。1959年3月，中国古典艺术出版社出版了彩色的《云锦图案》，其中就有我画的两幅图案。

问：1956年，您在北京的苏联展览馆的现场听到周总理是如何嘱托要保护好南京云锦的？

答：1956年10月19日，埃及艺术展览会在北京西直门大街的苏联展览馆举办，馆名是毛主席亲笔题写的，1958年更名为北京展览馆。展览会在展馆的西厅，入口处也在西厅的边门，展出的全是埃及的油画和实用艺术，如木刻、雕塑、铁画、地毯等。那次展览规模不大，没有引起太多人的注意。当时中央工艺美术学院正在筹建中（1956年11月份正式建立），我是经陈之佛先生推荐，到中央工艺美术学院下面的科学研究所创办的《工艺美术通讯》做编辑的，同时做中央工艺美术学院副院长庞薰琹的进修生。不久，我接到通知，让我随中央工艺美术学院的几位师生在开幕式前去参观下。

庞先生带着我们几位师生正看着，不一会儿，突然涌进一批带着相机的记者，还有人扛着一种可折叠的小梯子，前面有人鼓起掌来了。我们顺着掌声方向看去，原来是周总理从后面的门进来了。周总理向大家招了招手，大家安静了下来。周总理同庞先生握了握手，他俩早在抗战时期的重庆就相识了。他们相互问候了以后，周总理对庞先生说，你是这方面的专家，可以给我们做讲解。大家一起边走边看，看到埃及的两块织锦缎时，周总理问：“中国是丝绸古国，现在也有这样的织锦技术吗？”庞先生回答说：“1953年12月，我们搞过一次全国民间美术工艺品展览会，对全国的民间工艺摸了个底，传统的织锦缎在成都和南京还有生产，其他地方都变成现代工艺了。正巧，有一个南京来的同志也在这儿，他刚做过云锦保护工作。”我站在后面，被庞先生拉到周总理面前，周总理伸出手来，我激动地赶紧伸出双手紧紧地握住周总理的手。周总理问我南京的锦缎生产是什么情况，我说：“现在南京云锦还是在用老式木机生产，但数量不多。我不是从事云锦生产的，我是帮助云锦研究组做图案研究的。”总理又问：“销路好吗？都是什么人买？”我说：“主要销往西藏和青海，藏民们做衣服要用云锦。”周总理继续问：“我们国家现在的锦缎和埃及的比较怎么样？”我说：“南京云锦有四个品种，第一种叫织金，第二种叫库缎，第三种叫库锦，

1956年10月19日，埃及艺术展览会在位于北京西直门大街的苏联展览馆举行

（来自网络）

1956年埃及艺术展览会宣传册

（万宝宁摄）

第四种叫妆花，埃及的锦缎像我们的第三种。”周总理又说：“你回去转告南京的同志们，让他们一定要把云锦的工作做好，把它延续下去，不要丢掉。”听了周总理的话，我非常感动。回到中央工艺美术学院研究所后，我立即汇报给了何燕明老师，他当时在中央工艺美术学院研究所当秘书，后来我又写信告诉了在南京的陈之佛先生。周总理的嘱托就这样一下子传开了，这对后来南京云锦研究所的建立起了很大的促进作用。

1957 年 12 月，江苏省人民政府批准建立了“南京云锦研究所”，何燕明老师带着我去中央手工业管理局找了邓杰副局长，还争取了七八个编制呢。

陆 晔

与云锦结缘的父子两代人

陆晔，1950年出生，原南京市工艺美术行业协会秘书长、研究员级高级工艺美术师，他的父亲吴山教授生前是南京艺术学院设计学院的教授、江苏省文史研究馆馆员。从1954年云锦研究组成立开始，吴山教授就与南京云锦研究所的三代领导人结下了深厚的友谊。陆晔受父亲影响，也与南京云锦研究所交往甚厚。他竭尽所能对南京云锦研究所的发展给予帮助，直至南京云锦申遗成功。

口 述 人：陆晔

采访时间：2021年2月18日15：00

采访地点：陆晔家中

问：请您回忆一下吴山教授与南京云锦长达半个多世纪的缘分。

答：1.20世纪50年代与云锦研究组的交往

我父亲早在上大学期间，就在恩师陈之佛先生那儿接触到了陈老收藏的南京云锦图案。1954年6月，云锦研究组成立时，陈之佛先生担任名誉组长，每个星期天陈老

［清］深绿地串枝宝仙花纹织金妆花缎

（来自《中国南京云锦》）

都要去南京胜利电影院给云锦设计人员和老艺人上图案课，每次都是我父亲陪同陈老前往，算是陈老的助手吧。当时我父亲不仅协助陈老做一些辅导云锦人员学习图案和挖掘传统的工作，有时也直接代替陈老讲课。父亲也由此而开始了与南京云锦的交往，结识了吉干臣、张福永等云锦老艺人，并与老所长汪印然以及朱枫、徐仲杰等人成为好友。

1959 年初，陈之佛先生主持北京人民大会堂江苏厅的装饰和布置工作，我父亲也被抽调去参与了这项工作。陈老设计的方案中，选用了南京、苏州、扬州、宜兴等地有代表性的工艺品作为大厅的装饰品或实用品，并由我父亲到上述地区向生产厂家选购或定制，其中就包括了由南京云锦研究所负责、用南京雕花天鹅绒制作的沙发面料和窗帘用料。

2. 20 世纪七八十年代与汪印然所长的交往

1973 年初，我在农村插队回南京过春节，当时南京云锦研究所已下放到南京艺新丝织厂。我曾随父亲去过位于胭脂巷南京艺新丝织厂内的云锦办公室，他与时任

1975 年吴山先生给包括云锦在内的工艺美术设计人员讲课　（受访者供图）

南京云锦研究所所长汪印然以及朱枫（后来的中国工艺美术大师）、徐仲杰（后来的江苏省工艺美术大师）等人谈论工作。1974 年冬，父亲到苏州调研工艺美术行业现状，并应邀为工艺美术设计人员上课，对工艺品设计提意见。我也从农村赶到苏州与他会合，乘此机会参观了著名的苏州刺绣研究所。父亲告诉我，云锦所想发展刺绣工艺品，因他与苏州刺绣研究所包括李娥英、顾文霞等在内的多位刺绣大师和所领导都很熟，便由他牵线，所里派了李杰和车玲两位女青年去学习刺绣。

1973 年，南京云锦研究所新成立了云锦试验工场，记得那时地点是在鱼市街。有次父亲去试验工场有事，我也随他去了，后来的南京艺术学院设计学院教授，也是南艺教师子弟的戈洪，当时正坐在云锦大花楼木织机上拽花。20 世纪 70 年代中期开始，父亲曾多次应邀到云锦研究所给设计人员上图案课，我也曾陪同他去过几次，也是在那里，我认识了后来任苏州大学艺术学院院长的廖军和国家级、省级代表性传承人郭俊、邬悉尔等人。

我家住在北京西路 77 号大院内时，汪印然、朱枫、徐仲杰等三人经常来，与我父亲谈论有关云锦的事情，或是带一些设计样稿来请我父亲提意见。他们大多下午来，事情没谈完就在我家吃晚饭，边吃边谈。

1980 年前后，我父亲曾请朱枫老师到南京艺术学院给学生上过课，除第一次由父亲陪同外，后来都是由我陪同朱枫老师到南艺的。

1980 年，南京云锦研究所接了北京明十三陵定陵博物馆复织明代万历皇帝孔雀羽织金妆花纱龙袍料的任务后，父亲曾几次到所里或是研究所人员到我家进行交流。

1983 年，南京云锦研究所要召开第一次专家评鉴会，父亲还代表所里去请了他的老朋友、中国考古界权威、南京大学历史系的蒋赞初先生来参加评鉴会。开会那天，南京云锦研究所派了一辆大客车先接父亲和我上车，然后到北京西路和云南路交叉口的南大宿舍，我再去蒋赞初先生家接他上车。我也有幸旁听了那次会议。

1978 年，我父亲撰写了《珍贵的遗产——云锦图案口诀》一文，刊登于当年《南艺学报》第二期。

1989 年，南京云锦研究所的科研、生产、经营遇到了前所未有的困难，汪所长希望能得到文化部门的一些支持。记得当时在南京新街口原东风剧场附近的一座大楼内，南京市文化局举行了一个关于南京云锦发展的座谈会，我陪同父亲参加了会议，父亲在会上就南京云锦的历史、文化和发展等谈了自己的看法。

1991 年，南京云锦研究所划归南京市工艺美术总公司领导，老所长汪印然淡出所内工作，但父亲与汪所长的友谊始终不渝。1994 年汪所长不幸病逝，我陪同母亲陆成代表父亲前往汪所长家吊唁，当时也在那里遇到了徐仲杰老师和南艺的戈韦教授。离开后，我们又一起到绣花巷的徐仲杰老师的新家小坐片刻。之后每年的春节，我都要代表父亲，去汪家给汪所长夫人严少兰老师拜年，并一直持续了 10 多年。那些年，父亲也让我代表他几次到太平南路朱枫老师家办事。由此，我也与汪所长、朱枫老师、徐仲杰老师及其家人都比较熟悉。

3. 20 世纪 90 年代以后与王宝林所长的交往

1996 年，王宝林担任了南京云锦研究所所长，他继续了我父亲与云锦研究所的情缘。2002 年南京云锦研究所聘请父亲担任云锦技术质量专家组组长，我曾陪同父亲到所里参加过有关的技术质量会议。王宝林所长还聘请父亲担任研究所的专家顾问，春节时常来给父亲拜年，也派人到家与父亲谈过有关云锦的事情。我也时常将云锦取得的一些成就告诉父亲。

父亲生前说过，南京云锦研究所能在全国工艺美术行业的研究所多数已经消失的大环境中坚持下来，非常不容易，汪印然和王宝林两个新老所长做出了很大贡献，功不可没。2011 年我女儿结婚时，我没有告知单位同事和工艺美术行业的老朋友，但父亲却叮嘱我，不要忘了邀请南京云锦研究所的王宝林和张玉英两位领导参加。2014

2006 年吴山先生参加包括云锦在内的工艺美术有关会议

（受访者供图）

年，王宝林所长打电话给我，邀请父亲为南京云锦研究所成立 60 周年撰写纪念文章，我拟了以新老两任所长坚守云锦事业为文章主线，以“六十年的坚守”为标题，父亲同意后即动笔完稿。

2015 年 9 月，我父亲逝世了，我不想惊动大家，所以没有告诉工艺美术行业的老朋友，而是事后告知的。当然，其中有不少人还是听到了消息，便到我家中吊唁并参加了告别仪式。但我是当即告知了南京云锦研究所，王宝林所长等出差在外，立即委托庄国华等所里领导前来吊唁并参加了告别仪式。

问：您在南京工艺美术公司任职期间，为南京云锦的保护、传承与发展做了那些工作?

答：1992 年我曾撰写《南京云锦》一文刊登于全国工艺美术行业唯一有正规期刊号的《上海工艺美术》杂志 1992 年第四期。10 年后又撰写了《珍贵的文化遗产独创的艺术成就——谈南京云锦“妆花”工艺》一文，刊登于《上海工艺美术》2002 年第四期。

2002 年我担任南京工艺美术行业协会秘书长后，曾多次参加南京云锦研究所主持召开的一些会议，印象比较深刻的有以下几件事。

记得我刚到协会工作时，王宝林所长领导下的南京云锦研究所生产经营状况已比前几年大有好转，并正在申报联合国教科文组织的人类非物质文化遗产代表作名录，同时社会地位也大大提高了。但不知什么原因，南京云锦研究所在市工艺美术协会中却仅是个理事单位，连个常务理事都不是。对此我实在不能理解，随即提议，增补南

2005 年，陆晔（左）与南京云锦研究所原所长王宝林（中）、南京市工艺美术总公司原总经理文洁成（右）一起赴新疆参加中国工艺美术学会实业家分会年会及和田玉石文化旅游节　　（受访者供图）

京云锦研究所为协会副会长单位，补选王宝林所长为副会长。

2003 年，王宝林所长曾由当时的市轻工集团公司一个姓叶的副总经理陪同，到协会与我讨论成立南京云锦协会的可行性。鉴于当时南京市云锦行业的实际状况，我认为成立南京云锦协会的时机尚不成熟，这一观点被王所长接受了。一直到 2014 年，南京云锦行业协会才成立了。

2003 年起，我兼任中国工艺美术学会实业家分会的副秘书长，为扩大研究所与全国工艺美术同行的交流，我建议王宝林所长参加这个分会，同时提议该分会补选南京云锦研究所为常务理事单位。2005 年、2006 年、2007 年我曾和王宝林所长参加了该分会的年会，并介绍王所长结识了分会理事长、北京工艺美术集团董事长郭泰来等人，之后南京云锦研究所和北京工艺美术集团洽谈了北京奥运会礼品项目的合作事宜等。

我被聘请为全国云锦产品标准化技术委员会（SAC/TC303）委员后，多次参加了南京云锦的科研鉴定、技术质量标准制定等工作。

我曾长期被江苏省技术质量监督局聘任为省名牌战略推进委员会专家组成员兼传统手工艺组组长，连续 10 多年参加每年一次的省名牌产品评审。按照省名牌产品的评审标准，必须是年销售额达 2 亿元以上的产品才有申报资格，特殊的产品年销售额至少也须在 1 亿元以上，按照这一标准，南京云锦等传统工艺品达不到申报条件。我在有关会议上提出，包括南京云锦在内的传统工艺品由于其自身的特殊性，理应特殊对待，被省有关部门接受了，从而使包括南京云锦在内的许多传统工艺品在省名牌产品评定和四年一次的复评中被作为特殊产品对待，获得或保持了省名牌产品称号。

文洁成

云锦困境中的扶持者

文洁成，1954 年出生，南京市工艺美术总公司原总经理、南京云锦研究所原常务副所长并主持工作。1991 年 9 月至 1993 年初，是南京云锦研究所生存最艰难的一段时期。当时，文洁成刚到任，所里发不出工资，他想办法从总公司争取资金解决了工资问题，同时分流了所里 36 个职工到总公司下属部门担任新的工作，减轻了研究所的负担，目的是保住南京云锦传统工艺。

口 述 人：文洁成

采访时间：2022 年 6 月 27 日 14：30

采访地点：南京晨光 1865 创意产业园江苏省文化创意成果展示中心

问：您在南京市工艺美术总公司工作时，见到的南京云锦研究所是一种什么状况？

答：1964 年，南京市人民政府批准成立了南京市工艺美术工业公司，它是市属国有企业，公司管辖全市 19 个工艺美术直属企业，如宝庆银楼，艺新、艺光丝织厂等，还有两个研究所，南京云锦研究所和南京工艺美术研究所。1966年市政府下文撤销了公司。1973年10月6日，市政府又下文恢复成立了南京市工艺美术工业公司。

1981年8月1日，我调到南京市工艺美术工业公司办公室工作，到2014年6月30日退休，我在这个单位工作了32年，见证了南京工艺美术行业的兴衰，见证了19个工艺美术直属企业的兴衰，见证了南京云锦研究所的兴衰。

20世纪七八十年代，南京的传统工艺企业基本是一种自生自灭的状况。时任南京市工艺美术工业公司经理陈宏深，每个月都要把下属的企业、研究所的领导召集来开一次生产调度会，听他们汇报工作，我当时在公司办公室任办公室秘书，负责记录。

那时，我经常跟着领导到基层企业现场办公、调研、解决问题。在我的记忆中，去得比较多的单位就是南京云锦研究所。当时的所长是汪印然，办公地点在太平南路388号基督教堂北侧一座三层楼房内，房子是租的，后来研究所搬走后，那里改成了南京红旗无线电厂，现在拆迁了。生产车间在集庆路仓顶，里面也就两三台老木机，条件相当简陋。

汪所想干事，也能干事。他开会时提出来，南京云锦研究所在市区靠这三两台老木机做不大，想在江宁殷巷向阳大队（当时算郊区农村）发展加工点，因为那里场租低，人员工资低。江宁殷巷向阳大队加工点我没去过，但是每个月的办公会上我都听到老汪汇报那里的情况，后来南京云锦研究所织手的主要源头基本上来自那里。

加工点建立后，汪所又感到南京云锦研究所在市中心太平南路租房子没有发展前途，就想在南京城郊接合部买一块地发展产业。于是他在南京到处看地方，最后在茶亭东街240号建邺江东公社七队征了10亩地，全是农田和水塘，就是现在南京云锦研究所的所址。

当时那个地方周围一片荒芜，北边242号曾是原国民政府中央军人监狱，南京“四大监狱”（中央军人监狱、老虎桥首都监狱、晓庄首都反省院、宁海路看守所）之一，也是关押恽代英烈士的地方，再往北走就是刑场，南边是南京市看守所。汪所当时选这个地方就是因为地价便宜。

汪所决定先填平水塘再盖房，所里最早的房子是用毛竹棚子搭建起来的。后来汪所从国家轻工业部争取到了专项资金，在新址上盖了两栋楼，前面一栋五层楼叫科研大楼，后面一栋四层楼叫生产大楼，一直用到现在。

1983 年，我代表公司到现场了解基建进展情况，看到后面那栋四层的生产大楼还在施工中，前面那栋五层的科研大楼完工了，没有装修，就是水泥框架，有隔墙，墙刷白了，有水、有电就算验收合格了。

汪所还真不简单，竟然又从国家轻工业部争取了一笔资金，把科研大楼的一、二、三层建成了中国织锦陈列馆。1984 年，所里积极筹办中国织锦陈列馆开馆揭牌仪式，这是南京工艺美术史上的大事，也是南京云锦史上的大事。我当时在办公室操办了那次活动的会务工作，所里经济很困难，开会用的长条会议桌、坐的椅子全是我从公司拖过去的。10 月 6 日，国家轻工业部副部长徐运北专程到南京云锦研究所来参加揭牌仪式。

1985 年底，南京市政府与市属的行政性管理公司全部脱钩了，让企业改为自主经营、自负盈亏的经济实体，直接面对市场。这时公司改为南京市工艺美术总公司，归南京市二轻局管理。南京云锦研究所与市工美总公司也脱钩了，直属市二轻局管理。二轻局下属全是效益不好的小企业，南京云锦研究所没有适应市场的主打产品，专业技术人员绝大多数都下岗回家了，还有一笔 30 万的贷款。

到了 1990 年，南京所有的传统工艺行业都陷入了困境，汪所因身体原因住院了。市二轻局决定在系统内招募能人接替汪所，市工美总公司服务部经理骆茂勤毛遂自荐。老骆真是一腔热诚，吃了不少的苦，付出了不小的精力，但对传统工艺与市场经济规律认识不足，低估了南京云锦研究所的难度，干了年把，南京云锦研究所的生机还是不见好转。

问：在您任南京云锦研究所常务副所长并主持工作的近一年半的时间里，您做了哪些工作？

答：1991 年春节后，在公司的一次党委会上，我列席负责记录，就坐在会议室电话机旁边。这时，电话铃响了，我拿起来一接，是市二轻局的戴锡嘉局长找陈宏深

雨中彩霞
錦上添花
吉慶平安
祥和中華
喜鵲登梅新圖
郭俊先生設計
鍾仕東詩并書

总经理。陈总接完说，戴局长指示，老骆因身体原因在南京云锦研究所撑不下去了，经局党委研究，由南京市工艺美术总公司帮南京云锦研究所还掉 30 万的贷款，并直管南京云锦研究所。陈总在会上马上布置，公司派工作组共 7 个人进驻南京云锦研究所实行全面托管，工作组组长由公司副总经理张开诚担任，副组长是公司生产科副科长蒋家余，组员是开发处书记王宝林、艺术设计科裘小徇、财务科严建国、劳资人事科戴春森、办公室周建宁和我。

1991 年 3 月 15 日，工作组正式进驻南京云锦研究所，当时我在党校学习。9 月我来到南京云锦研究所任常务副所长并主持工作，当时的所长是张开诚。1993 年初，我回到总公司任总经理助理。在我近一年半的任职期间，是南京云锦研究所生存最困难的一段时期。

那时，南京云锦研究所是市属差额拨款的事业单位，由市科委负责拨款，一年只给 3.8 万元，只能支付所里的水电费，其他全靠自负盈亏。说实话，当年我到南京云锦研究所一看，只有两栋建好的水泥大楼，其他什么都没有，我都感觉心灰意冷。云锦是传统工艺，全靠人手工织出来，没有市场，哪来的效益。我的前任老骆也是为了保住传统工艺，不得已才把科研大楼的四、五层和后面的一幢生产大楼全部租给了做外贸服装的扬州东兴羽绒服厂，该企业用电动缝纫机做羽绒服。靠这笔微薄的房租来保住南京云锦传统工艺。我来后延续了这个合同。1992 年 2 月，南京市二轻局局长戴锡嘉来所里指导工作并现场办公，对我说："小文，这个样子云锦怎么搞研究呀？鹅毛满天飞，你要想办法改变。"我也想呀，但谈何容易呢。1992 年底，我准备离开所里回到总公司任职前，我去找东兴羽绒服厂的老总谈，终止了合同。

问：在您的努力下，南京云锦研究所有了哪些变化？

答：那时，我已是南京市工艺美术总公司党委成员了，我在党委会上据理力争，说云锦研究所传承的是中华传统文化，这是个老知识分子成堆、老机制深固的老企业，

左图：郭俊作品《喜鹊登梅新图》　　（郭俊供图）

适应市场的变革需要很长的过程，如果公司现在不扶持，我也干不了。

在我近一年半的任期内，南京市工艺美术总公司在资金和人员分流上全力扶持南京云锦研究所。我到任时，研究所的账上没有钱，每月 15 日已经发不出工资，很多员工已经下岗待业，还有部分员工人虽在所里，但每月只拿二三十元的工资，保留身份，占个位置。我分流了所里 36 位职工到总公司下属部门谋一份差事，减轻了云锦研究所的负担。

1992 年，南京市市政府提倡搞合资企业，市委统战部的领导推荐了一位来自台湾的老板刘时孝，他的祖籍是江苏兴化。刘时孝对南京云锦很感兴趣，每次来所里都会买不少南京云锦带走。后来他出资 2 万美金，所里出资部分人民币，加在一起约 13 万元人民币，成立了合资企业高山青织锦有限公司，王宝林当总经理。这个公司就是根据台湾人的需要，把台湾当地的图案，用土家锦的工艺生产出来再卖回台湾。当时公司效益还不错，赚钱养活自己没问题，还有奖金拿，但大家也很辛苦，连装裱字画等工作都是自己人没日没夜地干。在所里有能力买电动助力车的第一批人就在合资公司。

问：您回到市工美总公司任总经理助理后，推荐了谁接任南京云锦研究所所长？

答：1992 年底，我要回南京市工美总公司任总经理助理了，接替我的人是七人小组里的周建宁。他的性格偏向于传统、正直、规矩，但仍然解决不了南京云锦研究所的生存问题，总公司还在不断地往南京云锦研究所投资金。

1996 年，公司党委准备调整南京云锦研究所的领导班子。会前个别谈话时，我提出由王宝林担任所长比较合适。王宝林是七人小组成员，了解全所的情况，有文化功底，尊重传统工艺，更重要的是敢于开拓，勇于进取。

周双喜

赤诚执着的云锦工匠

周双喜，1955 年出生，1974 年，19 岁的周双喜来到南京云锦研究所当织手。他没有进入过专业院校学习，他也想成为一名工农兵大学生。但因工作需要，时任领导没让他去。现在来看，没有选择可能就是最好的选择吧。他沉淀下来，一干就是近 50 年。2009 年，他入选“南京云锦织造技艺”国家级代表性传承人。2019 年，获南京市总工会颁发的“南京工匠”荣誉称号。

口 述 人：周双喜

采访时间：2017 年 10 月至 12 月共四次

采访地点：南京云锦研究所有限公司周双喜大师工作室

问：能谈谈您的学艺经历吗？

答：我是南京人，1955 年出生的。1973 年高中毕业后，分配到南京市工艺美术公司实习。半年后，公司领导就问我愿不愿意到南京云锦研究所当织手。我一听研究所，这名字好听，就答应了。1974 年下半年，公司派了我们 5 个年轻人一起到南京云锦研究所当织手，这里面就有后来的国家级代表性传承人金文。

那时我 19 岁，就跟着当时已 70 岁左右的，没文化但懂手艺、有经验的老师傅们学艺了。他们一大把年纪了，字都不会写，名字也不会签，拿工资都是按手印的，我还得听他们呼之来挥之去的，心里不乐意也没办法，因为我对织机挺有兴趣的，就咬牙坚持吧。

问：学徒期间，师傅先教您做什么？

答：当学徒时每天先干小活，给师傅们打水、扫地，准备好茶水后，再做织造前的准备工作如挂交、理断头等。师傅来了，先喝口茶，然后上机织一段，这时我就站在旁边看。20 多天后师傅开始教了，先教我打对结。我学打结时，师傅不看的，但他一边放一个脸盆，一边放一个簸箕，上边放两个螺丝垫片，如果我没打好结，手一松，垫片就会"咣当"一声掉进脸盆里，就会挨师傅骂，被"敲脑门"。两星期后，我一分钟能打五六个结了，这就算合格了。

打对结合格后，师傅让我先站在机子旁看他干小活，如找断头、掏头等，然后再教我。半个月后，我再爬到花楼织机上看师傅怎么拽花。如果出现断头，师傅们就休息去了，由我来接。又过了两个月开始教我拽花。刚开始学掏线时，线绳经常会把我手的虎口处撸得开裂，冬天还好点，夏天手上有汗，线绳又潮又涩，我的手经常撸得钻心疼，手里的活还不能停。我想戴手套，但师傅不允许，说一戴手套手的感觉就不对了。一直等到我手的虎口处起了老茧，不怕撸才不疼了。渐渐地，我拽花的速度能跟上师傅在下面织造的进度了。师傅在下面织机上纹刀一响，我在上面就把花提起来了。师傅对我的配合很满意，就这样两年后，师傅准备教我上织机学织造了。

问：学徒期结束了，师傅再教您做什么？

答：刚开始学时，师傅在下面织机上织，我还是在花楼上拽花配合他。他休息时，我就从花楼上下来坐在织机上先练端平架子，然后手里拿一只梭子，不停地用手腕练习打空梭；熟练后再练抛梭，抛梭时要求手腕要柔软，梭子抛出去要平，不能蹦，这样又练了三个星期。我记得那时一到晚上胳膊就疼得抬不起来。师傅还要求我平时坐着都要抱着胳膊；回家睡觉时还要把胳膊夹着，曲蜷着睡，不允许四肢敞开睡。因为在织造过程中，如果动作过大会影响织造的进度，织的少收入就少。现在想想训练这些基本功很重要，工作起来速度、质量、产量比没练好基本功就直接上机织造的人好太多了。

师傅在下面织了一段，织到图案简单的部分，就让我下来换他织，遇到复杂的图案，师傅再把我换上去，就这样交替着织。慢慢地，我织的时间越来越长，最后全部替代师傅，完全由自己操作。等织品下货时，师傅点头说不错，那时我心里真的非常开心。我们同期拜师的 5 个年轻人，5 年后出师的就剩我和金文了。

问：你们师徒之间是怎样交流的？

答：师傅没文化，就是靠口传心授。他识字不多，但他会算肚账，闭着眼睛坐在板凳上，一根烟往嘴上一叼，头脑一盘算，多少根丝，怎么操作，好了，然后告诉你几个六、几个五，你就按照他说的做，一点不会错。他会把一些复杂的东西变成简单的口诀去记。如果师傅对你印象不好，他就不会讲给你听。他少说一句话，你就很难掌握这个技术。

刚学织造时，有次突然经线一下连着断了七八根丝，断一两根丝我好操作，拉过空格掏过来就可以了，一下断七八根，拉过空格掏过来还要不出错，就要按口诀来，否则肯定搞错，一搞错织出来就是次品。所以师傅又教我背口诀，包括他的手势都有口诀。还有配色口诀，如果不背拿错了颜色，产品织出来肯定不好看。我师傅不识字，但会把云锦里复杂的工艺全部变成简单、好记的口诀一点点地教给我，还用了很多方法帮助我记忆。师傅会唱白局，他经常唱个段子如“前生打爹骂娘，今生落到机房；三更起来摇纬，五更爬进机坑；寒冬不能生火，炎夏不能乘凉等”。当时我听了也没什么感觉，后来才感到当织手的确很苦。

在织机上织造要两个人配合，坐在巴掌大的座位上一坐就是十几个小时，如果有一个人身体不舒服，另一个人就不能工作了，业内称“一个肚子疼，两个完不成”。

问：学艺期间有什么难忘的记忆？

答：1974年左右，我刚当学徒不久，有一次休息时，我跷起二郎腿坐在织机上面拽花工的位置看小说，没想到绳子不牢，我一下子从上面掉下来了，把下面织机上织了一半的织物经线砸断了1000多根头。当时我吓坏了，因为这个半成品很可能就报废了，会造成很严重的损失，如果追究起来，我是要丢饭碗的。我的师傅们二话不说，连忙向领导解释说我是因为在上面学习不小心掉下来了，然后不停地忙了整整一个星期，一根丝一根丝地把头接起来，继续接着往后织。下货后，织物一点问题都看不出来。现在回想起来，我真是感谢当年师傅对我的包容。另外，像当年师傅们具备的纠错能力，我至今都没有练成。

所里招的我们那一批年轻人开始是有两名女学徒的，可没想到师傅一见女性，说什么也不肯上机。师傅们都是七八十岁的老人了，思想保守了一辈子，他们认为女性如果要在上面拽花，这是骑在男性的头上，让人无法接受。万般无奈，两名女学徒只好在机房里打打下手，始终没有机会学技术。到了1980年以后，师傅们陆续去世了，“传男不传女”的千年古训松动了，女织手、女拽花工才陆续出现了。

我进单位头3年都是拿学徒工资，第一年每月14块钱，第二年每月16块钱，第三年每月18块钱，转正之后每月拿35块钱，算是高工资了。1976年，我22岁了，到谈女朋友的年龄了，我已经成为很熟练的织手了。介绍人问我从事什么行业，我也不知道该怎么描述。那时我待的车间叫木机车间，连单位里的同事都觉得这是个“土”的玩意儿，一见我们这批织手，就称“老木机的来了”。我感觉自己就是个手艺人，还要经常像个猴子一样爬上机，总感觉不是很光彩。这种感觉一直持续到1987年，南京云锦到香港科技馆办展览，我作为织手第一次去香港参展，有很多外国人来看展，还不时对我发出邀请，这是对我及我从事的这份职业的尊重和认可，顿时让我感到我能为国家争光了，一种自豪感油然而生。那次在香港的参展经历，彻底改变了我对这份职业的看法。

手上的绝活师傅也会留一手，不到万不得已，是不会轻易传给徒弟的。记得1980年复织北京明十三陵定陵龙袍料时，我师傅织了一半龙袍料，病重了。汪印然所长特意带上我去看望他。师傅很难过地表示，身体不行了，不能继续织下去了。我赶紧说，师傅，您放心吧，剩下的一半我一定完成好。他一听，立即来了精神，把他的宝箱拿了出来，把用了几十年的梭子等织造工具全部送给了我，还叮嘱了我平时没有告诉我的织龙袍技巧。

问：您认为业内认可的云锦是什么样的？

答：成熟的云锦作品用我们行话说一定要三妆：妆金、妆彩、妆孔雀羽。

妆金是指织云锦要用真金线，金线可以为整个织物增添富贵感。妆彩是指用彩色真丝色敞绒线，用这样的材质织出来的作品在自然光的照射下，色彩饱满柔和。妆孔雀羽是指用孔雀羽线，孔雀羽线不褪色，把它织进织物后，在光的折射之下，不同的角度还会呈现出不同的色彩，在织物上高高凸起，还有立体感的效果。

这些才是云锦材质的特点。按这种传统的材质用料方式传承下去，就是真正的云锦。

问：讲一讲您主要参与的几件丝织文物复织的故事。

答：在我多年的从业经历中，我感到最难、最复杂、最具有挑战性的就是从事丝织文物复织工作。复织不是仿制，是原物的再现。

①复织“柘黄地妆花龙栏缎直身龙袍料”

早在1956年，中国文博系统、中国社会科学院考古研究所的一批老专家如王孖、陈娟娟、高汉玉等在出发掘报告时已把丝织文物的名称、尺寸、颜色、纹样、制式、质地等状况分析得非常专业。他们当年没有照相机，就是用笔作详细的记录。一份发掘报告和一件损毁的丝织文物，就是当年我们复织团队复原文物所依赖的最重要的依据。

1980年，所里接下了北京明十三陵定陵博物馆龙袍料的复织任务，由王道惠老师负责的团队开始复织“柘黄地妆花龙栏缎直身龙袍料”。龙袍的织法以前从未见过，更谈不上织过，接下复织龙袍料的任务时，我的师傅们年岁已大，已经干不动了。当时，我已经干了近10年的织造，技艺相对成熟了，所以就成了王道惠老师负责的复

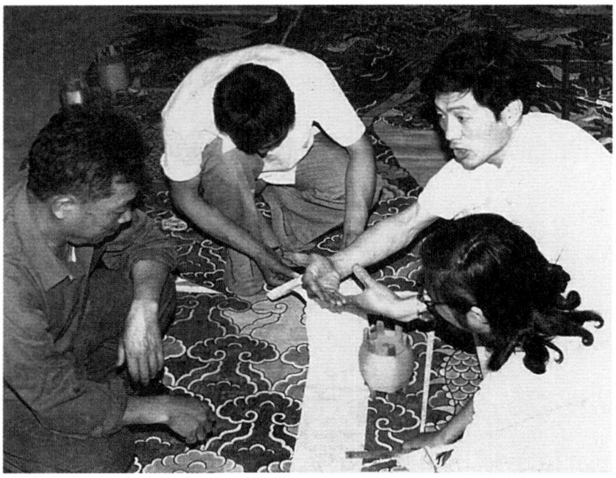

1980年，周双喜（右上）参与到王道惠老师（右下）负责的复织团队里开始复织“柘黄地妆花龙栏缎直身龙袍料” （王道惠供图）

织团队中的主要织手，有幸参与了这项工作。

1980年，我第一次去北京明十三陵定陵博物馆看出土的丝织文物时，织物还可以用手提起来，在大范围的深褐色中有的地方还能看到原有的颜色。后来随着复织任务的增多，我每隔两年就会去，亲眼看到丝织文物受损的情况一次比一次严重。刚开始去还能看到一些蓝色和金线，过几年再去看，已全部像烧焦的纸片一样，别说碰，连大气也不敢喘，看完后衣服上就沾满了洒落的金粉。有的丝织文物就放在柜子里，没有平铺开，折叠的地方就更容易损毁。我心里万分心疼，就想着这些丝织文物要尽快复织出来。

我从未织过龙袍，第一次遇到难度大、要求高的产品。我既要考虑到织造时间跨度大，温度、湿度对织物缩率的影响，也要考虑到我在操作时打纬力度的不一致，导致的织物经纬密度的大小变化。

龙袍料从图案上看它是不完整的，但按照图案织成后把它缝制起来就形成了一个完整的图案，这与现在通过剪裁再缝制的手法截然不同，那么这就要求在织造时不能有丝毫的误差，否则缝制时就很难达到预期的效果。因为经过春夏秋冬四季，丝的收缩不一样，在不同时间要摸索它的收缩力，打的时候轻重都要掌握好，正好把花纹拼起来，基本上不能相差几毫米，多了以后它也拼不起来，做不平。过去常说皇帝的衣服天衣无缝，实际上它不是没有缝，而是图案拼接看不出来，龙头都是对起来的。上织机、画图、看实物，不断地学、不断地攻关，我终于掌握了核心技术。

这匹龙袍料在柘黄色五枚缎地上，用以红黄绿白色调为主的色绒线和片金线、捻金线织出了金龙纹、蘑菇云、海水江崖。整件龙袍后背和领缘中间都是龙纹，有22条。这件直身龙袍料最独特的是满地织金妆花不露地，大龙小龙姿态各异，锦面金碧辉煌。

这件龙袍料仅花本，就堆了半个房间。冬天是不能烤火的，云锦织造需要用到大量的金银线，银线一受热便会氧化发黑，这样丝织物就会失去银色光泽，手里拿着铁梭子很冷，我的手上全是冻疮。

夏天整个木机车间连窗户也没有，我坐在机坑里，就像坐在烤箱中，又热又潮。头上汗直滴，就在肩上搭一条毛巾，不时地擦去满脸的汗水，不至于让流淌到眼角的汗水影响了视线，有时头上还要包一条毛巾，要保证汗不滴到生丝上面。我在干活时，蚊子叮在腿上也不能用手去打，只能抖两下，蚊子不走我也没办法。

肯定有人要说，真憨，这么热，不会开电风扇。电风扇倒是有，但不能吹。你想，这一车间都是生丝，风一吹就会变得脆弱会断。生丝的伸缩性很强，天气的冷暖、环境的干湿等因素都会影响织成后的效果。

从上班到下班都要提起双脚踩踏板，臀部也必须不停地左右腾起，这就连累了臀部，臀部肥嫩的皮肤终于经受不住坚硬板凳的亲热，开始溃疡、疼痛，长了鸡蛋大的坐板疮，曾开过两次刀。手上的疼痛还可以给人看，可这部位的疼痛怎么向人说，没办法，只好亡羊补牢，在凳子上铺上厚厚的棉絮层。冬天还可以，夏天就苦了，我只穿了一条薄薄的单裤坐在凳子上，没多久，臀部又很快焐出了痱子来。

1982 年，那时我刚成家不久，在织造的过程中，爱人怀孕了，织造一半时，孩子出生了。我的家庭经济状况变得很紧张了，我还向别人借了点钱。那时完成这项任务带有承包性质，要在规定的 12 个月内完成，如果能提前完成还可以拿超产奖。

于是每天早上 6 点我准时出现在木机房，尽管在织机上的时间每天超过 10 小时，一天却也只能织出 6 厘米的长度。这在当时，我的织造速度算很快了。10 个月后，龙袍顺利下机，我提前完成了任务，年底拿到了 300 元奖金。我用这笔奖金还清了欠账，给孩子买了些奶粉，给家里添置了“二八”大杠自行车、电风扇等固定资产。

那个年代物资紧张，当时买到那辆车也不知有多高兴，真是爱不释手，倍加珍惜。就像现在的年轻人买到一辆名牌汽车一样。我兴奋了一段时间，没事就喜欢在同事面前展示一下，非常得意。“二八”大杠自行车风风雨雨、坎坎坷坷陪伴我度过后来十几年的岁月。

原件

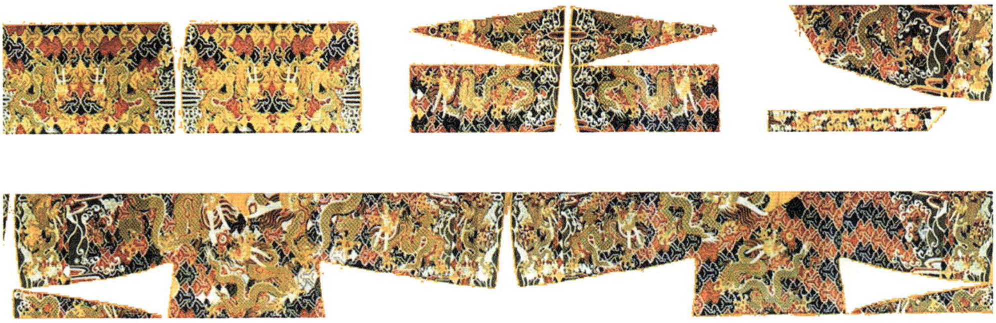

复织件

1982 年复织成功的明万历“黄地织金妆花缎过肩通袖直身龙栏织成袍料”原件与复织件对比图（南京云锦研究所供图）

如果没有这批复织任务，云锦技艺恐怕就要断了。也许这就是天意，云锦技艺注定不会失传。

②复织日本“琉球王红地妆花缎直身龙袍”

在历史上，琉球是中国的藩属国，深受中华文化的影响。明清两代，中国派出琉球的册封使共计 24 次，琉球每两年须向朝廷进行贡奉，朝廷也有例行的赏赐，赏赐中就有大量的丝织物。

1879 年，日本通过武力吞并了琉球，当时中国正处于晚清时期，无力拯救琉球。正当清政府犹豫不决时，日本占据了优势，将琉球国改为冲绳县。

1992 年，日本冲绳县想复建琉球王宫，慕名来到所里要求复织“琉球王红地妆花缎直身龙袍”，这是当时清朝政府赐给琉球王的。由于原件年代久了已不能挪动了，日方只带来了一张照片。因为日方只能给 25 万日元的制作费用，太少了，所以我参加的复织团队一起用化纤材料复织了这件龙袍，就这样日本方面都很满意。

1992 年复织的“琉球王红地妆花缎直身龙袍”

（南京云锦研究所供图）

2012 年 7 月，南京准备成立江宁织造府时，我随着筹备小组成员赴日本冲绳首里城琉球王王宫参观考察，日方只给我们看了照片，我们都没有见到我十多年前复织的复织件实物。他们把这件复织件当国宝一样珍藏起来了，平时一般不拿出来示人，只有在举办国家级的重大活动时才拿出来展示一下。

问：您现在还在带徒弟吗？

答：目前我仍然在带徒弟，蔡向阳、陈林都是我的徒弟，我也愿意带，但把我这几十年积累的经验全部传下去很难。现在外面的诱惑太多，选择太多，年轻人很难静下心来学手艺。不投入情感，不热爱这门技艺，只把它当作工作，很难有成就。如织 10 幅作品，出来的颜色都一样，就失去生命力了，就跟机器织的差别不大了。如果希望 10 幅作品每件都不一样，是要动脑筋、花时间的，这样产量就上不去了，收入就会减少，很多年轻人就不愿意了。而云锦的生命力就在于变化，而这变化，又涉及完成一件云锦作品的每一道工序。如果千篇一律，它的魅力就不存在了。

周双喜在大花楼大织机上进行织造

（受访者供图，摄于 2018 年）

郭　俊
手绘传统纹样的坚守者

郭俊，1948年出生，从小喜欢绘画。20世纪60年代，他当知青下放期间，为各村画毛主席像。1973年，返城后进入南京云锦研究所工作，师从徐仲杰、朱枫老师，擅长设计、意匠、挑花等各道工序，在长达50年的从业经历中形成了自己的艺术风格。2008年，作品《九龙图》在中国传统工艺美术精品大展中获金奖；2010年，作品《丹顶和鸣》《瑞虎呈祥》被外交部选为国礼赠给外国元首；2011年，作品《九九祥龙》联体屏风获中国工艺美术百花奖金奖；2014年10月，作品《万寿中华》荣获“中国原创·百花杯”中国工艺美术精品奖金奖。2021年，入选“南京云锦织造技艺”国家级代表性传承人。

口 述 人：郭俊
采访时间：2021年2月22日15：30
采访地点：郭俊云锦工作室

问：您对云锦图案中的传统纹样设计是怎么理解的？

答：我在1973年进入南京云锦研究所之前，已从事绘画基础训练有8年时间了。进所后又干了近20年，到1993年前后，我都是在严格地学习传统绘画技法。我设计过很多作品，但只有一幅作品投入过生产，其他的设计稿都被存入了资料室存档。当

郭俊仍在坚持用手工绘制意匠图
（受访者供图，摄于 2017 年）

时因所里织机数量、人员、资金、市场等客观条件的限制，所里制定的云锦设计生产标准是很高的，只有朱枫、朱守茹设计的作品才有机会投入生产。一直到 2005 年之后，我才真正地进入南京云锦设计生产的高峰期，夜以继日、呕心沥血地创作了大小作品 20 余幅。

我认为学习经典的传统图案首先要从临摹开始。清乾隆帝的御用画家郎世宁，在《乾隆大阅图》第二卷《列阵》画中，画的乾隆头戴金盔，身穿铠甲，骑在骏马上，表情中既带有帝王的威严，又充满着自信。画中乾隆身上的铠甲描绘得十分细致，云锦的面料式样、作法、颜色以及花纹对照完全写实，真实地反映了历史面貌，是具有重要史料价值的纪实性绘画。郎世宁为了博得清朝皇帝的欢心，他注意学习中国画的表现方法，对自己所掌握的西方油画技巧进行调整，走中西融合的道路，以符合清朝皇帝的艺术趣味和中国传统的审美观。一个外国人如此注重中国传统图案的学习，更何况我们这些从事云锦图案设计的。

郭俊作品《瑞虎呈祥》　（受访者供图）

云锦图案中的经典传统纹样设计都是出自元、明、清三朝皇家宫廷的纹样，格调高雅，气度不凡。以皇室为主的具有独特文化色彩的图案，

右图：郭俊作品《龙腾万里》　（受访者供图）

龍驤萬里

如龙的图案，是皇权的象征，与黄色结合，是皇家专用的。凤凰是人们幻想出来的象征吉祥美好的神鸟，被作为封建王朝最高贵女性的代表，常被用作历代皇后服饰的装饰纹样。这些都完全有别于民间文化，如果希望从事云锦纹饰设计工作，就需要有足够的认知和理解，怀有崇敬之心踏实学习和铺垫，先学习这些厚重的文化遗产，领悟了云锦纹饰的精髓才有可能谈及创新与发展。

问：为庆祝国庆六十周年的到来，您是怎么想到设计作品《万寿中华》的？

答：2008年初，我想设计制作一幅云锦作品迎接中华人民共和国成立六十周年。最初的设计画稿就是一艘龙船，它象征着中华民族的崛起，驶向更美好的未来。画着画着，我的想法在不断地变化，表现吉祥的图案素材越来越多，画稿也越来越大，最后呈现出来的设计稿是龙船在碧海蓝天、彩霞生辉的画面中，56只仙鹤围绕在龙船四周上下翻飞。在配色上，主色用帝王黄，还有其他如大红、深蓝、宝蓝、墨绿等皇家色。设计上注重花纹造型和章法的处理，形成庄重、典丽、明快、轩昂的气势，最后定名为《万寿中华》。

2008年底，我的设计稿修改定稿了。2009年春节刚过，所里组织了有20多人的精锐技术力量立即转入意匠、挑花结本、装机、织造等各项工序。过去织云锦都是用0.78米的织机，因为云锦常规幅宽是0.75米。而我设计的《万寿中华》需要宽1.5米的大织机，这么大的织机表现力才够好，它是常规云锦门幅的两倍。织造时，由两名织手和两名拽花手上下同时进行，难度非常大，传统织机是两个人一上一下，而这台织机要左顾右盼，相互配合。在挑花时，眼前会出现错乱，容易把色线看错，要非常仔细。

在用料上，我特意加入了鸵鸟羽毛，用到它也是因为一次偶然的机会。我之前去山东参加侄女的婚礼，她老婆婆刚从非洲回来，带回了几根鸵鸟羽毛，我发现鸵鸟的羽毛有比较长的绒毛，我当时正在为设计中的《万寿中华》如何表现56只仙鹤发愁，它让我眼前一亮。除了加鸵鸟毛，还精心织入了真金线和孔雀羽线，力求接近自然。《万寿中华》用了百十种色泽的丝线，所以看上去富丽堂皇，雍容华贵。

2009年8月4日，《万寿中华》下机了，整整21个月，我没休息过一天。从草图、

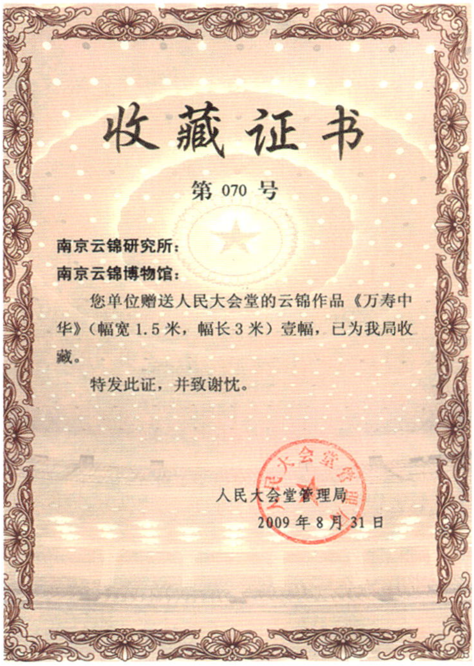

收藏证书

第 070 号

南京云锦研究所：

南京云锦博物馆：

您单位赠送人民大会堂的云锦作品《万寿中华》（幅宽 1.5 米，幅长 3 米）壹幅，已为我局收藏。

特发此证，并致谢忱。

人民大会堂管理局

2009 年 8 月 31 日

2009 年，人民大会堂管理局颁发的收藏证书 （受访者供图）

样稿、线描稿、放样稿、效果图，我共绘制了 5 种图纸。

2009 年 9 月，在国庆六十周年即将到来之际，在南京云锦项目第三次申遗的关键时刻，《万寿中华》的问世让我感觉特别喜庆。大家都觉得这幅大作品放在北京人民大会堂很合适，想赠送给人民大会堂收藏。为此，所里特意召开了一个新闻发布会。新闻发布会结束后，北京人民大会堂知道了此事，特意派人来所里考察作品，他们一看完作品，立马决定收藏。后来，我跟着所里一行人专门去了人民大会堂，这幅作品放在最大的一个厅，人民大会堂

郭俊作品《万寿中华》 （受访者供图）

给了所里一张收藏证书。

2014年10月27日，第十五届中国工艺美术大师作品暨国际艺术精品博览会上，《万寿中华》荣获“中国原创·百花杯”中国工艺美术精品奖金奖。

问：请谈谈作品《敦煌乐舞花露吉祥图》的设计过程。

答：2010年，张瑜导演在南京拍摄电影《庐山恋2010》时，在市委书记朱善璐的推荐和研究所的邀请下，张瑜参观了南京云锦博物馆。也正是那次参观，她产生了想拍摄一部以云锦为主题的电影的想法。

2011年，张瑜导演又来到了所里，还带来了影片的制片人、编剧等，他们想拍一部名为《云之锦》的电影，所里要为剧组提供传统的大花楼木织机，还要用云锦为影片创作以敦煌乐舞仕女为原型的道具作品《敦煌乐舞花露吉祥图》。这件作品贯穿于整个影片。

我一听很为难，因为用云锦表现人物很难把握，传统的织机手法就是在面部勾一个轮廓，然后上机织。但张瑜导演坚持要用云锦来表现敦煌乐舞仕女，还让剧组提供了一张图片。但我一看并不满意，提供的图片比较老旧，而且图中的飞天姿态有点笨拙，于是我重新设计了图样。后来，我与所里的团队一起花了9个月时间先织出了一幅《大慈大悲观世音像》。通过这幅作品，我摸索掌握了人物的面部表现手法，这样对用云锦织出人物，我心里就有底了。

张瑜导演提出这幅《敦煌乐舞花露吉祥图》中，飞天的表情姿态要含蓄，飞天的眼睛是微微睁开的，不能睁太大，也不能眯着。既要考虑其面部表情的雍容宁静，又要表现她身穿华贵云锦服饰的动感，这样精准的要求对云锦织造来说十分苛刻，况且剧组留给我的时间只有三个月。

按照往常的工作节奏，一幅云锦的意匠设计图都有可能画半年，为了赶制这幅作品，我吃住都在所里。为了达到张瑜导演的要求，我先请织手织了一幅，再根据张瑜的要求修改，又织出了第二幅，第二幅才是后来电影中的《敦煌乐舞花露吉祥图》道具。

郭俊作品《敦煌乐舞花露吉祥图》　　　　（受访者供图）

2012 年 3 月，作品《敦煌乐舞花露吉祥图》下机，导演张瑜（左二）专程来到所里验收并与王宝林所长（右二）及两位国家级代表性传承人合影（南京云锦研究所供图）

2012 年 3 月，《敦煌乐舞花露吉祥图》完成了，让云锦表现人物的形态和精神风貌有了新的突破，为以后创作更多更复杂的人物形象积累了经验，所以意义非同一般。

戴　健

传统工艺极致化的追求者

戴健，1961年出生，1982年从苏州丝绸工学院丝绸工艺专业本科毕业后，从事这个行业已41年。他成功复织了故宫收藏的清代龙袍、凤袍、凤褂等。他的这些作品被业内专家公认为是精品，被多家丝绸博物馆和藏家收藏。他出版过《南京云锦》专著。2011年获“江苏省工艺美术大师”称号。2018年获首届“南京工匠”荣誉称号。2020年，入选“南京云锦织造技艺”省级代表性传承人。

口 述 人：戴健

采访时间：2021年3月2日14：30

采访地点：戴健云锦工作室

问：您是如何走上南京云锦织造技艺传承这条道路并传承至今的？

答：我是苏州昆山人。1982年，我从苏州丝绸工学院丝绸工艺专业毕业后就被分配到了南京云锦研究所。至今仍在从事这个行业，已快40年了。刚进所时，我主要从事电机技术方面的工作，从技术员做起。后来，我又去了木机织造车间，原材料是相同的，但工艺是传统的手工织造技艺。1983年，我参与了所里承接的北京明十三陵定陵博物馆丝织文物复织任务，根据出土的丝织文物原件推测出了断代的传统技艺，并把这些传统技艺恢复了。这样复原出了不同的品种，如开始的妆花缎，后来的妆花纱、妆花罗，到最后的妆花绒等。在这个过程中，我学会了装木机、拽花、织造等传统技艺。

问：您参与过文物复织工作，分析组织结构与丝织物的复织工作有什么关联吗？

答：1983年，我在所里的古研部，参与了定陵丝织文物的复织任务，我主要以工艺技术为主，在机台上进行工艺的分析，推导出工艺。之后随着工作经验的积累，慢慢地我可以独当一面了。2005年，我离开南京云锦研究所，到南京才华文化艺术公司自主创业了，那时的我已40多岁。当年北京故宫的倦勤斋要重新开放，它是清乾隆三十七年（1772）时仿建福宫花园中的敬胜斋建的，是乾隆当太上皇以后的住所，它是故宫内最奢华、奇特的一处。乾隆曾在《符望阁诗》中写道：“耄期致勤倦，颐养谢尘喧。”倦勤斋的名字就得于这首诗。

倦勤斋开放要遵循两个原则，一是真实性，二是完整性。在真实性方面体现在三个部分：一是建筑本身；二是它的传统工艺和技艺；三是丰富的历史记录。倦勤斋的装修很豪华，设有好几处宝座床，这个宝座的面料名称是“黄地团龙凤缠枝花卉妆花缎匹料”，还有床料“黄地缠枝菊花纹妆花绒”“蓝地卐字蝴蝶纹织金锦匹料”“冰梅纹织金锦”等多种匹料，有的是用于服饰，有的是用于装饰，还有的用于小件包袋等。

才华公司先后接了9段面料的复织任务。我先去故宫倦勤斋把纹样、参数取下来，回来后主持研究工作，花了两年半的时间，全部复织出来了。到目前为止，我已对不同历史时期丝绸品种的原材料特色、组织结构规律、制作工艺及艺术特点等有了较深入的研究，得到了国内很多专业博物馆的信任，包括龙袍、凤袍的复织任务，都是我在主持。

问：您是如何复织出故宫雍正皇帝龙袍的？

答：2017 年，我又承接了故宫收藏的雍正皇帝“明黄五彩云龙妆花绸龙袍”的复织任务，这件龙袍的材料由 98% 的真金圆金线、98% 的真金扁金线及 38 种真丝彩色线构成。图案的主体是九条金龙，正反两面各有三条，左右肩膀各一条，另外一条藏于里片，下摆是海水江崖纹，比例恰当，色彩典雅，通身云纹环绕，领、袖、襟辅料另含七条精细小金龙，呼应主体金龙，原件的艺术效果在历代龙袍中是经典之作。

故宫要求复织件与原件要保持高度一致。我接受这个复织任务后，在组织结构上采用了七枚妆花缎组织，在技艺上完全采用了云锦传统的妆花技艺。经过对原件的图案采集、色彩对比，推导出了原始织锦技艺，经过巨量的意匠填绘和挑花并花技艺，产生了八段大型花本。每个花本二三十斤重。仅挑花工序，4 个工匠就夜以继日地干了 8 个月；花本挑好了以后，还得把两个花本严丝合缝地拼起来，这一拼又是三个月的时间。

皇帝穿的龙袍要求很高，如龙袍海水江崖图案的色彩很丰富，我在意匠上的色彩就要达到 30 个，真正织造时再增加上去的配色更多。它的图案特别细腻，像海水浪纹，只要错一个像素点，都能看出它明显不一样。龙袍的经纬密度要比一般的面料高很多，它密度越大表现得就越细腻，皇上用的东西就特别细腻。

同时经过了打范子、穿柱脚、牵经引纤、兜花试验等工作，按照龙袍的特殊规格要求在传统大花楼织机上精心装造，共有 10 个人参与，花费了 14 个月的时间。一件龙袍由对称的两边组成，尤其中间的龙都是对称的，这就要求织造时要严格地控制纬密，使左右花纹实现无缝对接。但南京的气候四季分明，干湿、冷暖变化对丝的影响特别大，织造时手劲紧一点或松一点，都会出现重大偏差，在织之前就必须把所有因素都核算出来，没有几十年的经验、教训和精心钻研很难做好。可以说，织造龙袍是云锦技艺的巅峰。

最后的缝制工序，我邀请北京服装学院花了两个月的时间对这件龙袍进行一针一线纯手工裁剪缝制，花纹对花精准，针脚密缝，针迹排列整齐。

2019 年，我花了两年的时间完成了这个复织任务，最后定的名称是“清雍正黄

2019 年复织成功的“清雍正黄地五彩海水江崖九龙云纹妆花缎龙袍”

（受访者供图）

地五彩海水江崖九龙云纹妆花缎龙袍”复织件，这个名称比原件的名称更加准确。复织件呈现出来的艺术效果大气庄重，用色华丽炫美，线条圆润柔美，五爪龙纹威武庄重，云彩搭配自然，是专家公认的清龙袍中的精品，被多家丝绸博物馆和藏家定购收藏。过去从宫廷画师设计画样，到江宁织造完成面料缝制成衣，一般需要五年时间。

问：介绍下您复织故宫收藏的皇后凤袍、凤褂的经历。

答：之后，我又承接了故宫博物院收藏的清乾隆时期皇后春秋吉服袍的复织任务。

2020 年复织成功的“清乾隆香黄地九翔凤江崖海水纹皇后凤袍”

（受访者供图）

在清代，织锦工匠们定制宫廷的服饰有一个漫长的设计制作过程，尤其是龙袍、凤袍的制作期长达 5 ~ 10 年。这个吉服袍附有一张黄条，上写“乾隆四十六年十二月初二收香色缎织凤夹袍一件”的字样。乾隆四十六年时，皇后已去世，但从原件的图案团鹤和团寿字纹纹样来分析，就是为年长的皇后健在时准备的，等成衣制作完成时，皇后已去世了。

原件是清中期妆花织物和刺绣作品相结合的服饰，我分析了原件的材料、工艺后，进行图案整理、意匠填绘、挑花结本等前期工序，最后在大花楼提花织机上织造成功，

2022 年复织成功的“清石青缎织八团龙凤纹夹褂”（受访者供图）

再按宫廷服饰缝制要求完成成衣工作，共花费了 18 个月的时间。

复织件最后的定名是“清乾隆香黄地九翔凤江崖海水纹皇后凤袍”，在香黄色妆花缎面料上织有江崖海水及九衔枝翔凤纹，扁金线用于勾边，圆金线妆织八宝纹，凤尾晕色自然，纹样细腻，水纹线条圆润，整体配色丰富而协调。石青色领袖襟绣团鹤团寿字纹，镶云凤纹织金锦边。袍服左右拼缝纹样完全吻合，完美地呈现了宫廷风范。它后来又被国内多家丝绸博物馆定购收藏。

2020 年，我复织了故宫博物院收藏的清乾隆时期（乾隆十四年正月）“石青缎织八团龙凤纹夹褂”皇后夹褂，款式是立领、对襟、平袖、后开裾，图案是龙凤相配的团花纹饰。这种图案的组合方式在清代龙褂中仅此一件。这件服饰的面料和我之前复织的龙、凤袍的面料有区别，它的特点是柔、薄。分析了原件的组织结构后，我决定以双色圆金线和纯扁金线及二十多种真丝色绒线为原料。因原件是春秋季服饰，相对较薄，我就采用五枚缎妆花织造技艺，经过工艺设计、纹样整理、意匠填制、挑花结本后在花楼织机上完成面料织造工作，最后完成缝制成衣工作，花了 2 年时间。它的褂面用妆花工艺织金线龙凤纹八团，以深浅二色圆金线交替织出龙凤，利用金线的深浅变化突出龙凤纹的立体感，龙飞凤舞具有阴阳对比的视觉效果。下幅用五彩丝线和扁金线织平水八宝如意纹。

问：目前，您已全面地掌握了复织丝织文物的所有工序，能把这个过程简单描述一下吗？

答：第一要采样。比如说故宫丝织文物的采样要求非常严格，在采样的过程中要分析它最关键的组织结构，如绒与妆花的结合，这个技艺就失传了。所以要根据它的组织结构推导出用什么技艺方法能呈现出最后的效果。

第二要确定原材料，如真金线的成色，蚕丝的规格、克重、色彩等。

第三是图案整理，过去图案要画出来，现在用数码相机。

第四是织机的装造。

第五是做意匠，对应一个品种的组织结构，然后做意匠，不同的图案需要不同的经纬密度。虽然在采样时，已知道经纬密度，但是真正手工织造时它每一段的纬向都不一样，还是要放在意匠上，最终合适才行。

第六是挑花，就在挑花架上进行手工挑花，要根据不同的意匠挑出不同的花本。当然花本里面还有很多手法，除了挑之外，还有倒、拼、翻等等。挑花技艺的过程都是我自己亲手完成的。

第七是织造，把挑好的花本拿到装造好的机台上再与织造对接，如有问题，再调整。在复织过程中，有的品种我一次就成功了，但有的品种也要反复试好多次，这要看它的技艺跟我配套的花本能不能达到要求，如果达不到还要推翻重来。

问：您认为电脑意匠稿与手工意匠稿对云锦织造有何差别？

答：电脑意匠稿和手工意匠稿我都会做，我认为手工意匠比较费时费力，但它的精准度不如现在的电脑意匠，电脑意匠不失真，还原性比较好，手工意匠会变形，电脑意匠有丝织辅助软件，呈现出来的效果更好。过去没有电脑，也没有意匠，要靠手工画稿，在画稿上切出像素格子，然后手工挑花。后来有了意匠稿，是先在意匠稿上画，再发展就在电脑上画了。做意匠有美术基础最好，但没有也没关系，意匠有个匠字，有照片和图稿就可以了，最重要的是还原不失真，这道工序对艺术的要求少点，对工匠要求更高。当然，如果有艺术再跟技术相结合是最好的。

王继胜
经纬浮沉交织的精通者

王继胜，1961 年出生，1980 年到南京云锦研究所参加工作，承担了全所云锦生产染色工序，后又在所里的生产、科研、展馆等部门任职，做过质监部主任、植物染色工作室主任，是古代丝织文物复织小组成员。现兼任国家标准化管理委员会全国云锦产品标准化技术委员会委员。2013 年，入选“南京云锦织造技艺”市级代表性传承人。

口 述 人：王继胜

采访时间：2021 年 8 月 28 日 15：00

采访地点：王继胜云锦工作室

问：1986 年，您已成为湖南长沙马王堆一号汉墓的素纱襌衣复织团队的核心技术人员之一，能谈谈复织经历吗？

答：1972 年，中国社会科学院考古研究所（以下简称中国社科院考古所）与湖南马王堆博物馆（湖南省博物馆前身）联合在长沙发掘了马王堆西汉墓。它是西汉初期长沙国丞相利苍及其家属的1、2、3号墓葬，2号墓的主人是利苍；3号墓的主人是利苍的儿子；1号墓的主人是利苍的夫人辛追，她的陪葬品素纱襌衣影响最大，震撼世界。素纱襌衣是现存年代最早、质量最轻的衣服，真是“鬼斧神工”，折叠六层覆盖在《人民日报》上，仍可清晰地阅读报纸上的文字，总重量只有49克，还不到一两重。除去较厚重的衣领、衣袖、衣襟缘边的绢，重量只有20克，折叠起来都能握在一只手的手心中。

素纱没有颜色，襌衣没有里衬，它的衣领缘和袖缘的面料是绒圈锦，它是现今考古发现中最早的起绒织物。

丝织学上对织物的蚕丝纤度有一个专用计量单位叫旦，旦数越小，丝纤度越细。经测定，素纱襌衣的蚕丝纤度只有9旦，而如今生产的高级丝织物是14旦。它反映了西汉初期襄邑（今河南睢县）养蚕、缫丝、织造的高超水平，被定为国家一级文物。襌衣是一种便服，穿起来宽松、舒适。多数学者认为辛追夫人是在锦袍外面罩上这件轻薄透明的襌衣，这就使得锦衣纹饰若隐若现，朦朦胧胧，有层次感和华贵感。

当时考古界的专家们都很兴奋，亲自参与考古工作的有中国社科院考古所的王㐨、王亚蓉等。王㐨说：“素纱襌衣刚出土的时候还很鲜亮，出土后就渐渐变得灰暗了，这些衣服的织造技艺要研究并复织，要将技艺发扬光大。”湖南省上报给周总理后，总理立即给相关单位下达一道指示，不惜代价复织这件素纱襌衣。这下专家们你看看我，我看看你，没人敢挑头接这活。

1986年由中国社科院考古所牵头，国家文物局副秘书长谢辰生批准复织“直裾素纱襌衣”项目，由南京云锦研究所承接。这个项目的总负责人是时任南京云锦研究所所长汪印然，项目顾问是王㐨、王亚蓉，具体负责人是南京云锦研究所原古代丝绸研究部主任李晓新，主要成员有金文、付锦怀、王新筠、张正红、余来香和我。我负责织造绒圈锦，付锦怀负责拽花，我和付锦怀还负责装机试织，试织了五次才成功，织手是张正红和余来香。在复织过程中，王亚蓉曾携金文、王新筠、张正红等多次赴湖南马王堆博物馆文物保管办公室现场考察，并测量核对襌衣数据。当时是湖南马王堆博物馆文物保管办公室的李晓沙负责接待与协助的，襌衣裁剪纸版和衣样是王㐨先生亲手裁剪的纸样。

这件衣服的织物组织结构并不复杂，难度在于控制禅衣重量。丝线材料制作和织造技术是关键，涉及养蚕、缫丝、精炼、染色和织造等系统工程。

在当时的条件下，所里无法找到与原丝织文物相匹配的蚕丝，后经中国农业科学院镇江蚕业研究所帮助，挑选优质家蚕品种与野蚕交配，经过近四年的精心饲养，产出的蚕茧较小，抽出的丝纤维强力高，伸张力长，才得到了可以用的原材料。但由于缫丝加工工人技艺水平有限，只能做到 S 向捻丝线，没有制成 Z 向捻丝线。经过 5 年努力也没能找到解决素纱面料的捻度的方法，所以复织出来的素纱面料光泽较大，没有达到消退绸光的效果，有点遗憾。

为了还原当时的颜色，要对复织的面料进行染色，我多次到图书馆去翻阅资料，并从各处买来各种中药材，很多时候还要跑到野外采摘，反复地进行了多次试验，最终染出素纱禅衣中素纱需要的一种颜色、绒圈锦需要的五种颜色，达到了复织的要求。

1999 年复织项目获得初步成功，因受当时技术条件的限制，缫丝、捻度等材料、工艺方面有欠缺，复织件比原件重了 0.5 克，但也轰动了全国，中央电视台都做了报道。

问：2015 年，您再次复织了素纱禅衣并担任了项目团队的技术负责人，您认为这两件复织件的差别在哪？

答：2015 年，王亚蓉老师领衔中国社科院纺织考古科研基地，再次选择这件禅衣作为标本对象，用实验考古学的方法再次进行复织。2016 年下半年复织成功了。

1. 素纱禅衣组织结构分析

它是直裾素纱禅衣，正身衣料是素纱，领缘、袖缘衣料是绒圈锦，绒圈锦背衬料是绢。素纱禅衣是上衣下裳形制，从周朝到汉代都没有改变过。依据当年出土报告中的数据，再加上王亚蓉老师的当年发掘现场记录及多次赴湖南长沙博物馆调研的成果可断定，直裾素纱禅衣的裁剪方式是上衣部分裁四片，宽各一幅；下裳部分也是正裁三片，宽各大半幅，共 7 片料缝制合成。

禅衣的素纱是由单经单纬丝交织而成的一种方孔平纹组织，丝线原料要求养蚕、

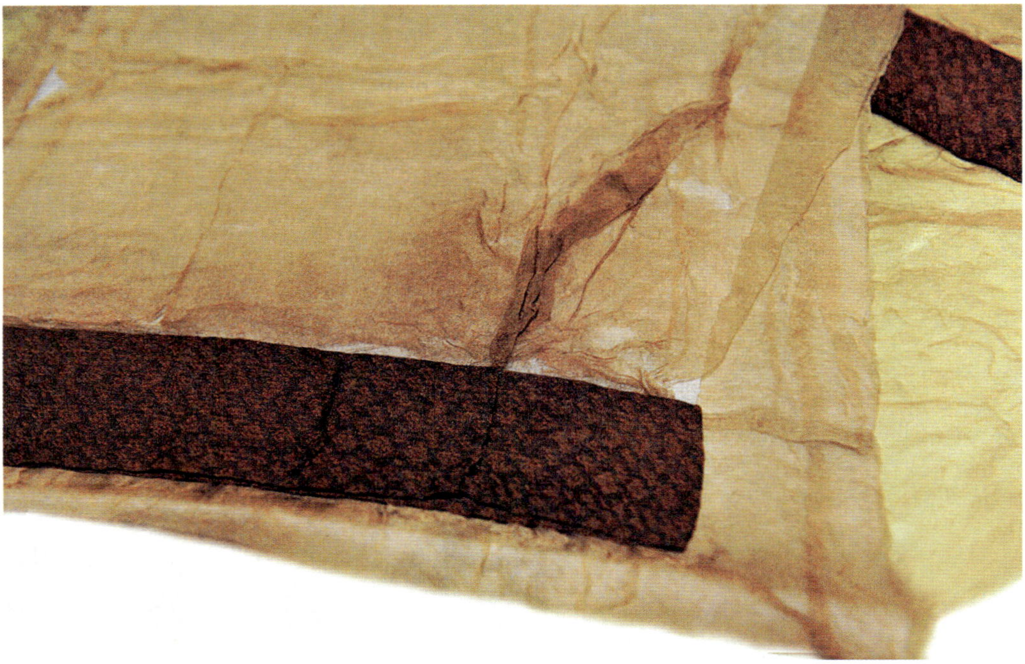

素纱禅衣领缘和袖缘的面料是绒圈锦 （受访者供图）

缫丝、织造等每个步骤都必须精益求精。

禅衣的绒圈锦是首次面世的最复杂的起绒织锦。织物表面织有几何矩纹图案，呈现立体的环状绒圈；绒圈有大有小，有低有高，在织物表面呈凹凸立体感效果。

绒圈锦是用多色经丝和双色纬丝交织成的，先染好丝线后再色织完成，起绒圈的丝线呈朱红色，染色全部要采用植物染料。

2. 素纱禅衣面料复织

素纱禅衣需复织素纱、绒圈锦两种面料。

（1）素纱面料复织

①素纱原料

素纱的原材料就是蚕丝。《汉书》中有记载，汉代是三眠蚕，一生需休眠三次、蜕三次皮，体重仅有一克多。三眠蚕的蚕茧较小，蚕丝纤维长，强力大，织出来的面料轻巧、强度高、透光性好。现代的蚕是五眠蚕，相当于过去四五条蚕的重量。蚕丝变粗重了，强力却变弱了，织成的衣服变沉了。因此，缫出合适的丝线是复织的关键。经过多方寻找和试验，终于找到了现今最好的蚕茧。缫出丝线后，再分别研制出 S 捻和 Z 捻向的单丝，这证明了汉代缫丝生产技术的先进性。这次改正了南京云锦研究所第一次复织素纱的单丝加捻问题。

②素纱织造技艺

织造前先要备齐织造工具，织造方法是开梭口运动。由于纱组织结构是平纹，质地薄，纬密均度要求很高，每厘米相差度保持在 ±2 根 / 厘米。为解决纬密均度问题，织手需训练三个月才能上机，在织造中精神要高度集中，手要干净、浸润，指甲要修剪光滑，不能有毛刺，穿的工作服需平滑。纬密凭织手的打纬用力程度控制，不能产生稀档与紧档，首至尾一气呵成，才能确保纬密匀齐。由于丝线极细，一旦力度控制不好，就会导致织造的面料密度不均、丝线断头等，从而影响质感。室内干湿度需控制在 50% 至 60%。

（2）绒圈锦面料复织

①绒圈锦原料

绒圈锦的经线是特制的，需要的丝纤维强、要求高，起绒的丝线品质要求更高，织出的绒圈蓬松，立体感强。丝的纤维度在 0.01 毫米，强度在 9D，这要求缫丝技艺得非常精湛。汉代的这种材料可同现在最精细的丝相媲美。绒圈锦采用的丝线，比素纱原材料更细，证明了当时缫丝拼捻及络丝技艺已相当成熟高超。

②绒圈锦染色工艺

绒圈锦是用多色经丝和色纬交织成的，要先将丝线染色后再织造。我从复

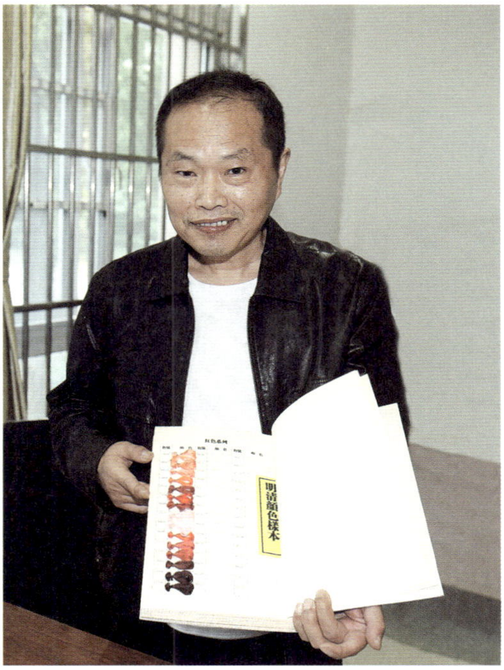

2022 年，王继胜在他的工作室展示他设计制作的明清丝织物色系样本

（杨海鹏摄）

织前就开展各种天然染料的试验，其中有矿物染料、植物染料以及动物染料。我花了5年时间摸索、实践，基本掌握了各种染料的染色性能。汉代织物大多数是用植物染料染色，我就采用传统染色方法，用多种植物染料组合，进行套染和媒染，色泽均匀纯正，保证了织物的染色质量。

③绒圈锦织造技艺

织造绒圈锦要采用束综提花工艺，巧妙地利用起绒纬提花。这种技艺为后来出现的漳绒、漳缎、天鹅绒，以及南京云锦品种之一的金彩绒织物的发展，提供了宝贵的经验。

3. 素纱禅衣的成衣制作

依据直裾素纱禅衣的上衣下裳形制与尺寸，对素纱面料进行裁剪。素纱面料质地轻薄，稍有微风和人力扰动就会变形。因此，要先将面料平铺于案板上，用重物压制

复织成功的绒圈锦是当前见过的工艺最复杂的起绒织锦　（受访者供图）

固定，再把裁剪纸版覆盖在上方进行裁剪。缝制采用传统手工缝纫，缝纫时的针脚、针距规定在每厘米 4 针左右。缝线采用面料相同的极细丝线，以减少衣服重量。

从成衣的形制可以了解到西汉时的服装原本是上衣下裳，为方便起见，衣与裳相缝接而成为深衣，后来衣与裳上下相通，不再裁断，成为完整的长衣。从服装的实用性来看，衣与裳就是为了便于裁制和穿着的一种自然演进。

问：第二件素纱禅衣复织成功后，得到业内专家的认可了吗？

答：到 2016 年下半年，从出土到复织成功时隔 30 年。在王亚蓉老师的领衔下，我参与的这个团队历经艰辛，复织成功的直裾素纱襌衣重量达 48.6 克，比第一件轻了 0.4 克，已完美地接近了原件。

素纱襌衣复织成功后，当时向中国文物界前辈 95 岁高龄的谢辰生先生（已于 2022 年 5 月 2 日去世）汇报时，他感慨地说，当年（1986 年）亲自批准的这个 50 万元经费的大项目，经过这么多年，终于圆满地完成了复织任务，感谢大家一直坚持不懈地努力。

1986 年复织工作的发起人，中国社科院考古所的王㐨先生是湖南马王堆丝织文物现场提取和室内保护揭展的第一人，也是他建议时任南京云锦研究所所长汪印然承接了这个复织项目，并撰写了复织方案。2017 年是王㐨先生逝世 20 周年，素纱襌衣复织成功对他也是一个告慰，我作为项目团队的技术负责人，感谢国家文物局及各级领导的关心、支持，感谢参与研究、复织的所有人！

2016 年，王继胜领衔成功复织的素纱禅衣得到了中国文物界前辈 95 岁高龄的谢辰生先生的高度认可

（受访者供图）

杨玉柱
丝织文物复织的中坚者

杨玉柱，1972年出生，1991年到南京云锦研究所参加工作。他参与了40多件丝织文物的复织任务，见到了不同年代、不同风格的作品，最后与复织团队协力共同完成复织任务。他的作品获得过中国工艺美术百花奖最佳创意奖、中国（苏州）“启迪苏艺杯”国际工艺美术精品博览会金奖、“艺博杯”江苏省工艺美术大赛金奖等。2020年，他入选“南京云锦织造技艺”省级代表性传承人。

口 述 人：杨玉柱

采访时间：2017年6月至7月，共三次

采访地点：南京市工艺美术公司杨玉柱工作室

问：您从事了多年的丝织文物复织工作，请谈谈您复织丝织文物的经历。

答：早在1980年，所里就与北京定陵博物馆有了丝织文物复织方面的业务往来。1986年，国家文物局在所里建立了“国家文物局古代丝绸复制基地”。南京云锦研究所从承接出土的丝织文物复织项目中找到了一条生路。后因种种原因，定陵博物馆中断了与所里的合作，这一断就是十几年。

2005年左右，定陵博物馆在申报世界物质文化遗产，所里也在申报人类非物质文化遗产，两家单位的距离也因此拉近了，就这样所里恢复了与定陵博物馆的合作关系。

我有幸成为所里复织团队中的一员，这才有机会见到丝织文物原件，自身的见识、能力都得到了提高。到目前，定陵博物馆的丝织文物复织任务全是所里接的，共复织了70多件。我主要介绍我参与的四件。

（1）复织“织金寿字云龙肩通袖柿蒂形龙襕妆花缎衬褶袍”

1958年，定陵墓葬棺木中发现了一批丝织物，其中“织金寿字云龙肩通袖柿蒂形龙襕妆花缎衬褶袍”（编号W55），是一件束腰式的袍服。这件是皇家的绝世精品。

它的面料是织金妆花缎，衬里是罗里，颜色是绛红色，款式是交领、右衽、宽袖。上衣与下裳相连，上衣部分是云龙肩通袖柿蒂形，前后柿蒂内有两条盘绕呼应的过肩双龙戏珠相扣环绕，前后是海水江崖图案，左右是五彩祥云图案。下裳有13个合抱褶，像现在的裙子，在膝盖上端前后共有11块龙栏首尾相接。地纹有仙鹤、灵芝，还有用金线织的1045个寿字，象征“鹤寿同春，延年益寿”。

遗憾的是，因定陵博物馆早年不具备保管条件，与其他出土的丝织物一样，这件衬褶袍在出土后不久就失去了原来的鲜艳和光泽，褪呈灰褐色，袍服残破严重，呈不规则的块状，不能翻动。只有金线仍有光泽。2005年，定陵博物馆决定将这件珍贵的丝织文物的复织任务交给南京云锦研究所。

在王宝林所长、张玉英副所长的带领下，我作为复织小组的成员之一（还有周双喜、张洪宝、王继胜等）一起去明十三陵定陵博物馆进行考察。

到那一看，当年出土的衬褶袍平放在文物库房的一层柜子里，因库房需要防腐、防霉、防潮等，里面放了各种药剂，味道很大。我们复织小组成员只好轮流进去，当我看到实物时，心都凉了半截，看到的只是一片龙鳞、一只龙脚，还有一堆咖啡色的碎片，唯一发亮的就只有金线织成的“寿”字。据说1958年出土时，衬褶袍部分还有色彩，纹饰还发光，现在又近50年过去了，原件早已褪色，局部已经化成碎片，不能翻看，看一次就掉一堆渣。

我感到十分惋惜，也深感机会的来之不易，尽可能在现场多收集些资料，多拍些实物照片，多描绘些图稿，多分析些实物资料，多测定织物组织、经、纬、彩绒、片金、捻金的纤度、颜色等。

回所后开始按纹样设计、意匠制作、挑花结本、材料准备、织机装造、试样织造、正式织造、成衣制作等几个主要的项目阶段开始工作。

①纹样设计

衬褶袍复织件的纹样设计要能真实反映原件织物纹样。在复原已残缺部分的纹样时，要先从文物现存纹样中找出和残缺部位较吻合的部分，然后参考现代有关的文献记载，对照实物完整的部分进行细致的分析研究，最后再设计方案。

对这件衬褶袍的身长，通袖，袖口，袖宽，下裳摆宽、高，领缘长、宽等，还有地纹、龙栏、直袖、大柿蒂、小柿蒂、大衣襟、小衣襟、衣领等反复进行测量后得出尺寸，最后共完成 11 幅纹样设计稿，设计稿得到了定陵博物馆文物专家的认可。仅这项工作就花了 12 个月时间，纹样设计稿完成后才能进行后面的工序。

②意匠制作

这道工序是把纸质纹样设计过渡到复织件花本的桥梁，这是复织工作的核心工序，力争使织物整体纹样统一和谐。这道工序又花费了 8 个月时间。

③挑花结本

有花本才能进行织造。花本要符合各种技术参数，达到便于上机、拼花试样和复制织造的要求。挑花本的宽度要符合一双手臂的操作范围，最后挑制了 34 本花本，有 32 本需拼成 16 本花本。这道工序又花费了 8 个月时间。

④材料准备

这件衬褶袍最主要的材料是色绒线、捻金线和片金线。色绒线因规格特殊是单独加工的，捻金线的直径仅 0.1 毫米，片金线每厘米 24 根。

⑤织机装造

这件衬褶袍的面料需采用 7 枚缎、长 67 厘米的织机，因此要重新装机，装机又用了 3 个月时间。

⑥试样织造

为了避免失误，衬褶袍面料上机前，还要对每一个局部进行辅机试样，力争达到再现丝织文物原貌的要求。

⑦正式织造

织造时地纹和妆花是同步织造，一气呵成织成的，共有地纹、龙栏、袖栏、大衣襟、小衣襟、大柿蒂、小柿蒂、龙领和素缎等 19 个部分，有各式彩龙 18 条，花费了 5 个月时间。

⑧成衣制作

织成下机后，按原物的要求，经剪裁和缝制后制成成衣。

2008 年 12 月，我们复织小组一起花了 3 年时间，终于使衬褶袍复织件成功下机。织物组织是正反五枚缎，共织捻金寿字 1045 个，共耗捻金线 4000 米、片金线 11000 根，袍料整体配色以红、蓝、绿、黄、白等五色为主，鲜艳明快，对比强烈，纹样主次分明，布局匀称协调，具有典型的明代宫廷特点。在明代时生产这件服饰花了 13 年时间，我们现在比之前快了 10 年时间。

（2）复织明代皇后的“黄织金妆花龙栏绸裙”与“红绸地绣秋千仕女膝袜”

2006 年，定陵博物馆将明代皇后的“黄织金妆花龙栏绸裙”（编号 D28.1）与“红绸地绣秋千仕女膝袜”（编号 W406.1）两件丝织文物的复织任务交给了南京云锦研究所。

“黄织金妆花龙栏绸裙”是明万历孝端皇后平时穿的百褶裙，民间俗称“马面裙”，因皇后爱穿，所以民间也开始流行。看点在于裙子上有一圈龙栏，栏内正面织有龙戏珠及八宝花卉纹，上有流云，下有海浪。两侧龙栏内饰龙戏珠及桃花、牵牛花、荷花、菊花、茶花等花卉纹，上有行云缭绕，下有海水江崖，浪花翻滚，八宝纹点缀其中。

绸裙破损很严重，纹样稿和色彩方面要还原明万历年间的风格，设计稿出来后要经定陵博物馆的专家认可后，才能进行下一个环节的工序。

当年在定陵博物馆库房里看到各种非常精致的膝袜，有罗地绣龙戏珠膝袜、缎地

2009 年复织成功的红绸地绣秋千仕女膝袜

（受访者供图）

绣寿字花蝶膝袜、黄缎地绣“三阳开泰”膝袜等十几对，我们复织团队选了四至五对难度较大的进行复织，定陵博物馆要求我们先难后易。

“红绸地绣秋千仕女膝袜”是孝靖皇后的陪葬品。它主要是冬天女子穿裙时起护膝作用的，还起美观作用。明崇祯十年（1637）以后，膝袜才开始流行短到膝盖以下的。

这对膝袜的图案刺绣针法多样，用线考究，有真金线、绒线、包柱线，刺绣水平极高。2009 年，我们复织团队一起历经三年时间才终于完成。目前，这批复织件还在定陵博物馆不定期地进行展出呢。

（3）复织明万历“红纬丝十二章福寿如意衮服”和“红八宝四合云纹绸中单”

2007 年，杨玉柱在定陵博物馆丝织文物仓库里对已碳化的丝织物原件进行组织结构分析（受访者供图）

2007 年 12 月，定陵博物馆再次委托所里复织两件明代万历皇帝的御用衣物——“红纬丝十二章福寿如意衮服”和“红八宝四合云纹绸中单”。明代皇帝出门运动有专门的服饰，居家时有专门的服饰，祭祀天地、皇帝生日等重大庆典活动时，又有专门的服饰。衮服就是皇帝出席大典时穿的礼服。明代对衮服的织造十分重视，织造前先由钦天监选定吉日，再由礼部提请，遣大臣祭告后方可开工。明代时一件衮服从开工到制成，一般需要十年的时间。

复织工作的第一步是摸清明代衮服的形制。我们复织团队翻阅了很多史料，又对文物原品的残留部分进行研究，终于摸清了衮服的颜色、用料、图案、领袖样式等，与专家们达成了一致的意见，形成后来的深浅晕色。

第二步就是研究衮服的织造技法。在织造过程中，要求织手采用“通经断纬法”。

第三步就是研究衮服的丝线用料。衮服中金龙的龙身是用真金线织成的，龙鳞是用孔雀羽线织成的，光泽度非常好，衣服会随着光线的变化而变化，穿在皇帝身上感觉龙是活的。

织造前要先充分准备好原材料，它的金线是多次复织任务中最细的，直径只有 0.1 毫米，密度达到了每厘米 100 根丝线，是正常金线密度的 5 倍，要用 8000 多米长。孔雀翠羽线就用了 400 米，花费了 1920 个工时。

衮服上有十二章纹。“十二章纹”就是日、月、龙、星辰、山、华虫、火、宗彝、藻、粉米、黻、黼等。它们是龙袍中最重要的、最高等级的纹饰，每个章纹有不同的含义。衮服正面绣有三团龙戏珠的图案，两侧肩部也各有一团升龙图。

“红八宝四合云纹绸中单”是衬在衮服内的，相当于现在的“无袖衬衣”，整件织物绣满“物华天宝”的八宝纹，需在绸底料上织造。经过查阅资料和反复试验，我们复织团队把织机进行改造后织出了斜纹绸，同时破解了妆花绸工艺，织出了妆花绸，它是明代一个著名的云锦品种。我们经过 3 年的努力终于完成了复织任务，最后复织出来的衮服纹饰考究、雍容华贵。

经过那些年复织任务的历练，我们复织团队的能力锻炼出来了，不仅能复织云锦织物，还能复织绣、缂丝等丝织物。后来还获得了由国家文物局颁发的复织资质证书。

（4）复织福建省宁德市华严寺明大迁国师“五爪金龙紫衣袈裟”

2006 年 10 月，福建省宁德市华严寺慧静法师一行来到南京云锦研究所。慧静法师当我们复织小组的面打开一个包袱说，这件“五爪金龙紫衣袈裟”是明万历二十一

原件

复织件

2009 年复织成功的明朝万历“红缂丝十二章福寿如意衮服”原件与复织件对比图

（受访者供图）

年（1593）万历皇帝御赐大迁国师的，原来有4件，现只存1件了，只有在做法会时才拿出来，但时间长了还是破损了，所以想复织一件。

我们复织小组马上对原件进行拍照，量尺寸。在翻看原件时发现这件丝织物原件因年代久远色彩已经褪得比较严重，表面纹样有破损残缺。翻开看背面时，有早年修补过的痕迹，连接处还有多次修补的痕迹，层次较乱，原件上的金钩玉环已遗失，现有的无钩木质环是后配的。腰带只剩下几根又短又细的棉线。

这件袈裟形状呈梯形，中间偏右方有褶，穿在身上长度正好在膝盖处，把褶叠平就为长方形。整件五爪金龙紫衣袈裟共用18种锦、缎面料分成46块缝合而成。大家一起讨论后表示能做，但为了把复织件做得更接近原件本身，就征求慧静法师的意见看能否留下原件，他没有同意。

法师们走后，我们复织小组立即对五爪金龙紫衣袈裟做了更细致的研究，分析工程难度，折算工程时间，测算出各个阶段的工作量。在分析中发现，这件五爪金龙紫衣袈裟除采用通经断纬的织法，还用了缂丝技法，18种面料的颜色、组织、纹样各不相同，上面还有9条金线织成的五爪金龙。这就要把各种纹样的云锦品种、颜色、组织、经纬密度进行归纳、分批，装造好不同的织机，工作量又大又复杂。

2008年春，当我们把复织前期的准备工作如面料、设计图案稿、染色小样、色卡等全部准备好时，福建省宁德市民族宗教事务局的雷局长到所里来考察了。他对我们所里复织小组的复织能力和水平给予了充分的肯定，同时邀请我们到福建省宁德市华严寺再次对五爪金龙紫衣袈裟做更细致的记录、分析、采集色样、研究，重新核准上次采集的数据，为复织做好准备工作。

2008年11月，张玉英副所长带着我们复织小组人员一起去了福建省宁德市支提山华严寺。到了华严寺，慧静法师早早地在寺院门口等候我们，先带我们参观了寺院。华严寺在明代就是皇家寺院，创建于宋开宝四年（971），祖师大千法师是明朝左护卫杨邦卿的儿子，他19岁时就出了家，明万历元年因皇太后梦礼天冠菩萨而被召进山中重兴支提，9年后圆寂，众人在华严寺的东边建了“明敕中兴赐紫大迁国师塔”来纪念他。殿正中供奉的毗卢遮那佛像是明万历二十五年（1597），朝廷用铜渗金铸

原件

复织件

2010 年复织成功的明大迁国师“五爪金龙紫衣袈裟”原件与复织件对比图

（受访者供图）

2008年，在福建省宁德市华严寺，复织团队对原件进行组织分析（受访者供图）

造的双层空心圆体珍品，有1000多斤重。还有寺内现存的明代铁铸千圣天冠菩萨，是明永乐年间明成祖的仁孝皇太后所赐，原来有1000尊，现保存有947尊，每尊重20公斤，高33厘米左右，表情各异，形态生动逼真，个个栩栩如生，可见华严寺与明朝皇家有着深厚的佛缘。难怪五爪金龙紫衣袈裟做工考究，是华严寺的五大镇寺之宝之一。

我们到了房间，有两位师傅已把原件拿出来放在桌上等我们了，我们把面料、设计图案稿、染色小样、色卡等实物核对纹样、织物组织结构后，再根据我们现在做的方案进行修改，最后请慧静法师确认。之后，我又去了一次确定复织方案后，开始准备动工。

五爪金龙紫衣袈裟所用的18种面料颜色、织物组织、经纬密度等都有明显的区别，有些面料只有手掌大小的1至2块，但也需重新重复一个完整的流程，经常是织机装造了两个月，织造只用一周就完成了，整体工作量很大。

2010年初，我们复织小组第三次前往华严寺，就织好的面料和原件做最后的比对工作，发现其中有一条小龙比原件胖了（龙纹比原件胖一点几毫米），于是回来重新做意匠、挑花和织造，力争精益求精不留遗憾。

2010年6月，复织件终于完成了，它最有特点的地方是把云锦的库锦、库缎、库金、妆花等四个品种全部集中体现在这18种面料上，多而不乱，相互之间的色彩调和得非常好。可以说这是云锦的一个标准教学样本，它是丝织文物复织中不多见的典范。

张洪宝

完整复织工序的掌控者

张洪宝，1970 年出生，1991 年到南京云锦研究所参加工作。他参与了故宫博物院、定陵博物馆、太平天国博物馆馆藏的明清两代皇家织锦的复织工作，为 2009 年南京云锦项目申遗成功增添了重要砝码。2010 年，他被中国工艺美术学会织锦专业委员会评为第一届中国织锦工艺大师。2010 年，入选“南京云锦织造技艺”市级代表性传承人。

口 述 人：张洪宝

采访时间：2021 年 1 月 26 日 10：30

采访地点：南京晨光 1865 创意产业园江苏省文化创意成果展示中心承创空间

问：接到丝织文物的复织任务，您是如何开展的？

答：我在从事丝织品复织任务中的工作程序一般是这样的：首先是设计工作流程，所有的工作任务都是在流程框架下开展的；然后确定步骤、时间后，再层层推进分包到复织团队的每一个人，因为复织工作是团队合作的，它涉及云锦的不同工种。任务

原件

复织件

2008年复织成功的明万历“织金寿字龙云肩通袖龙襕妆花缎衬褶袍”

（南京云锦研究所供图）

非常具体和机械，层层递进，环环相扣，很严谨。如果不这样，任务接下来也无法高质量完成，向业内的同行、文物专家交代不了。

接这类任务一般是这样约定的，如2005年接的复织项目正常在2006年前完成后，甲方（复织任务单位）约定合适的时间，乙方（南京云锦研究所）送货上门，验收合格后，同时承接甲方下一批复织任务。

问：有没有记忆犹新的事？

答：2006年2月15日，王所、张所带队去北京明十三陵定陵博物馆承接复织任务。定陵出土的丝织文物代表了当时的最高水平，很珍贵，特别是墓内大量衣物的出土，为研究明代帝后服饰制度提供了极为珍贵的实物资料。定陵共出土衣物467件、匹料177匹，不仅数量多、品种丰富，而且织造技术复杂精巧，图案内容丰富精彩，纹样生动流畅，色彩辉煌典丽，尤以各类妆花数量最多、最华贵。这次的复织任务一共有3件，即编号D16“绿织金妆花通袖过肩龙柿蒂缎立领女夹衣”一件、编号J55“红织金缠枝牡丹妆花绣洪福齐天方领女衣”一件、编号W409“红素罗绣龙火二章蔽膝”一件（编号W为神宗万历皇帝、编号D为孝端皇后、编号J为孝靖皇后）。

我们复织小组共4个人，周双喜、王继胜、杨玉柱和我，各领各的任务，按设定的流程规矩分工合作，循序渐进。我们在合作的过程中都自觉地按规范操作，每一道工序必须为下一道工序负责，检验标准就是下一道工序的操作者能方便、轻松地完成好。简单地说，织造工序完成得好，说明上一道挑花结本工序做得没出差错；那么挑花结本工序完成得好，就说明再上一道意匠稿绘制工序水平高，色彩运用、纹样分割处理得合理到位。如果复织件完成得既精美绝伦又符合博物馆专家的验收标准，就说明这复织件织造好、配色好、染色好、材料好、成衣制作好。

要达到织造好和成衣制作好很难。中式袍服是左右对拼，前胸后背都布满纹样，一般是前后各约150厘米，肩部相连，要保证这300厘米左右前后对拼没有纹样错位真的很难，因此评判高水平织造的标准就是要求袍服每个部件最大化接近工艺图上的尺寸。成衣制作好的评判标准就是将这有限的误差（手工织造不可能没有误差）处理

原件

复织件

2006 年复织成功的明万历孝端皇后“绿织金妆花通袖过肩龙柿蒂缎立领女夹衣”

（南京云锦研究所供图）

完好，成衣袍服只要看这前胸后背纹样对拼的处理，高下立判。丝织文物的复织工作采用了传统工艺，而这一流程要求恰恰能反映出团队相互合作的成就，合作共赢的管理理念。反之，如果存在推诿、诋毁、谩骂等一系列不和谐因素，则会导致复织工作困难重重。

当时间推移各项工作都顺利进行时，出现了一件紧急事件。织手卞开宁师傅反映，根据上机图标示的工序“左片织完后，右片前胸后背的纹样采用倒织的方式（就是同一块花本左片按 1 至 9 的顺序去织，右片把这块花前后颠倒按 9 至 1 的顺序去织，织成后的实物就形成镜像效果，在袍服的前胸后背对拼成左右对称的纹样，好处就是省了一块花本的挑花结本时间，但必须是左右对称的纹样）”操作，由于时间紧可能会产生一些问题：①纬密控制不好（一块正、一块倒，左右对拼时左右纹样长短可能会不在可控范围内）；②配色控制不好（一块正、一块倒，左右颜色可能会配错，如出现在对拼的主图案上效果就会很差）。前面设计流程时我和周双喜老师都没有深想，只考虑到时间要求，认为从理论上来说上机图的方案是对的、完全可行的。但卞师傅反映的情况在丝织品复织工作中也完全合情合理。如果出现了这些问题，不论程度大小都是有瑕疵的；如果重新再进行一次挑花结本工序，时间上是不够的。何去何从，这是个令人纠结的选择。

我和周双喜老师在办公室不断画上机示意图，演算各种可能，又不断推翻，就是想看看怎么能不用倒织，就产生一个镜像图案。在承受了两天的煎熬后，周双喜老师的一句话，一个方案就来了，“让拽手在织手头上提花”。这句话能听懂的人不多，解释清楚了就很简单，其实有很多问题突破后一看都很简单。挑花结本时意匠图纸是一个正像图案，通过挑花结本的工序流程得到的花本是一个镜像图案。织造时纹样在织造面的背面，完成下机后能得到一个和设计完全一样的正像图案。以前我们在同一方向通过把同一块花本头尾互换，用倒织的方式产生一个镜像图案；现在到织手头上去拽花就等于是原有的花本头尾不动，只是左右互换，那么织造成功时得到的镜像图案就是我们所需要的。

理论问题解决了，下面的操作就快了。到织造车间把方案一说，在织手头上增加一个拽手工作的位置，2个小时就完成了，第一次有拽手可以坐在织手头上，时间是解决一切问题的良药，下面的细节就不细说了。通过这一调整，后面的织造、检验、成衣制作、任务交接都比较顺利，有惊无险一切正常。

最后任务完成后，还是把这个缺少的花本补充了一下，毕竟是个问题。回忆往事时有时也会闪过一些念头，四五百年前的匠人们会遇到什么问题？他们是怎么处理的？他们接皇家云锦任务时的心态是怎样的？遇到难题是怎么想的，怎么做的？只可惜无法采访到他们了。

2012年，张洪宝（右）在接受中央电视台《留住手艺》栏目组导演的采访

（万宝宁摄于2012年）

蔡向阳

高学历的云锦“织男”

蔡向阳，1981年出生，2003年到南京云锦研究所参加工作，国家级代表性传承人周双喜老师的弟子，追随师傅参与了明十三陵定陵丝织文物的复织工作。他是南京云锦研究所成立60多年来，第一个从大学校园走出的云锦“织男”，2009年，他又报考了南京大学非物质文化遗产保护专业的研究生，获得了硕士学位。

2013年，入选“南京云锦织造技艺”市级代表性传承人。

口 述 人：蔡向阳

采访时间：2021年2月27日14：30

采访地点：南京民俗博物馆云锦厅周双喜工作室

问：您参与过丝织文物的复织工作吗？师傅是怎样指导您的？

答：在2006年到2010年期间，我有幸参与了所里承接的北京明十三陵定陵、故宫博物院等单位的皇帝龙袍、皇后凤袍的复织项目，每年一件，时间紧，任务重。那时候我已当学徒3年了，刚出师。用师傅的话说算是学得不错了，可以跟着学织龙袍了。之前，我总是听师傅说，龙袍难织。那时我自我感觉良好，不就织个龙袍嘛，有师傅说的那么难吗？我想试试。我记得织的那个龙袍分上片、下片、前片和后片，织着织着发现团龙、云纹、图案上的太阳等对不上了，差 1 厘米。当时我都感到很奇怪，心想：我每天都是严格地按照师傅的要求织的呀，这是什么原因呢？我还很不服气地问师傅，我观察您每天织的手法，我也是这样织的，但为什么您织出来能吻合，我织的就相差了 1 厘米呢？师傅笑着说，你以为你刚织了几年就能织龙袍了？你看看我们研究所织龙袍的这些师傅们哪个不是二三十年的功底。在师傅的帮助下，我这才搞清楚了，原来我每次在织时，我认为用的力度是一样的，但龙袍不是一天织成的，有时是两三个月甚至半年才能完成，有可能在这期间的某天，你思想上放松了，或这期间你身体不好了，力度就跟前几天不一样了，手感控制力度均匀的难度就在这里。我这才理解师傅当时讲的基本功一定要扎实背后的意思。怎么解决这个难题呢？师傅就把他的经验告诉了我，一定要在龙袍的某处如龙头或龙爪等处标上记号，然后在手边放个尺子，不断地量，就是错，也是在一个厘米或几个毫米范围之内，超过这个范围马上重织，如果继续往下织就产生了次品，造成原材料的浪费。用这个方法来检验自己的力度是不是均匀，这方法有点笨，但管用。这里面的门道就在这里，按现在的话说这就是核心知识点。

我感到每年跟着师傅学织云锦，都能学到东西。师傅经常在操作或交谈中，就把织造技艺的一些小窍门告诉我了。如果我没注意，就放过了，或者我没遇到过，我不知道这句话很重要，就错过了。我记得在复织故宫博物院的那件“绿织金妆花通袖过肩龙柿蒂缎立领女夹衣”（编号 D16）时，门幅有七十五厘米的宽度，挑花工分两半挑，上面分左半部分和右半部分，这两个花本织完后就合并了。挑花工在挑花的过程中，为了赶任务、节约时间，挑的方向是倒的。我因缺乏经验，织到夹衣海水图案上面的纹路时，师傅过来检查时说，你这是怎么织的？不对呀。我说，对的呀，我就是按上面的意匠稿织的呀。师傅说，这个龙头是反的。我问为什么呀。师傅说，云锦其他的工序如染色、挑花结本、提花等都是为下面的织造服务的，所以在织的过程中，上面的花本正反是可以变化的，通过变化把龙的朝向、纹路变化过来。师傅有很丰富的经

蔡向阳（中）和陈林（右）两位弟子跟着师傅周双喜（左）正在从事织造的前期工序穿经掏头

（万宝宁摄）

2007 年 4 月在法国巴黎展示南京云锦织造技艺

（南京云锦研究所供图）

验，虽然我只织了几梭一两厘米的样子，但他一眼就看出来我织错了。幸好错织得不多，如果多织的话，那就造成浪费了。这说明我的功力不够，一眼看不出来龙的暗纹，爪子一个朝上，一个朝下，有时一不小心就织反了。师傅及时纠正我真是让我少走了好多弯路呢。

邓有全

有肚账功夫的拽花工

邓有全，1958年出生，从1975年至今，在长达46年的时间里，他仅从事了拽花工这一项技艺。凭着多年的拽花经验，除了对工艺十分精通，还有厉害的肚账功夫（算法全在脑子里，没有经过事先设计好的数据），在没有意匠图且符合云锦图案规律的前提下，依旧可以随心所欲地进行花本组合，帮助所里在关键时期圆满地完成了任务。

口 述 人：邓有全

采访时间：2021年1月21日10：30

采访地点：南京晨光1865创意产业园江苏省文化创意成果展示中心

问：请您介绍下自己的学艺经历。

答：我是江宁县殷巷人，1958年出生的。1975年，南京云锦研究所在江宁县殷巷向阳大队设立了一个加工点，选了我们村里的一批小伙子当织手，我就是其中之一。金文、周双喜那时也在那当学徒呢。我进去后就跟着所里派去的老师傅学拽花了，我

邓有全（右上）等四人正在大花楼木织机上织云锦宽幅作品　　（杨海鹏摄）

跟了好几位老师傅，他们都是手把手地教我怎么引纤、装造、拽花、倒花、拼花，最后形成花本，然后配合织手进行织造。

我记得第一次到研究所，看到所里的大门是用毛竹编的，一幢5层水泥楼房后面全是茅草房，还有一片鱼塘养鱼呢。所里只有5台织机，任务不多。那时研究所附近跟我们江宁农村差不多，交通不方便，每天下午4点就下班回家了。这一干就是46年，60岁时我从云锦研究所退休，现在还在发挥余热干拽花工，我这辈子就只会干这个。

问：您认为技艺成熟的标志是什么？

答：2004年3月，张所接了个任务，5月要在南京举办第一届世界历史文化名城博览会，21位从国外来南京参会的市长要在开幕式现场穿上不同颜色的云锦妆花缎上装。当时只有2个月时间，按照过去生产妆花缎的工序，应先做纹样设计稿、制作意匠图，再挑花结本、上机织造，织好后再做成上装，时间根本来不及。张所组织所内设计、生产的技术力量开产品研讨会，大家都一致认为时间紧无法提供新纹样。周

挑花结本是云锦织造的核心技艺　（南京云锦研究所供图）

双喜说有个办法可以试试，用陷花手法，省去设计新图样、制作意匠、挑花结本等工序，直接把合适组合的两三个现成的花本进行组合，意思就是把花本甲和花本乙两个纹样用陷花手法，重新组合成一个全新的纹样。方法虽好，但对拽花工的要求非常高，要有多年的拽花经验，除了对工艺十分精通，还要有厉害的肚账功夫（算法全在脑子里，没有经过事先设计好的数据）才行。陷花手法需在织手的配合下，既能直接织出新的图案，又能确保原有的花本不损坏。

大家一致推荐我，因为我之前在这方面做过一些局部的试验，有点经验。张所同意了技术上由我负责用陷花手法织造匹料。就这样，我多快好省地完成了工作，同时还指导了其他几对织手的工作，在大家的共同努力下圆满完成了这次任务。后来听说，这种方法在业内得到了很好的推广。

我想成熟的拽花技艺就应该做到在虽没有意匠图却符合云锦图案规律的前提下，依然可以随心所欲地进行花本组合。

王　成
传统真金线唯一的供应者

王成，1960 年出生，出生于真金线制作世家。他从 1980 年开始学做传统真金线，至今已长达 43 年。目前他是国内唯一的真金线、孔雀羽线供应商，且货品质量上乘。2020 年，入选“传统真金线制作技艺”省级代表性传承人。

口 述 人：王成
采访时间：2021 年 7 月 25 日 15：00
采访地点：王成金线工作室

问：真金线、孔雀羽线与云锦有什么关系？

答：云锦织物金彩辉煌、典雅高贵，它区别于其他织锦缎的一个最重要特点就是大量用真金线。从明清时期、民国初期至今，南京做真金线的业户主要分布在原江宁县龙潭（今属栖霞区）沿江一线的乡村，艺人们常常彻夜不眠，赶工场景十分壮观。

云锦所需的圆金线、扁金线、孔雀羽线　　（万宝宁摄于 2021 年）

传统真金线的 14 道主要工序过去没有一道可以被机器替代，现在 14 道工序中的 30% 仍然是机器无法替代的。

孔雀羽线过去适用于皇家服饰。比如 1953 年，北京定陵博物馆出土的“织金孔雀羽妆花纱龙袍”，它的“龙身”就是用孔雀羽线织的，因为孔雀羽绒又短又硬，羽线在织入云锦以后，不断地岔出绒毛，在织物表面产生微凸的效果，特别是在阳光下，它会隐隐闪动荧光，看上去很华贵。

1981 年左右，南京云锦研究所复织这件丝织文物时，找到龙潭南京金线金箔厂，把它的工艺恢复了。

问：您为什么会愿意从事这门技艺呢？

答：我是南京栖霞龙潭人，1960 年出生在金线世家，我父亲王世荣 13 岁时就做金线了，1955 年，他就在龙潭南京金线金箔厂工作了，是厂里有名的技术尖子。1980 年 1 月 5 日，我高中还没毕业，就被我父亲安排进了龙潭花园金箔厂，因为他家发的工资比我父亲工作单位要高，我父亲想让我继承父业。我随父亲进厂一看，在一个石墩前，两位师傅光着膀子举着铁锤，轮流敲打着手中的一包纸，发出震耳的声响，连对面讲话都听不清。我也好奇地抡着铁锤敲起来，不一会儿就腰酸背痛，我暗暗发誓："宁可回家种田，也不到厂里做金线。"这下可急坏了我的老父亲。每天一吃过晚饭，就找我谈心，动员我继承这门手艺。我被我父亲感动了，改变了态度，表示："再苦，也要把这门手艺继承下来。"

做真金线说起来容易做起来难，每道工序难度都很大，仅打纸就需 12 道工序，每张纸要敲打一百多下。刚开始时，我累得满头大汗，一天敲下来，浑身像散了架似的，夜里睡觉翻身都觉得疼。后来又学搓金线，初学时，我的手经常磨出血泡、老茧，一天下来腰酸背痛，但还是要坚持。时间久了，我就能掌握好力度了，搓出来的金线，用眼睛根本看不出有一丝"搭头"或"接头"的痕迹。就这样一天天地磨练，我挺过来了。我只用了一年时间，就成为厂里做真金线的技术能手了。

从 1980 年开始到 1998 年之前，在金线几乎没有市场需求的情况下，我一直坚持在钻研业务。渐渐地，我在实践中总结出真金线制作各道工序中的经验，并根据金线客户的要求，不断地提高金线的质量。从 1998 年以后，生意就慢慢地好起来了。

2010 年 7 月，在上海世博会开幕期间，我在上海宝钢大舞台上，把金线工艺展示给来自世界各国的大量观众，大家都给了我热烈的掌声。

问：能给我们介绍下制作真金线的几道主要工序吗？

答：真金线分为圆金线和扁金线。真金线里的真金是指金、银、铜箔。制作真金线之前，首先需将金、银、铜捶打成金、银、铜箔，但它们都缺乏韧性，不能直接把箔切成线，这就需要将箔裱在纸上，再切成丝。裱铜箔或银箔在七合纸（即七层

制作好的孔雀羽线　　（万宝宁摄）

纸）上切成丝；褙金箔在二合纸（即两层纸）上，可以直接作为扁金线使用。切成丝后还要与蚕丝线或纱线捻合成金线，也就是圆金线。

传统真金线制作技艺前后要经过打纸、做胶、揹金、担金、熏金、砑金、切金等14道工序，其中许多秘诀、要领都要靠制作过程中口口相传才能领会，技艺靠手把手地实践操作才能掌握。我介绍下其中主要的7道工序。

①打纸

打纸就是做纸，做七合纸（即七层纸）和二合纸（即两层纸），这就需要12道工序。这种纸需用木槌打，纸是福建手工制作的麻松纸，表面有疙瘩，要先将表面清除干净，切下需要的尺寸，放在盆里用开水烫，然后晾干，晾纸只能三张一晾，晾到六七分干时，收下来，颠倒头摆放，摆放整齐后放在坛子里，不让空气流动，让纸的湿度能回润均匀。接着放在南京当地产的青石上打，打纸前须先定纸，就是用檀树木槌捶打纸张的四个角，将纸固定在青石上，再捶，打的过程中不能吹风。槌的形状是个推八状，上大下小，大头8寸直径，有8个面，每个面中间部位要有点鼓凸，要8个槌面轮换着打，拿在手里有8斤左右，要准备4把槌轮换打，打前要砸槌面子，使槌面子上产生热，再上油。如果经验不足，稍不留神槌面纸就会被烧着，一个人一天也就能打出4上纸（一上有20张纸，共80张纸），打纸的温度、力度，全凭经验把握。将打好的纸，放在缸里储存，保持一定的湿度。纸太干胶粘不上去，纸太湿用木槌一打就破。

②做胶

金箔褙在纸上，需制一种特殊的胶，它的原料主要有牛骨胶、白土、红土、菜籽油等。白土是苏州浒墅关出产的瓷土，有防腐作用，红土是山东淄博出产的矿物质氧化铁铜，作用是衬托金的饱和色。做胶前先要用人工臼粉，出来的粉浓、细，没有杂质，用筛子过滤后倒入盆里，把牛骨胶用火慢慢熬化后兑入红土粉搅匀，搅和过程大约需经过2至3个小时，再加菜籽油反复揉搓。

麻松纸按要求切成所需尺寸的长条纸，一般的长条纸刷了胶后，就变硬了，但麻松纸有韧性，牢固性强，刷过胶后，柔软性还是好的。

③揹金

揹金就是将箔贴在打出来的二合纸上，用刷纸板将七合纸放在刷纸板上，刷 2 至 3 遍做好的胶，中间隔一分钟，这叫“先吃一层粉”，刷后挂在竹竿上晾一晾，让胶吃透。然后将箔贴在七合纸上，排列要求是后张箔接前张箔，要把多余的箔边纸剪去，不能有边纸出现，但又不能剪到箔，不能剪斜，否则会造成浪费，接口有一丝线的叠口，边要一条直线。箔排好后，不能用手拿，将七合纸翻转，面朝下对准排好的箔丢下，要丢成一条线，行话叫“丢金”，丢不好，就浪费箔了。再揭起，箔就全部粘在七合纸上了。刷二合纸时，刷胶要刷八字形，因为它的纸薄，会缩水，将排列好的箔贴在二合纸上时，要查看一下箔面，若有漏缺，就用剪下的箔边头料修补完整，称补金。动作要领是屏住呼吸再补。

④担金

担金就是将揹好金的二合纸金面向外，拖下去的纸长度近三分之二。挂在竹竿上晾干。

⑤砑金

砑金就是将金纸砑出光泽来。二合纸需要晾干，但必须是表面干燥一点，里面还没完全干透时拿到砑金凳上砑。砑金时，房间里不能开空调，会干燥。砑金凳上立一木框架，中间竖一把砑杆，杆头嵌个玛瑙珠头，叫

王成正在操作砑金工序，沿金纸边一珠一珠砑过去，从上到下，把握好力道，扣准砑杆，这样原本暗淡的金纸就会砑出金色的光泽来

（万宝宁摄于 2021 年）

砑珠，砑珠要求光滑呈扁弧状。杆上部加一石盘作压重用，叫砑砣。凳上斜放一木板，是用糖梨子树做成的，叫砑板，砑板上刻有四五道圆弧槽。砑金时沿金纸边一珠一珠砑过去，从上到下，要用手把力道把握好，扣准砑杆，这样原本暗淡的金纸就会砑出金色的光泽来。

⑥切金

切金是做金线最关键的一道工序，就是将砑好的金纸切成金线皮子。切金的工具有切金刀、切金板。切金刀是一把月牙形的大刀，有4斤重，很沉，但刀柄只有两个半手指长，力道刚刚好能切出几毫米宽的金线，且能保证切线刀线平直。刀要用细石磨，刀口要锋利、连贯。另外还需用蓼叶，蓼叶是我们龙潭当地江边出产的一种芦柴叶。把蓼叶垫在木板下面，它的作用是切金时，切出来的金皮子不会捶在切金板上。

切金是做金线最关键的一道工序。切金刀是一把月牙形的大刀，有4斤重，很沉，但刀柄却只有两个半手指长。图为王成正在向中央电视台的记者展示这道工序　（万宝宁摄于2012年）

王成纯手工制作的扁金线（黄金品质在99%以上），纸的两头各有1寸左右的“面头”，边不切断　（万宝宁摄于2021年）

金纸宽是12厘米，共切240刀，两根墨线距离是1.5厘米，这样每一道要切30刀，可以算出金线皮子的宽度是0.2毫米，是很细的了，这30刀切下去，线条尺寸没有参照，全靠艺人手中的本领了。扁金纸两头各有1寸左右的“面头”，边不切断（这样用于云锦织造时，金面背面不乱，减少翻扁金的现象）。用圆金线的扁金不需要留“面头”，要切断。这道工序现如今可用机器代替了。

搓金线　（万宝宁摄于2012年）

⑦搓金线

先做芯线，切出来的金线皮子还不是金线，还需和丝线或纱线捻合，才是真正的金线。圆金线是软扁金缠在芯线上做成的，芯线按规格有1 ~ 5股，数越大越粗，有棉纱芯线和丝芯线两种，芯线要把它摇到指定的线框子上。芯线做好后，搓线人坐在凳子上，将纱线框子挂在头顶上方，取一线锭子，用来缠绕搓好的金线。金线皮子放在右大腿旁侧，搓时一根根取出，左手捏住芯线，右手将金线皮子上的箔面向外在芯线上缠两圈，右手压锭子圈下的铁条，然后在右大腿侧面上的旧鞋底向上一搓，锭子旋转，左手沿芯线上升，金线就随芯线旋转缠卷在芯线上，不断地旋转、上升，金线皮子搓完一根就再续一根，直到搓出两尺左右长的圆金线，就可以将线绕在锭子上，再继续搓捻。搓好的圆金线，要上摇线机摇成框，从摇线机上取下的圆金线，就成一支支的形状，10扎为一包，检验合格包装入库。

问：随着您技艺的提高，后来研制了制作真金线部分工序中的半机械化设备，节约了多少人工呢？

答：2003年以后，找我做金线的人就越来越多了。我做的手工金线产量总是跟不上市场需求。于是，我就开始天天琢磨，我查阅了很多资料，也到外面学习和考察，最终有一个大胆的设想，准备研发一个金线拷色机。我说干就干，先绘图，经过多次修改，绘制出了我理想中的拷色机，是用胶滚、电机、铁滚刷胶三部分组成的。图纸确定后，我就利用废旧钢材，让电焊工按照设计图纸做成拷色机框架。这样，一台价廉物美的简易拷色机就做出来了。现在我研发的拷色机可以正式投入金线的生产制作中了，50 分钟可拷银扁金 300 片，效率是老工艺的 7.5 倍。接着我又研发了半机械化做胶工艺和半机械化切金工艺，减轻了劳动强度，节省了 1.5 倍的人力时间。

过去人工切纸，切一上是 20 张纸，一般上午切 2 上，下午切 2 上，一天切到 4 上，就是 80 张纸。用我研发的机械手模仿人工揉胶机、半机械化切纸机，一天可以切到 800 张纸，效率比人工提高了 9 倍。

问：孔雀羽线是怎么制作的？

答：首先要收购大量孔雀羽毛，挑选其中色彩最绿的那些，然后将孔雀羽绒剪成小段，把它们一根根和蚕丝线捻在一起，同时旋转线陀，让孔雀羽绒和蚕丝均匀地缠绕。做孔雀羽线对于熟手来讲一天最多能捻二三十米。

问：在现阶段，是什么样的群体对真金线、孔雀羽线有需求呢？

答：国内主要供给制作生产云锦、缂丝、刺绣等工艺的单位或传承人工作室使用，如南京云锦研究所、故宫博物院、北京服装设计院等。新冠疫情前日本、韩国、泰国、荷兰、美国、挪威等国都有人慕名找上门来购买我的产品。

2012 年 6 月，主持人杨澜（右）、关悦（左）对王成（中）制作的真金线很赞赏（受访者供图）

尹燕君
推广云锦文化的法籍华人

尹燕君（Stella Yin），1961年出生，法籍华人，从大学开始就加入慈善公益组织，无偿地帮助智障人士。后随先生到全球各地，每到一地，都会在当地寻找一项她认为有意义的工作去当志愿者。1999年随先生第一次到南京，参观了南京云锦研究所。在目睹了当年云锦所的困境之后，尽自己所能给云锦所提供帮助。

口 述 人：尹燕君（Stella Yin）
采访时间：2021年1月26日至2月，共五次
采访地点：微信（Stella Yin于瑞士苏黎世家中）

问：可以描述一下您的家庭背景和所受的教育吗？

答：1961年，我出生在法国，是在法国长大的法籍华人，毕业于法国巴黎大学物理科。我的父亲热爱艺术，收藏很多艺术品，家里来往的朋友大部分是国际知名画家、雕刻家、音乐家、作家以及博物馆馆长，所以我从小就受到了艺术的熏陶。我还

精通多国语言如法、中、英、意、西语等，因此在法国工作时就被安排专门负责接待各国国家领导人及跨国企业领导人等，还与法国奢侈品、高级服饰、配饰等行业合作，开始接触设计领域。

我从大学开始就加入了慈善公益组织，无偿地帮助智障人士。1995 年底，世界企业 500 强的壳牌石油公司把我先生杨冈调离法国派往全球各地工作，从此以后我一直跟随先生。我们每到一个地方，我都会在当地寻找一项我认为有意义的事情，然后尽自己最大的努力去做。

问：1999 年，您第一次来南京，为什么会想去参观南京云锦研究所？

答：1999 年的深秋，壳牌公司北京总部派我先生杨冈去南京出差，我跟随他第一次来到了南京，入住在金丝利喜来登酒店。

第二天早上，我先生开会去了，天下雨了，我不方便外出，只好在酒店的大堂里溜达，突然我的视线被大堂纪念品商店橱窗的一个织锦画框吸引住了，只见深蓝色的锦底上面织了一个金色的怪物（后来才知道叫辟邪）。于是我就问商店的店员，那是什么，她告诉我是南京的特产云锦，是南京云锦研究所生产的。于是我就向她要电话及地址，可我打车过去时，发现不对。后来好不容易才打听到南京云锦研究所真正的所址。

我决定去南京云锦研究所亲眼看看，满足下我的好奇心。我叫了好几辆南京的出租车，司机都不知道怎么走，后来终于找到一个去过这个地方的司机，他告诉我，他去过是因为他喜欢云锦，我是他开了 25 年车第一个提出要去南京云锦研究所参观的客人。现在想想当时遇到他还真幸运，否则我很可能因找不到就放弃了。

问：您来到了南京云锦研究所，第一印象是怎样的？

答：当我第一次来到南京云锦研究所陈列馆时，说实话我很失望，这应该是我看过的最破旧、最冷清的陈列馆，整个陈列馆光线很暗，几乎什么也看不到。11 月的南京，天气已经很冷了，陈列馆里没有暖气，馆内唯一的一部老旧电梯也不能动了。

那天参观的客人只有我一个人，接待我的人是讲解员佘冬玲，她很卖力地给我做讲解，我这才明白在元、明、清三朝700多年里云锦都是皇家用品。当时天气非常冷，我看到织锦工人用冻成了酱紫色的双手正在织机上操作，到处都是破旧的设施，展厅布满了灰尘，展出的又是最奢华的云锦，这不就是中国皇家艺术走向没落的象征嘛！这种强烈的对比要是让我们的祖先看到一定很心疼。

到了吃中饭的时间了，我看到所里的织锦工人停下来去领了一点一接触冷空气就马上变冷的白米饭配了几根青菜，上面冲了一点热水就吃起来了。佘冬玲告诉我研究所的资金有困难，员工有7个月没领到薪水了。

虽然我从小在法国长大，对中国的文化不太懂，但是我明白既然云锦是中国好几个朝代传下来的技艺，那一定是我们人类祖先心血的结晶，绝不能让它就这样没落下去，甚至有一天消失掉。于是我暗暗下定决心，一定要为南京云锦研究所做一点事。我当即就对佘冬玲说，这次我来南京的时间较短，等我正式搬来南京长住之后，一定会到所里帮忙的。

问：您什么时候从北京又回到了南京？

答：2000年初，我先生杨冈被壳牌石油公司任命为壳牌江苏省分公司的总经理，公司安排我们从北京搬到了南京居住。到了南京之后我们先后在南京希尔顿酒店、金陵饭店、金丝利喜来登酒店等处居住。其间，我无偿帮助酒店完善他们贵宾楼层的布置以及房间的摆设。当酒店与外籍住客有语言沟通困难时，我也会帮助翻译。因此，在南京期间，我逐渐成为南京外籍人士的“急救翻译”。当南京的外资企业有外籍员工发生紧急情况但却临时找不到翻译的时候，南京的外资企业都会请我去帮忙。当然都是免费帮忙的。没想到我当时所做的一切，竟然后来对南京云锦的推广起到了非常大的作用。

问：在南京长住期间，您无偿地为南京云锦做了哪些事情？

答：①自带干粮去所里当志愿者

我第二次来到南京云锦研究所时，拜访了张玉英副所长。我把访谈记录写在了本子上，我发现云锦销售出去的产品品种很有限，只有镜框式或画轴式的织锦产品。于是我跟张所建议应该推出各式各样与生活相关的云锦产品如手提包、名片包、纸巾盒套、杯垫、餐具垫等以增加销售量。

我说我能帮助所里设计新的图案。张所说，那你画出来先让我看看。我拿出用圆珠笔手绘的设计稿，我说，我设计出来的图案外国人会喜欢的，我知道外国人需要什么。张所一听说好啊，所里正需要这样的人来帮助打开国外的市场。于是，我们约好我每周去所里三次。

每周一上午，我先生公司的司机把我送到云锦研究所，我与员工一样上午 9 点上班，下午 4 点下班，中午的午餐我都是自带一块三明治、一瓶矿泉水。

②从清理展厅垃圾做起

上班的第一天，我看到所里的销售部门和陈列馆的通道堆满了空纸箱和垃圾，我决定就从清理空纸箱和清扫垃圾开始做起。陈列馆里的员工们都在无精打采地看报纸、嗑瓜子聊天，他们用一种很奇怪的眼神看着我一个人在那不停地忙来忙去，没人搭理我。日子久了，慢慢地，有个别员工看我总是一个人在忙，有点不好意思了，开始一个人，然后两个人，后来很多人帮忙一起打扫，终于把陈列馆和销售部清理得干净整洁了。

③无偿设计云锦新品推市场

2002 年，尹燕君（左）拿着自己的设计稿与技术人员（右）共同讨论（受访者供图）

我来所里的主要工作是设计开发一些适合大众的消费品。这一周我来时拿出两张设计稿，手写体中英文旁白再配上图，张所带我一同去加工部，找专人加班加点赶制设计样品。下一周再来时，我又拿出新的设计稿并查看第一周设计稿的样品。刚开始时，我画的设计图，研究所生产不了。无论我如何解释，所里的员工都听不懂，后来发现主要是所里的员工从来没有看过或听过我设计的东西。之后只要我一有机会到国外，都会尽可能地采购一些精美的小物品送给所里作参考。

问：在您付出的过程中，遇到困难有退缩的想法吗？

答：开始，我的很多想法在所里推动得很慢，我又累又气。大约半年以后，我准备去跟张所说我不干了。记得那天，司机把我送到云锦所大门口，我正准备进去向张所告辞，突然涌来一批员工拥抱着我，搞得我莫名其妙。他们说自从我来了以后，不但他们拿到了薪水，而且每个月还涨薪了20元。我当时真的很想钻地洞，就增加了这一点点钱，这也不是我一个人的功劳，这些善良朴实的员工就这样感谢我。南京的夏天温度有40度，他们织造的地方没有冷气，连电风扇都没有，他们仍在汗流浃背地工作着。冬天温度到零下，没有暖气，他们不能穿太多，即使冻得发抖也要继续工作，我还不是每天去上班的。那一刻，我实在不忍心丢下他们不管，我相信云锦在大家的共同努力下，一定会好起来。

在大家的不懈努力下，当年中秋节还真接到了一笔当时来说的大订单。南京金陵饭店推出的月饼礼盒看中了我帮所里设计的黑缎底小金龙图案茶杯垫，一下子定了好几百个杯垫。大家听到消息以后高兴地跳了起来，那种开心让我明白了什么叫久旱逢甘霖。

问：您是如何将您先生工作上的人脉关系用于推广、传播云锦的？

答：我把与所里合作设计制作出来的云锦样品拿到不同的酒店让入住酒店的外籍太太们看，到外籍妇女协会推销云锦产品，又带她们来所里参观和购物。这样一来，所里参观云锦的外国人比原来多了，只要有个别外籍人士去参观，云锦所就打电话叫我赶快去翻译；国内的客人也明显多起来了。这样一来，员工们都打起精神来了。

壳牌公司的全球总裁经常来南京，我除了安排总裁夫人以及来南京出差的壳牌其他领导及同事们来南京云锦研究所参观及采购以外，同时也义务帮忙陪伴意大利菲亚特、依维柯，法国阿尔斯通、家乐福、弓箭水晶等公司的领导到南京云锦研究所参观，并无偿地为他们做翻译。

另外我还邀请南京金丝利喜来登酒店以及南京希尔顿酒店的外籍负责人到南京云锦研究所参观，我先生特别选定南京云锦创新产品作为公司送给外宾的礼品，很多南京的外企也跟着把南京云锦创新产品作为他们赠送国外领导的礼品。

2002年中国发生非典疫情，全球国际跨国公司纷纷将其外籍员工和家属撤离中国。壳牌总部也要求我先生杨冈将江苏分公司的外籍员工和家属尽快撤离中国，等一切好转之后大家再返回中国。

我先生杨冈在办理完最后一批手下外籍人员撤离中国后，决定自己留在南京。我也决定留下来陪着先生和壳牌公司及云锦的同事。当时我们夫妇成为唯一留在江苏壳牌公司的外籍员工和家属。

问：您留在南京后，发生了什么意外的事情？

答：2002年冬天，我不小心摔断了两腿膝盖骨，因非典疫情，南京鼓楼医院被封，所以医生建议我先去香港开刀治疗，后来发现香港骨科医院也因疫情被封，医生又建议我先坐轮椅上自己休养半年。于是我躺在南京金丝利酒店的房间里，在床上边休养边画设计图，又自己缝制了一些小样品。其间，我没有告诉所里腿受伤了，休息了三个月后我又回到所里去了。

那天到了所里，司机下车后从后备箱拿出了轮椅，把我从车里抱出来放在轮椅上时，所里几乎所有的员工都围了过来，着急地询问原因。我微笑着说，我不小心摔断了两腿膝盖骨，在家休养了3个月，现在没事了，这么久没来，也没打声招呼，让你们着急了，真对不起。很多人包括张所当场就流泪了，所有人都陪伴在我的左右，推着我走进云锦陈列馆的大门。

2003年非典过后，南京和周边的城市陆续解封了，我建议南京希尔顿在酒店大宴会厅举行一场大型的云锦服装秀表演，既帮助他们吸引顾客，又帮助云锦做推广。

由于效果很好，我又建议南京希尔顿酒店除了每年春冬两季精品展销会以外，再组织南京附近城市的国际友人观光团，早上参观明孝陵，中午在希尔顿用餐，下午去南京云锦陈列馆参观、购物及观赏服装秀。大家都对我的安排赞不绝口。

问：您什么时候离开南京的？所里的人对您的离开是什么感受？

答：2004 年春天，由于我先生工作的调动，我不得不离开南京了。记得我离开时，南京云锦研究所已有了一个崭新的、可以动的电梯了，有漂亮的服装秀灯光舞台和时尚展示柜了。离开的那天，我哭了，是为云锦开心。当所里的员工们得知我要离开时，很多人都流泪了，他们也不舍得离开我，我们一起合影留念。临别时，我说，别人帮你们是一时，主要靠你们自己，不要等技艺失传了才想起来保护，在你们身边时就要保护好。

我为南京云锦做的这些事，如果没有一些默默付出的人士的大力协助，也是做不了的。如壳牌公司的司机吴俊，他是南京人，他在近 4 年的时间里除了每次负责送我去云锦研究所上班，陪我们去小商品批发市场找材料，也经常利用下班时间帮助我一起打扫云锦陈列馆，并搬运东西，而且他也和我一样都拒绝接受云锦的任何礼物。所

2004 年，即将离开南京赴法国之前，尹燕君（左）与张玉英副所长（右）惜别 （受访者供图）

以在此也要感谢在4年多的时间中（2000年初到2004年的春天）陪着我一起疯的各位。

问：离开南京，离开中国后，您还继续为云锦做了哪些宣传推广的事情？

答：离开南京后，我与我先生又去了新加坡、北京，最后到瑞士的苏黎世。无论走到哪里，我都心系着南京云锦。

2005年，我用英文在国际杂志Outpost“贸易前哨”（在全球两百多个国家发行）上发表了一篇介绍南京云锦的文章，杂志主编告诉我那篇文章得到很大的反响，很多国外的读者都想知道在哪里可以买到南京云锦。

2005年初，我们从新加坡调回北京后，张所一有机会到北京来办展，就会带着同事跟我碰面，就在当时我居住的朝阳区棕榈泉万豪行政公寓里一起聊天，一起研究如何改进所里的新产品。

2008年8月，我先生和我正式离开亚洲，来到瑞士的苏黎世工作和定居。当张所听说我们要搬离亚洲时，表示一定要送我们夫妇每人一件云锦上装作为纪念。我们一直在不断地拒绝。

那天，我们夫妇正在北京家中打包东西，突然酒店接待处通知我们楼下有一位自称来自南京的人要见我们，他上来后我们才知道是张所派来替我们量尺寸的师傅，他是特意从南京搭火车来的。我们本来拒绝被他量身，但那位师傅说这是所有同事的心愿，希望把他们的爱让我们穿在身上一直跟着我们。杨冈说既然是同事们的心意，我们就不要拒绝。这位师傅在我们离开北京的前两天带着崭新的衣服赶到北京。由于是在2008年北京奥运期间，他无法搭火车到北京，所里特意让他搭飞机赶在我们离开中国前把衣服送来。我和我先生真的非常感动。

现在，我们夫妇只要受邀出席国外举办的各种宴会，都会披着我们的“云锦战袍”出征。在宴会上展示南京云锦的精美工艺，同时向与会的国际人士介绍并推广南京云锦。我想，任何一个中国人都应该来为挽救中国祖先留下来的文化遗产出一份力，当然住在南京的人就更应该了。

这就是我与南京云锦的一段情。

高安宁
秦淮历史文化的守护人

高安宁，1957年出生，南京市秦淮区文化局原局长，他生在南京，长在城南，对南京老城南有着深厚的情感。他熟悉老城南的大街小巷，对秦淮文化的历史、现状有深入的了解，对十里秦淮历史文化遗迹的研究、挖掘、修复、出新也有独到的见解。他希望十里秦淮能成为中国历史文化名城中的历史文化名河。

口 述 人：高安宁

采访时间：2023年3月3日15：00

采访地点：高安宁办公室

问：高局长，您是老秦淮人，又长期研究秦淮文化，您认为南京云锦历史与秦淮有什么样的关联呢？

答：据史料记载，孙吴的时候南京已有丝织业。到了东晋义熙十三年，也就是公元417年，朝廷在现今秦淮的雨花门外专门设立锦署，管理全国的丝织云锦织造。

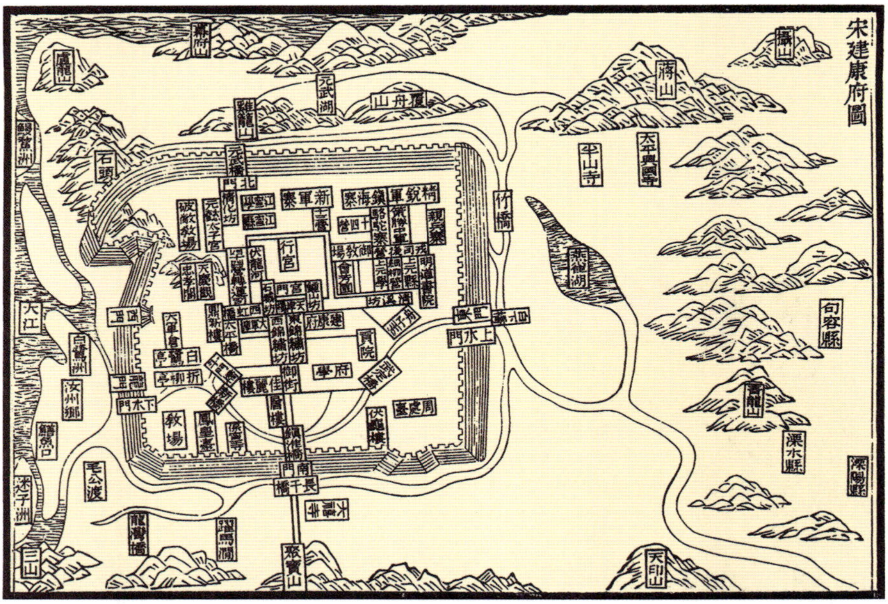

《宋建康府图》南门镇淮桥以北有东锦绣坊、西锦绣坊（受访者供图）

东晋大将刘裕北伐时，把被打败的后秦的百业工匠迁到了都城建康，其中就有许多织锦匠人，这些人把北方和少数民族的丝织技艺带到了秦淮一带。南京丝织业得到了较快发展。

到了宋元两朝，在今天中华门镇淮桥以北的地方，设有“东锦绣坊”“西锦绣坊”。大明洪武年间，朱元璋调集手工业“匠户四万五千户”（约占全国匠户的五分之一）迁到南京，按行业集中居住在城南地区，其中有织锦一坊、织锦二坊、织锦三坊。到明朝中期以后，织锦三坊合并为一个织锦坊。

明清两朝及民国时期，云锦等丝织品的生产主要集中在秦淮的门西一带，秦淮河两岸“万户机杼声”。南京云锦的“根”，已经深深扎在老秦淮一两千年了。

问：说到南京云锦，就会想到江宁织造，它们有什么渊源？

说到江宁织造，就要提《红楼梦》，曹雪芹的曾祖父曹玺、祖父曹寅、父亲曹颙、嗣父曹頫，一门三代都是奉清帝谕旨担任江宁织造的，前后达 56 年之久。康熙皇帝 6 次下江南，有 5 次住在江宁织造府内。

曹家任职江宁织造时期，主要是为皇家生产供应缎匹，满足朝廷需求。清中后期，市区（主要是老城南）就拥有织机3万多台、织工5万人左右，依靠丝织云锦等相关行业为生的市民就多达20万人，其中包括官营和民营。

问：现在南京门西还有许多和云锦有关的历史地名，请介绍几个有代表性的。

答：①丝市口，这里有多家丝行集聚，因为蚕丝是云锦织造的大宗原料，按现在说法叫“丝行一条街”。街上的丝行专收南乡（秣陵、湖熟、陶吴、禄口一带）送来的蚕丝，再卖给各家机坊。1930年，国民政府第九十六次会议决定，将丝市口（部分）、牌楼口、梧桐树、仓门口、仓顶（部分）、九殿祠等地段合为一条道路，以元朝南京曾称的集庆路（政区）命名。从此，丝市口的地名消失了，可它收丝卖丝的轶事仍然留在老城南人的记忆中。

②颜料坊，因是明朝都城丝织颜料商铺和染坊的集中地而得名。明清时期，南京丝织业发达，民营规模超过官营。据说用秦淮河水漂过的丝，适宜织造“玄缎”（黑色缎子）和“天青缎”。自康熙、雍正、乾隆到嘉庆的一百多年间，南京民间丝织业超过了苏杭两地。

③仙鹤街，相传很早以前，这一带住着为东家织造云锦的李姓母子俩。这家人乐善好施，经常用微薄的收入接济穷人，生活得很艰辛。有一天，母子正在织锦，忽然，从天上飞下两只仙鹤，围着机子绕几圈后飞走了。母子俩转身发现地上的丝光亮亮的，那织梭也变得金闪闪的。从此以后，他俩织出的云锦，就像天上的云彩一样斑斓艳丽。每当母子二人把云锦交给东家，总是让人感到惊艳。时间久了，天上仙鹤帮李家织锦的事情被邻里传开了，人们就把李家住过的这条街称为仙鹤街了。

问：除了老地名，现在南京门西还有和云锦有关的历史遗存吗？

答：殷高巷24号、24–1号、28号等几个民居，原是清末至民国时的云锦机房，1984年公布为区级文物保护单位。当时像这样分布在门西地区、一家挨一家的机房到处都是。

高岗里 17 号、19 号、21 号是著名的“广兴府”，其中的 17 号、19 号，在 2014 年被列为区级文物保护单位。主人魏家骅是光绪二十四年（1898）的进士，曾任大学士、翰林院编修，还当过山东东昌府知府。他支持弟弟经营云锦丝织业，“广兴府”最多时拥有织机超过 3500 张，产品质量上乘，畅销全国。民国初年，魏家骅还因此担任过南京商会会长。

钓鱼台 83 号、85 号、87 号曾是经营云锦的吴家账房，在 2012 年被列为市级文物保护单位。89 号、91 号是苏家账房。清道光年间以后，出现了账房领织制，也就是订货加工、放料代织、收回产品、给付工银的经营方式，实际上控制了小户、散户的丝织机房。这两处账房建筑，见证了当年南京丝织业收购经销的历史。

门西一带还有许多小街小巷，如胭脂巷、吉祥街、窦家园、五间厅、六度庵、桐方苑、皇册库、小府桥等，都散落着众多的机户。

问：南京云锦与南京白局一体双生，能谈谈它们的关系吗？

答：“南京白局”是老南京土得掉渣的乡土曲种，它就诞生在云锦工人的织锦机房。在漫长、枯燥、艰苦的劳作中，织锦工人手不停梭，口唱小曲，常用明清俗曲和江南小调三五成群地自娱自乐。通过“家生玩友”不断研习、提炼，久而久之唱出了“曲牌蝉联”的说唱艺术，他们“受请不受物”，白唱不卖钱，称“白局”，它是南京地区唯一的地方曲种。2008 年，“南京白局”被列入国家级非物质文化遗产名录。

2010 年在南京云锦研究所，“南京白局”的传承人在演唱白局曲目（受访者供图）

王本炽

留存市井记忆的口述人

王本炽，1944 年出生，南京老城南人。1949 年之前，门西高岗里 39 号，商号“王春发缎号”，一直经营云锦缎业，它是南京地区现存的寥寥无几的民间织锦缎作坊建筑，是南京门西缎业史与南京云锦发展史连接的纽带。此处现为南京市级文物保护单位。王本炽是“王春发缎号”的后人，他口述了王春发缎号的故事，将王春发缎号此兴彼衰的记忆浸润在市井氤氲里。

口 述 人：王本炽

采访时间：2022 年 11 月 11 日 15：30

采访地点：门西高岗里 39 号

问：您与高岗里 39 号是什么关系？

答：我父亲跟我说，南京丝织业到清代，规模大、从业人员多，生产绸、缎、绫、纱、罗、绢等，其中以缎为大宗商品，过去都是供皇帝、达官贵人等人群消费的，寻常百姓穿绸的已很少了，锦缎更是消费不起的。

王本炽介绍，高岗里39号前后共有六进24间，云锦匹缎的生产基地就在这里　（万宝宁摄于2022年）

没拆迁前，王本炽一直生活在这里，房子里还保留着明清两代的旧家具　（受访者供图，摄于2019年）

高岗里39号原来就是我家，我今年78岁了，我就在这里出生、长大。据我家祖辈讲，这个建筑是清同治年间建成的，距今已经有一百多年的历史。

我家以前存有《宗谱》和《家谱》两种线装笔记十几册，从我祖父到我儿子四代，可惜在20世纪六七十年代全丢失了。在丢失前，我曾读过，《宗谱》只能录入子嗣，女儿不进去。记得《宗谱》首页有题名，文字记载了我家明朝万历年间从山西洪洞县薄村王氏迁徙到南京，并历经数百年世居在南京的经历；次页是一副长对，记载的是表明辈分的字，后人起名讳的第二字必须用长对中的一字为排名来进行班辈的区别，我们家祖辈、父辈、我辈、子辈的起名就用了对联中的“长、守、本、同”几个字，我就是本字辈。《家谱》首页列有十数条家规，这个可录入家中所有成员。

问：当年王春发缎号的规模有多大？织手的手艺是怎样的？缎号与织手怎么进行结算？

答：过去在南京门西地区高岗里一条街的住户大部分都是从事民间织锦缎业的，

他们都是以家庭为单位，大多是一户一机，少数是一户两机、三机，家中聘少量工人。那场景就是书上说的“机房鳞次栉比，步其间，机声轧轧，此起彼伏”。但是现在绝大多号家已找不到根了。

我家是从明末清初开始从事云锦业的，经过几代创业，成为南京城南地区有名的云锦缎业供销商“王春发缎号”，也是老城南著名的南京云锦缎业三大家（魏广兴、张成记、王春发）之一。能称为缎号的，都是有资本的号家开设的。

南京饮马巷 67 ~ 71 号以前都是王春发的产业，它们现在还在，但都是市文保单位了。因为产业规模大，被称作“王半街”。

高岗里 39 号横跨两条街，北边是这门牌；南面靠近城墙，门牌是陈家牌坊 44 号；西边临鸣羊街。前后共有六进 24 间、4 披、6 个院子，占地面积 1000 平方米。云锦匹缎的生产基地就在这里。

第一、第二、第三进，宽 12 米，是居住的地方，至今还保留着明清两代的旧家具、存放云锦的橱柜、算账的立柜，还有一张是当时验收锦缎产品质量的工作台，有 90 厘米长、70 厘米宽，下面的 5 个桌脚是带轮子的，方便移动；还有四脚桌，桌面可以自由缩放。第二进与第三进院内有口古井，还有一株中国梧桐树。

第四、第五、第六进是摆放织锦机器的地方，宽 17.2 米，深达 60 米。地下有坑，

这是验收锦缎产品质量的工作台，长 90 厘米、宽 70 厘米，下面的 5 个桌脚是带轮子的，方便移动 （金戈摄于 2021 年）

叫机坑，深近 50 米，家中一共摆放了 4 台大花楼木织机。过去老房子都有房梁，织机是根据房子的高度设计的，房子不高，织机有 4 米多高呢，所以下面要有个坑，不然高度不够。

锦缎生产按工序分为染色、漂洗、交手（晾晒、整理）、通交、牵接、牵经、上扣、接纬、织手、挑花等工种，织花缎另有掖花做手（过去织手的称法）。这些工序都是在外加工完成的，到了家里，只剩下织造工序了。织机由两名男性织手操作，一上一下，日复一日，年复一年，不分寒冬酷暑、春夏秋冬。他们吃住全在我家，这样便于管理。

因南京盛产绸缎但不生产原丝，原丝主要靠外地的农民养蚕缫丝。王春发缎号的原丝是由王春发缎号派人从浙江海宁硖石镇采购过来的，纬丝的原料大多是从苏州光福镇采购来的。这些原料采购回来要进行粗加工，加工是采用外包的形式。

我们自家拥有织机，就雇用做手，直接生产，验收合格，再由自家来经销。另一方面王春发缎号管控着很多直接生产的小机户，统一供应原材料，提出技术要求，小机户主凭生产出来的锦缎送交缎号，取得加工报酬。

那时每天都有机房的织手将织好的锦缎送来验收，就在我家的工作台上进行验收，称“雠货”。验收是一寸一寸地验，有问题立即修改，改不了的就要扣减工钱。验收很费时，织手要等，要排队，有时人多、货多，就有人排队等了一天也轮不上。验收合格了，然后领了工钱和新的材料继续织。每年过年前非常热闹，许多织手敲锣打鼓、吃饭，然后停机过年。

问：王春发号锦缎除了在南京一地销售，还销往哪里？外地有没有代理商或经销商？

答：我家族的锦缎并不是只在南京一地销售，另外在苏州阊门一带也开设了锦缎销售店铺。自产自销，形成自成一体的产业链。我的祖辈们，他们都要亲力亲为，既要把住源头的原丝品质，又要检验机织成品的色泽、质量，还要努力开拓市场，安排销售渠道，产业链层层相扣，休戚相关。

宗连保

钟情历史文化的志愿者

宗连保，1944年出生，地道的老南京人。在南京，有一群钟情历史文化的志愿者，他们通过民间力量守护南京城市的文脉、历史的记忆，用文字资料、实地考察、口述记录等留住南京的根与魂，宗连保就是他们中的一员。他口述的与云锦历史相关的平凡故事，勾起了老南京人的情感，通过其家人、同事、朋友等的旁证来还原事实，保存了即将逝去的记忆。

口 述 人：宗连保

采访时间：2022年9月29日 16：30

采访地点：南京市紫金山茶厂品鉴区

问：南京是云锦的故乡，您怎么看？

答：南京在长江中下游地区，空气湿润，满足了织锦时对空气中温湿度的需求。南京的自然条件、蚕桑资源、卓越的工匠技艺，还有天然的植物染料等为云锦染色提供了保障，这些因素促使南京成为云锦的故乡。

太平南路刘公巷有个务本蚕种制造场旧址，二楼是住宅，可以看到对着走廊的各房间窗户全部低于门，这种建筑当年就是为养蚕专门设计的　　（万宝宁摄于2017年）

养蚕基地　　（来自网络）

20世纪20年代前后，在南京蒋王庙附近有个江南农桑学校，是个中专校，我姑妈在那个学校读过书。她平时住校，星期六下午回家，星期一早上再回学校。听我父亲讲过，那时候我家住在水西门，蒋王庙在郊区，他每星期六下午、星期一早上就骑自行车接送我姑妈上下学。

现在太平南路刘公巷有个务本蚕种制造场旧址，是20世纪40年代前后建的南京养蚕基地，是一幢三层楼，过去里面蚕架、蚕匾等养蚕的工具样样具备，还有保护蚕种的冷库。现在一楼和三楼都是仓库，二楼是住宅，可以看到对着走廊的各房间窗户全部低于门，这种建筑当年就是为养蚕专门设计的。

20世纪50年代至80年代期间，太平门、蒋王庙、栖霞山、江宁县一带都有养蚕基地；1955年左右，以行政村为单位，几个小山头，能养到70张蚕种。一张蚕种就有2.2万条蚕，有100多万条蚕一起结茧。南京栖霞幕府山脚下的联珠村就有桑园并养蚕卖茧，当时的市场行情是每斤蚕茧七毛三分钱。

问：在清末民初时期，南京锦缎业很兴盛，大多数都聚集在门西，您了解到当时是怎样的一种盛况？

答：1910年南洋劝业会上，南京的各色缎品得奖20多个，近一半的得奖缎号在门西。20世纪20年代，居于南京缎号“榜首”的8家，有7家都在门西。1937年，据当时国民政府的专项调查统计，缎号54家，其中32家在门西；机数40张以上的14家，其中10家在门西；50张以上的9家，其中7家在门西；100张以上的3家均在门西。“秣陵无好丝，但夸织工巧。”锦缎业的兴盛，带动了许多相关行业的发展，如梭店、棱店、范子行、挑花行（生产脚子线用于挑花）、拽花行、边线行等，还有纸坊、箱店等产业。当时包裹缎匹，里外都用“绵纸”，每匹要用20张，用量极大，当时在新桥、沙湾（钓鱼台东段）等地就有专供缎商使用的多家纸坊。靠锦缎吃饭的人口有几十万。

过去集庆门仓顶一带织锦业很繁荣，一般都是家庭作坊式的。但中华人民共和国成立后，我上小学时，那一带基本上没有了。不过我认识的住在门西的，比我大的一些同学或者一些邻居，他们晓得他们的上一辈基本上都是从事织锦的，都在自己家做活。

当时最有名声的大号家有门西的魏广兴、钓鱼台的于启泰、门西的张承记、五间厅的贾锦熙、陡门桥的徐聚锦、胭脂巷的李昌记、门东小膺府的杨义隆、集庆路的张慎一、中华路89号的张象发绸缎绣货号、绒庄街的正源兴等。其中，魏广兴、于启泰两家规模最大，各有织机近千张，其余各家有百张、数百张不等。

民谣唱出了南京的四宝，大脚仙、琉璃塔、玄色缎子、咸板鸭。玄色缎子是指素缎，它的织造工艺很严格，原料丝必须先染成黑色才能用于织造，当年的染坊大多在柳叶街和船板巷附近。玄缎一眼看上去像涂了一层黑漆，又黑又亮，面料摸上去像劳动布那样厚实，一般富裕人家会用玄缎来点缀，如戴个缎子镶边的瓜皮帽，穿双缎面的鞋子，再显摆下，弄个缎面马甲。我小时候穿的棉鞋和单鞋的面子都是用玄缎做的。

其中，做工最好的一家就是钓鱼台的于启泰缎号（现在的钓鱼台小学原来是他家的地方），清朝后期，他家生产的朝靴和瓜皮帽全国有名，垄断了清末的官方市场。

如果当年北京清政府官员能穿上于启泰做的朝靴，那是身份的象征。

宣统元年时，农工商部赠给于启泰德记缎号一等奖银质牌一枚，是由钦差南洋通商大臣两江总督部堂张之洞颁发的，上面加盖了大清宝印还有审查官张謇等人的朱印。

民国时期的警察穿的黑色制服、戴的警帽也是用这种坚挺厚实的玄缎制成的。

由于国外纺织品涌入中国，南京缎业受到很大的冲击，于启泰缎号在 20 世纪 30 年代就全部歇业了。

申遗篇

《南京云锦口述记忆》

申遗篇

周和平
中国非遗保护工作的开创者

周和平，1949 年出生，曾任原文化部党组成员、副部长，兼任国家文化遗产保护领导小组成员兼办公室副主任，国务院非物质文化遗产保护工作部际联席会议成员兼秘书长。在任期间，启动中国非遗保护工作，确立项目普查、名录登记、传承人保护、文化生态保护实验区设立等保护工作机制，推动非遗保护工作的国家立法并积极参与国际间非遗保护工作的交流与合作。

口 述 人：周和平
采访时间：2023 年 3 月 5 日 15：00
采访地点：北京国家图书馆

问：请您简单介绍一下中国非遗保护工作开展的历史背景。

答：早在先秦时期，中国第一部诗歌总集《诗经》就收集西周初年至春秋中叶的诗歌共 311 篇，《诗经》形成的收集、整理和保护传承民族民间文化的传统，对中华文化的延续和传承产生了深远的影响。中国现代文化史上的北京大学歌谣运动、中山大学民俗学运动以及延安解放区以“走向民间”为特征的文艺运动推进了中国民间文化保护与研究的现代化进程。

中华人民共和国成立后，中国政府十分重视对传统文化遗产的保护。1979年，由文化部、国家民委和中国文联共同发起的被海内外誉为当代文化建设的“万里长城”工程——“十部中国民族民间文艺集成志书”，最终形成上百亿字的基础资料，出版298卷、400册、4.5亿字的省卷本，保存了大量的珍贵民间艺术资源。1997年国务院发布了《传统工艺美术保护条例》，命名了一批“工艺美术大师”，有效地保护了一大批传统工艺美术品种。中国还成立了振兴京剧指导委员会、振兴昆曲指导委员会，并设立专项资金，实施国家昆曲艺术抢救、保护和扶持工程。命名了一批具有悠久传统、民族风格和地方特色的“民间艺术之乡”“特色艺术之乡”。

联合国教科文组织从2000年4月开始实施“人类口头和非物质遗产代表作”名录。2001年，“中国昆曲艺术”入选第一批“人类口头和非物质遗产代表作”名录，它标志着由联合国教科文组织主导的国际上非物质遗产保护理念得到了中国政府的认同。2002年，文化部、财政部联合国家民委启动了中国民族民间文化保护工程，对具有重要价值且濒危的项目进行抢救性保护。2003年10月，联合国教科文组织第32届会议通过了《保护非物质文化遗产公约》（后面简称《公约》），至此，国际上正式形成了“非物质文化遗产”的定义和内容。在联合国教科文组织的大力推动和广泛呼吁下，保护和传承非遗的重要性和紧迫性已获得全世界许多国家和地区的广泛共识，保护工作已形成国际潮流，并取得巨大成绩。

2005年2月，中国政府提出将“民族民间文化保护工程”更名为“非物质文化遗产保护工作”，内容从“小文化”拓展为“大文化”，由文化部牵头实施提升为由国务院统一部署，自上而下推动。2005年3月，国务院办公厅印发了《关于加强我国非物质文化遗产保护工作的意见》，正式确立了“非物质文化遗产”名称和“保护为主、抢救第一、合理利用、传承发展”的非物质文化遗产保护工作方针，对非物质文化遗产保护进行了一系列部署。同年12月，国务院印发了《关于加强文化遗产保护工作的通知》，将非物质文化遗产与物质文化遗产放在同等重要的位置，确定了我国文化遗产保护的两大体系。这两个文件是我国非遗保护工作的奠基性文件。

问：请您介绍一下近年来中国非物质文化遗产保护的主要工作。

答：近年来，中国政府积极履行加入《公约》的义务和承诺，加强对非遗保护工作的总体思考和顶层设计，开展了一系列非遗保护工作实践，取得了显著的成绩。主要有：

1. 全面开展非遗普查工作

开展这项工作是为了摸清家底。2005 年，文化部部署了中国大规模的非遗全面普查工作，至 2009 年底，普查工作基本完成。据初步统计，参与这次普查的工作人员有 50 万人次，走访民间艺人 115 万人次，拍摄图片 477 万张，收集珍贵实物和资料 29 万多件，普查非物质文化遗产资源总量近 87 万项，还发现了许多珍贵、濒危的非物质文化遗产。各地文化部门普遍建立了资源档案，积极开展对普查成果的整理、研究、出版和利用，将普查成果资源数字化，建立非物质文化遗产数据库等。

2. 建立国家、省、市、区（县）四级名录体系

建立名录体系主要是发挥政府的彰显作用，以提高非遗项目的影响力。2006 年文化遗产日前，国务院公布了首批“国家级非物质文化遗产名录”518 项，此后又于 2008 年、2011 年、2014 年和 2021 年，先后批准公布了共五批国家级非物质文化遗产名录。截至目前，国家级非物质文化遗产名录总数达 1557 项，省级名录 15777 项，各省（区、市）级、地（市）级、区（县）级都设有非物质文化遗产名录。

3. 建立传承人保护制度

非物质文化遗产项目代表性传承人是指经国务院文化行政部门认定的，掌握各级非遗项目文化内涵和精湛技艺的，公认的有代表性、权威性与影响力的人物。2007 年，文化部公布了首批国家级非物质文化遗产项目代表性传承人 226 名。至 2022 年 11 月，已命名公布了五批国家级代表性传承人 3068 名、省级代表性传承人 16432 名。国家、省、市、区（县）级非物质文化遗产项目代表性传承人制度也基本形成。

4. 设立国家级文化生态保护区

2007 年，文化部设立了中国首个国家级文化生态保护实验区——闽南文化生态保护实验区。2018 年 12 月，文化和旅游部公布了《国家级文化生态保护区管理办法》，使保护区建设有法可依、有章可循。2019 年 12 月，为加强非物质文化遗产区域性整体保护，进一步推进国家级文化生态保护区建设，文化和旅游部将闽南文化生态保护实验区等 7 个保护实验区正式公布为国家级文化生态保护区。

5. 积极参与国际交流与合作

中国较早地加入了联合国教科文组织《保护非物质文化遗产公约》，并以高票入选保护非物质文化遗产政府间委员会。近年来，中国多次派代表团出席保护非物质文化遗产政府间委员会会议，主动参与国际规则的制定工作，同时注重学习其他国家的非物质文化遗产保护理论方法和成功经验，积极参与国际交流与合作。

2006 年 11 月，中国在法国巴黎联合国教科文组织总部成功举办了“中国非物质文化遗产艺术节”；2007 年，在四川成都举办了首届“中国成都国际非物质文化遗产节”，每两年一届，至 2019 年已连续举办 7 届。联合国教科文组织还在中国成立了“亚太地区非物质文化遗产国际培训中心”。

2006 年 11 月，周和平（右二）出访法国，在联合国教科文组织总部拜会总干事松浦晃一郎（中） （受访者供图）

我国还积极参与联合国教科文组织“人类非物质文化遗产代表作名录”“急需保护的非物质文化遗产名录”和“优秀实践名册”的申报工作。至 2022 年，我国入选联合国教科文组织公布的人类非遗代表作名录达到了 43 项，是拥有人类非遗名录数量最多的国家。

6. 推进国家立法和政策法规建设

保护非物质文化遗产是一项长期而艰巨的任务，需要一代一代做下去，需要法律、科技、行政和财政各项措施环环相扣、持续不断。在国家层面，中国积极推进非物质文化遗产保护的立法工作。2011 年，经全国人大常委会审议通过，《中华人民共和国非物质文化遗产法》于当年 6 月 1 日正式颁布施行。《非物质文化遗产法》是继《文物保护法》颁布近 30 年来，文化领域的又一部重要法律，在文化建设立法中具有里程碑的意义。

7. 积极开展理论研究和人才培养

非遗工作具有很强的专业性，加强理论探索和人才培养是非遗保护的重要保障。文化部和各省（区、市）举办了许多大型国内国际学术研讨会和论坛，就非物质文化遗产保护立法、管理机制、传承人保护、文化生态保护区建设、生产性保护等方面进行深入探讨和交流。许多高校设立了非物质文化遗产保护相关专业，培养了硕、博士等专业人才。一些地方还设立非物质文化遗产保护研究基地，推动非物质文化遗产传承、保护的实践探索与理论研究，提升非遗传承人艺术素质和专业水平。这些，必将对非遗保护产生深远影响。

8. 组织开展相关节会活动

从 2006 年起，国务院将每年 6 月的第二个星期六设立为我国的“文化遗产日”。2008 年起，又将清明节、端午节、中秋节等传统节日列入国家法定假日。近年来，文化和旅游部及各地文化主管

2007 年 5 月，周和平赴四川成都出席首届中国成都国际非物质文化遗产节。其间，考察四川非遗项目

（受访者供图）

2009 年 3 月，周和平赴江西萍乡考察农村文化工作，在参加芦溪县农村“一村一品”文化活动后与非遗传承人亲切交谈 （受访者供图）

部门利用“文化遗产日”和中华民族传统节日，开展了丰富多彩的非物质文化遗产宣传展示活动，主办了“中国非物质文化遗产保护成果展”“中国非物质文化遗产传统技艺大展”“中国非物质文化遗产生产性保护成果大展”“中国成都国际非物质文化遗产节”“中国非物质文化遗产博览会”等多项重大展览、展演活动，集中、全面地宣传报道非物质文化遗产保护工作，促进了非物质文化遗产的传播，扩大了社会影响，提高了全社会的保护意识。

9. 推动非遗与旅游深度融合发展

近年来，中共中央办公厅、国务院办公厅联合印发了《关于进一步加强非物质文化遗产保护工作的意见》《“十四五”旅游业发展规划》和《“十四五”非物质文化遗产保护规划》，文化和旅游部印发了《关于推动非物质文化遗产与旅游深度融合发展的通知》，非遗与旅游融合的实践，既能使非遗持续为旅游提供丰富的文化资源，提高旅游的文化内涵和思想情趣；又能使更多的人了解非遗、认识非遗、享受非遗，进而更好地促进非遗融入当代，永续保护利用，并实现创造性转化和创新性发展。

中国的非遗保护工作顺应了历史潮流，既得天时、地利，又得人和，已成为党中央、国务院高度重视，深受广大人民群众欢迎的一项工作，为继承和弘扬中华民族优秀传统文化，培育“文化自信”，实现中华民族伟大复兴发挥了重要作用。中国非遗保护工作虽然取得了令人瞩目的成绩，但是必须清醒地看到，仍有工作机制尚不健全、政策尚待完善等问题，需要大家共同努力，把老祖宗留给我们的宝贵文化遗产保护好，永远传承下去。

杨　治

世界文化多样性的促进者

杨治，1959年出生，原文化部外联局党委副书记、联合国教科文组织亚太地区非物质文化遗产国际培训中心主任、驻澳大利亚使馆公使衔文化参赞。

20世纪90年代至退休前，长期从事文化多边外交工作，曾全程参与制定联合国教科文组织《保护非物质文化遗产公约》《保护和促进文化多样性公约》等工作。2010年，当选联合国教科文组织保护和促进文化多样性政府间委员会会议主席。

口 述 人：杨治

采访时间：2022年7月12日15：00

采访地点：南京晨光1865创意产业园江苏省文化创意成果展示中心

问：2009年9月30日晚，南京云锦研究所在第一时间通过您得知了“南京云锦织造技艺”申遗成功的消息。能谈谈详情吗？

答：2009年9月30日晚上6点40分，在阿联酋首都阿布扎比召开的联合国教科文组织保护非物质文化遗产政府间委员会会议通过决定，“南京云锦织造技艺”入选人类非物质文化遗产代表作名录。政府间委员会通过这个决定后，在前方参加会议的张敏（我的同事）等人第一时间向我做了汇报，并称委员会全票通过该决定。这是唯一一个以城市名字命名的非遗项目，意义非凡。

听到这个好消息后，我既激动又兴奋。南京云锦项目能够入选可以说是实至名归。我立即电话联系南京云锦研究所副所长张玉英，向她通报了这个喜讯并表示祝贺。

南京云锦项目先后三次被中国列入联合国教科文组织申报人类非物质文化遗产的预备清单，并于2002年、2004年及2008年三次向申遗目标冲刺，2009年9月30日终于修成正果。从提出想法，到项目申遗成功，南京云锦走过了漫长的8年时间。

问：为什么南京云锦之前两次向联合国教科文组织申遗无功而返，第三次才成功？申遗有什么具体规则吗？

答：我在文化部外联局长期从事文化多边外交工作，曾参与组织中国的项目向联合国教科文组织申报人类非物质文化遗产代表作的工作，并全程参与制定联合国教科文组织《保护非物质文化遗产公约》和《保护和促进文化多样性公约》及实施细则的工作。

根据我所了解的情况，一方面，中国是个大国，非遗资源非常丰富，同时与邻国共享许多跨境非遗项目；另一方面，按照联合国教科文组织的规则，双年度申报，单年度宣布评审结果，且各国每年只能申报一项非遗。可想而知，申遗都是一件非常艰难的事情。为了确保申遗工作公正顺利进行，维护国家利益，我们确定了“三个平衡”原则，即项目种类要平衡、民族之间要平衡、地区之间要平衡。这个原则中民族平衡优先。时任文化部部长的孙家正、副部长潘震宙还是江苏人呢，他们完全可以对江苏偏爱一点优先考虑，但文化部还是要从国家的角度考虑。2004年，“新疆十二木卡姆”申报项目就排在南京云锦前面了。

南京云锦是好项目，外国争不了。因为跟中国争的都是其他国家的民族特色项目，如果国外申报了，我们中国不申报，国内民众的呼声会很高。所以中国前两次没着急先报南京云锦项目。

2006年6月，联合国教科文组织召开了《保护非物质文化遗产公约》第一次缔约国大会。中国政府派出了由国务院副秘书长陈进玉率领的代表团出席这届大会。右四张学忠，左四陈进玉，左三杨治，右二苏旭 （苏旭供图）

2006年，联合国教科文组织《保护非物质文化遗产公约》（后面简称《公约》）生效了，之后马上就要成立政府间委员会，共有24个成员国，中国很想申请加入政府间委员会，成为24个成员国之一。时任国务院副秘书长陈进玉带着我们文化部的有关人员去参加联合国教科文组织召开的《公约》生效大会，并积极参加选举。

出国之前，陈进玉在国务院召集开会，把各个部委的相关人员召集一起，指示要做中、外双边的工作，一定要当选。我们一行到了法国巴黎联合国教科文组织总部现场继续做工作，时任中国常驻联合国教科文组织代表张学忠大使，做了很多其他国家代表的工作。竞选那天，中国以40票高票当选。当选的目的就是要参与制定实施细则，然后实施。其中一个就是要谈名额的限制问题。从2001年开始，联合国教科文组织申报人类非遗名录，至2005年，连续两次申报的规则都是每两年一次，一个国家一次只有一个名额。中国就想突破这个限制，虽然大小国家一律平等，但中国有很多项目等着要申报后列入名录并保护，所以能尽量多地列入名录当然更好。中国也做了很多国家的工作，联合了日本、韩国、印度等很多亚洲国家达成了共识，要突破限制。

我们知道这个要求即使这次在联合国教科文组织会议上通过了，也只能是这一届，下一届还要恢复原来的规则，不会长久。果然，两年后下一届申报工作又恢复了原来的规则。因为它受资源条件的限制，如联合国教科文组织非遗处负责组织召开国际专家评审会，之前每次要评审全世界各国申报的50个左右的项目，有20个左右的国际评审专家参与评审，提前要租会场，要给专家评审费，各国要寄材料过来，还有大量的评审前期准备工作要做。每一位专家要看的评审材料都很厚，还要看评审项目的申报片等一系列工作。如果评审项目扩大到几百个，评审专家人数就要增加、工作量要加大、资金量也要加大，对联合国教科文组织来说有些难度。

但不管怎么说，当时中国还是努力找了很多理由就是要突破，最后通过了。刚通过，部里马上通知中国艺术研究院赶紧准备，全国各地申报了40多个项目，部里也要评估到底需不需要报这么多，担心申报太多了会引起其他国家的不满，我们内部意见也不统一，各个司局之间还有很多不同意见。后来在部长的统一协调之下，上报了35项。这样，2009年9月30日传来捷报，通过了25项。“南京云锦织造技艺”就是在这个窗口期通过的。

问：通过南京云锦项目的申遗工作，您认识并熟悉了王所与张所，您印象中他们是怎样的人？

答：早在2001年，我就认识了南京云锦研究所所长王宝林。那一年“中国昆曲艺术”项目成为中国第一个入选人类非物质文化遗产代表作名录的，当时在国内引起了强烈的反响。王所长对此反应非常敏锐，立即行动起来。不久，王所长就陪时任南京市副市长张连发来到部里与我在的外联局国际处进行了沟通（那时我是国际处处长，负责组织中国项目申报人类非遗代表作名录的工作）。张市长和王所长如数家珍般地向我介绍了南京云锦的情况，提出了南京云锦申遗的想法，希望能得到部里的支持。

2021 年 5 月，杨治（左四）与大家一起分享云锦申遗往事　（宋耀生摄）

在南京云锦项目八年的申遗过程中，我与王所长以及后来认识的张玉英副所长时常接触，打交道，最后都成了好朋友。通过频繁接触，我发现他们各有特点。王所长事业心强，认真执着，坚韧不拔；张所长非常敬业，执行力强，善于开拓。

同时，他们身上也有许多共同的闪光点。一是他们具有大局意识。南京云锦八年里连续三次一直都在预备清单里，但一直没有排在第一位。面对这样一个情况，他们能够顾全大局，对部里的安排与考虑给予充分理解，从不抱怨。二是他们具有锲而不舍的精神。张市长转任南京市人大常委会副主任后，仍然继续关心着南京云锦项目的申遗工作，还是经常带着王所长来部里沟通。后来，许慧玲副市长接过接力棒，继续支持南京云锦研究所的同志们做好申遗工作。三是他们真抓实干，真正践行了“申报是手段，发展是目的”的理念。当时南京云锦研究所面临人才奇缺、技术骨干流失等问题，严重影响了这一传统技艺的发展。在申遗过程中，他们没有简单地等靠要，而是积极主动作为，不断开拓进取，边申遗，边传承，边发展。

此后，在文化部工作期间，我每年都会去南京云锦研究所，发现所里每年都有新的变化。他们积极宣传、到处宣讲，将南京云锦推向全国、推向世界，将一个濒临破产倒闭的单位逐步建设成为南京的一张亮丽名片，而且不断地发扬光大。

南京云锦研究所在八年申遗过程中展示了大局意识和积极向上、敢于担当、锲而不舍、真抓实干的精神。正是依靠这样一种精神，申遗成功了，南京云锦在他们的呵护下焕发出了勃勃生机，得以传承，得以弘扬。同时，通过申遗，王所与张所他们广交天下朋友，为保护传承南京云锦赢得了多方支持，凝聚了方方面面的力量和资源，相信南京云锦保护与传承的前景会越来越光明。

苏　旭

助推中国非遗领先国际的外交官

苏旭，1956年出生，中国驻法国大使馆原一等秘书、中国政府常驻联合国教科文组织原首席文化代表、巴黎中国文化中心原主任。从2002年到2010年，他担任中国政府常驻联合国教科文组织文化官员。至2023年4月，中国列入的非遗名录共43项，排名世界第一，其中有33项是他在联合国教科文组织工作期间申报成功的。

口 述 人：苏旭

采访时间：2022年9月8日16：00

采访地点：北京西南华邑酒店三楼多功能厅

问：请您介绍一下联合国教科文组织《保护非物质文化遗产公约》的执行过程、政府间委员会的成立过程及人类非物质文化遗产代表作名录的评审工作。

答：非物质文化遗产保护是由联合国教科文组织以国际公约的方式推动的一项人类事业。中国的积极参与不仅表现在制度建设、资源投入，还表现在观念创新、理论创新和保护方式的创新上。这些努力使中国从160多个缔约国中脱颖而出，成为保护成绩最为卓著、保护方式最有特色的国家之一。中国的非遗保护最突出地表现在教科文组织名录的成功申报及国家四级名录体系的建设。

2000年6月，联合国教科文组织在巴黎总部首次召开了人类口头与无形文化遗产代表作评委会议，正式发起设立“代表作”名录项目。根据规定，每两年宣布一批“代表作”名录项目，每个国家只能推荐一项，鼓励多国联合申报，不占国家名额。

2001年启动了申报工作。5月，第一批是从全世界32个候选项目中遴选了19个，其中亚洲占有4项，“中国昆曲艺术”入选。同年，联合国教科文组织邀请了15名国际法律和非遗相关专家起草了《保护非物质文化遗产公约》的初稿。2002年至2003年上半年，召开了5次联合国教科文组织政府间专家会议，对初稿进行逐条、逐一的审议和修改。中国政府派出了专家代表团，参加了全部的政府间专家会议。我作为中国政府专家代表团的成员参加了联合国教科文组织政府间专家会议。

2003年10月17日，联合国教科文组织第32届大会通过了《保护非物质文化遗产公约》（后面简称《公约》），这是人类历史上非物质文化遗产保护事业的重要里程碑。这是迄今为止联合国有关非物质文化遗产保护的最重要的文件。

2004年，中国驻联合国教科文组织大使张学忠（左）把中国政府的批准书递交给了联合国教科文组织总干事松浦晃一郎（右） （受访者供图）

《公约》通过以后，由联合国教科文组织成员国政府予以批准，30个成员国政府批准之后才能生效。2004年8月28日，经全国人大常委会批准，中国成为第6个加入这个《公约》的缔约国。缔约国就是在一定的规则下，共同承担保护全球（包括自己和其他国家和地区）世界遗产的责任，就是担任“地球管家”。

我和时任驻联合国教科文组织大使张学忠两人亲自把中国政府的批准书递交给了联合国教科文组织总干事松浦晃一郎。这个批准书稍微大点的字是原国家主席胡锦涛的签字，接下来是中国外交部原部长李肇星的签字。

《公约》规定必须有30个以上的国家认可方可生效，2006年4月20日《公约》生效。

2006年6月，联合国教科文组织召开了《公约》第一次缔约国大会，当时全世界有56个缔约国出席大会，大会选举产生了由24个委员国组成的非物质文化遗产政府间委员会。这个委员会是非常重要的，每年召开一次会议，负责实施公约内容，会议中一项重要的内容就是审议和批准人类非物质文化遗产代表作名录。

根据公约，人类非遗名录实际有三个名录：一个是人类非物质文化遗产代表作名录，一个是急需保护的非物质文化名录，还有一个是优秀实践名册。

我国政府高度重视这次会议，派出了由时任国务院副秘书长陈进玉率领的中国代表团出席这届大会。在这次大会上，中国获得了40票，高票当选为非物质文化遗产政府间委员会委员国，这就为我国积极参与联合国教科文组织非物质文化遗产保护工作创造了有利条件。

问：2007年，突破了申报名额不受限制的规定，这才有了2009年9月30日，中国列入人类非遗名录多达25项（含“南京云锦织造技艺”），抓住这个规则被突破的唯一一次机会，您为此做了哪些努力?

答：2006年，联合国教科文组织召开了一次缔约国会议，各个国家的代表都来开会了，我也出席了那次会议。联合国教科文组织说要召开一次非物质文化遗产政府间委员会委员国特别会议，来制定《公约》的实施细则及建立“人类非物质文化遗产代表作名录”和“急需保护的非物质文化遗产名录”的申报、遴选标准、审批程序等一系列制度化规则。

经过我国积极的竞选，联合国教科文组织同意于2007年5月23～27日，保护非物质文化遗产政府间委员会特别会议在中国成都举办。这是联合国教科文组织首次在中国举办的制定国际规则的会议，因此非常重要。时任中国常驻联合国代表团大使王学贤担任了会议主席。

中国政府高度重视这次会议，派出了由文化部、外交部、教育部有关官员和联合国教科文组织常驻人员以及相关专家组成的强大的代表团。在这次大会上，突破了申报名额不受限制的规定，为制定《公约》的实施细则做出了重要贡献。

2007 年 9 月，联合国教科文组织启动了人类非物质文化遗产名录项目申报工作，项目数量不受限制，并且规定在 2008 年 7 月底前，各国要把申报材料递交给联合国教科文组织。

根据我的工作经验，我觉得联合国教科文组织下次肯定要限制各国申报的名录数量，因为联合国教科文组织没有那审批能力，所以这次是个试验，下次可能就要限制了，那之后就没有这个机会了。因此我觉得这是一个千载难逢的机会，中国一定要抓住并充分利用这个机会，多报项目。

国内对我的建议很重视，进行了研究，最后决定报 35 项。这时时间已经很紧了，离 2008 年的 7 月只有一个半月的时间了。那是一个非常繁重的任务，准备申报材料的中国艺术研究院的同志们就吃住在办公室，夜以继日地工作，他们克服了重重困难，终于在联合国教科文组织规定的时间内递交了 35 个项目的申报材料。

到了 2008 年 12 月底，联合国教科文组织公布了各国申报的项目数量，其中主要国家如中国 35 项、日本 14 项、克罗地亚 10 项、韩国 8 项、法国 5 项、印度 3 项，还有其他国家有 1 至 2 项的，我们国家申报的数量远远超过其他国家。

在这次申报中，中国政府紧紧地抓住了机遇，维护了中国的文化利益，也体现了中国强大的组织能力和非物质文化遗产项目雄厚的实力。

2009 年 9 月，在阿联酋首都阿布扎比召开了联合国教科文组织非物质文化遗产政府间委员会委员国会议，会议共批准了 23 个国家的 72 个项目列入人类非遗名录。中国共 22 项成功入选“人类非物质文化遗产代表作名录”，及 3 项成功入选“急需保护的非物质文化遗产名录”，日本 10 项，克罗地亚 7 项，韩国 3 项，法国 3 项，印度2项，其他国家有的只有1项，大部分国家都没有。

中国的项目超过了总体项目数量的三分之一，这就为中国奠定了人类非物质文化遗产名录项目数量排名第一的坚实基础。

2009年9月，在阿联酋首都阿布扎比召开了联合国教科文组织非物质文化遗产政府间委员会委员国会议

（受访者供图）

我参与了全过程，感到非常自豪，为中国的非遗保护工作做了应有的贡献。当时文化部副部长赵少华对我说，苏旭，你很好地完成了不可能完成的任务。

在申遗的过程中，我深深感到，中国非遗名录数量排名第一，但都不是唾手而得的，这正如习近平总书记所说的，幸福都是奋斗出来的。

有很多人问过我，你怎么能做到这一点的？我说只有两点，第一我首先是对祖国的忠诚，并充分利用中国外交官外交的技巧、灵感，通过友好协商来解决问题；第二是国家政府的支持。

问：2009年9月，在阿联酋首都阿布扎比召开了联合国教科文组织非物质文化遗产政府间委员会24个委员国会议，您当时就在现场，能谈谈“南京云锦织造技艺”审议通过的情况吗？

答：2009年9月，在阿联酋阿布扎比会议上，非物质文化遗产政府间委员会24个委员国来进行最后的审议和通过。

“南京云锦织造技艺”是中国具有代表性的非遗项目之一，也是国家重点推荐的列入人类非遗名录的项目之一。我应尽力推荐它。

当天会议结束之后，我给国内打电话，通知了文化部外联局的有关官员，将25个人类非遗名录项目统一向国内进行了通报。之后，我就接受了《人民日报》驻阿布扎比记者站的采访，把25个项目的内容向记者进行了通报，其中就包括“南京云锦织造技艺”项目。

苏旭在巴黎　　（受访者供图，摄于2009年）

韦荣慧

中国民族服饰文化的守护者

韦荣慧，1960 年出生，中国民族博物馆原副馆长。多年来，她先后在丹麦、瑞典、芬兰、美国等国家举办过中国民族服饰文化大型展演活动（其中就有南京云锦服饰），受到国际社会的热烈欢迎。这些活动让中国民族服饰“走出去”的同时增强了自豪感，进一步促进了中国民族服饰文化的继承、保护、弘扬和开发利用。

口 述 人：韦荣慧

采访时间：2022 年 9 月 8 日 21：00

采访地点：北京西南华邑酒店一楼

问：1998 年，您第一次来到南京云锦研究所，当时是一种怎样的状况？

答：早在 1998 年，我准备做一场藏族服装发布会，由于蒙、藏等兄弟民族长期喜欢用云锦织物做服装、袍子，于是，我和同事坐绿皮火车去南京云锦研究所考察。到了南京，江苏省民宗委主任王波带着我们来到了南京云锦研究所，他告诉我，每年江苏省民宗委会给南京云锦研究所5000元经费支持他们做技艺传承。

在我的想象中，云锦这么高贵、华丽，应该在一个有传统文化风貌的建筑里，有很多织手在用传统织机进行生产。当我来到南京云锦研究所的生产车间，看到的却是一个很昏暗、落魄、衰败的环境，只有三四台大木织机及几台机器织机。眼前的场景让我感到很心酸，我没有想到，南京云锦是在这样的环境中生产出来的。所长、副所长王宝林和张玉英用一种期待的目光看着王波主任还有我，希望我们能给予他们更多的支持和帮助。

1999年，在北京五洲大厦举办了用南京云锦匹料设计、制作的藏族服装发布会，感动了所有的藏族同胞和雍和宫的喇嘛。

问：在与南京云锦研究所多年打交道的过程中，您感到他们对社会做的贡献体现在哪些方面？

答：①在对外文化交流中所起的作用

1999年9月1～12日，在法国巴黎联合国教科文组织总部，中国国务院新闻办、联合国教科文组织联合举办了“99巴黎中国文化周”。那时候中国驻法国大使吴建民，联合国教科文组织大会主席鲍太拉、执行局主席帕塔基、总干事马约尔，法国政府文化和通讯部长特劳特曼夫人，巴黎市副市长杜蓬等出席了开幕式。

1999年9月，在法国巴黎联合国教科文组织总部举办了“99巴黎中国文化周”，吴建民大使（中）接见全体演职人员（来自网络）

中国少数民族服饰展示是那次文化周活动的一个重要组成部分，那些服饰全部由我们中国民族博物馆设计和监制，亮相后赢得了观众热烈的掌声，其中就有南京云锦服饰。

2003年10月13日和14日连续两个晚上，中国国家民族事务委员会、中国民族博物馆在法国巴黎卢浮宫举办了“多彩中华”的时装秀，那是中华人民共和国成立以来中国56个民族的服饰第一次以这么大规模和气势与海外观众见面。其中雍容华贵的藏族盛装就是采用南京云锦制作的，上面有金、银、珊瑚、玛瑙、蜜蜡、松石等饰品，做工考究，价值连城。

2004年9月，中法文化年期间，我在南京云锦研究所用云锦匹料设计制作了法国总统希拉克夫妇的访华礼服，并正式赠送给了法国总统夫妇。希拉克总统亲笔题词：“谨亲切友好地向你们表达感激、尊重和欣赏之情。”中国驻法使馆专门致电国家民委，认为此事“对配合希拉克总统访华、增进中法友谊、推动两国关系与合作无疑是重大贡献”。外交部对此事也给予了高度评价。

我认为，用云锦制作的民族服饰，展示的不仅是云锦本身，还有中华传统文化的多样性和艺术高度，它架起了中国与世界人民互相尊重、信任和友谊的桥梁。

②对中国少数民族地区织锦的贡献

2004年，南京云锦研究所在三楼展厅布置了一个中华织锦村展厅，有云锦、宋锦、壮锦、土家锦等几十个有代表性的织锦品种，体现了中华民族织锦文化的多样性。当时全国没有一家同行单位能专门拿出一层楼做这样的展。当年，南京云锦研究所可能自己都没有意识到，他们这么做是对中国少数民族织锦的贡献。在中国少数民族传统织锦传承很困难、没有市场、没有渠道的状况下，所里用经费去支持他们，购买了西兰卡普土家织锦、侗锦、苗锦、壮锦、黎锦等各种的织机、工具，这对他们是很大的鼓励，对研究全国织锦的专家来说，是一个很好的研究平台、展示平台。现在大家看到贵州西江千户苗寨是贵州的一张文化名片，但早些年在全国老百姓中的知晓度都是很低的。那时，副所长张玉英亲自下到贵州西江千户苗寨等少数民族地区大量地采购、征集，我陪同张所一起去的，她在现场掏出2万元现金赞助给苗寨的老人家。我去采访老人家时，她都是自己掏钱给老人家送礼物。

2014年6月14日，中国民族博物馆与山西省博物院共同举办“多彩中华·我们共同的家——中国少数民族文化特展”，王宝林所长当时也来到了现场。看了展之后，他当即决定把这个展引进到南京云锦研究所。2015 年，“多彩中华·我们共同的家”在南京云锦研究所三楼中华织锦村开展，珞巴族、独龙族、赫哲族等全国 56 个民族的服饰在这里“聚会”。三个月时间，有 70 万人前来观看，现场的观众感受到了多彩中华博大精深的历史内涵和现实感染力。回北京后，我写了个报告给国家民委，我们的主管领导不相信 70 万人观看这个数字，我说，是现场有个机器打卡得来的，不是我随便说的。他们做了很多类似这样的工作来展示中国织锦文化中取之不尽的民族瑰宝。

2010 年，韦荣慧接受中央电视台《人物》栏目的采访　（来自网络）

陈 平
国际运作的民间使者

陈平，1968年出生，联合国教科文组织民间艺术国际组织副主席，暨南大学文化遗产创意产业研究院院长、教授。2006年，她加入联合国教科文组织民间艺术国际组织（简称IOV），2008年3月被任命为IOV中国主席，并创办了IOV中国。同年12月在巴林举行的执委会上，再次当选IOV全球发展副主席。2009年成为联合国教科文组织非物质文化遗产保护政府间委员会正式咨询机构成员。

口 述 人：陈平
采访时间：2019年9月10日21：00
采访地点：东南大学九龙湖宾馆

问：当年您是怎么得知南京云锦项目申遗成功消息的？您当时是什么样的心情？

答：2009年10月1日凌晨，我终于接到IOV主席卡门从阿联酋阿布扎比打来的电话。她声音低沉而激动地说，南京云锦申遗成功了。

我一时激动得不知如何是好，那一刻，无论国内还是国外都沉浸在睡梦中，还真找不到能倾诉的人来表达和分享我喜悦的心情。第二天，正好是国庆六十周年大庆，南京云锦申遗成功可以说是送给祖国的一份特别的生日礼物。

早上 9 点，我抑制不住内心的激动，赶忙给文化部外联局副局长李新打电话，告诉他南京云锦申遗成功的消息。我知道为之高兴的人很多，参与南京云锦申遗工作的人也不少，我也是其中的一员，我有一种前所未有的喜悦感和荣誉感。李新副局长也是最关心南京云锦申遗的人之一。果然，李新先生一听到消息很开心，他当时已经调任到驻德国大使馆，人在柏林。我们在电话里祝贺南京云锦申遗成功，庆贺祖国六十华诞。我们还商量来年一定要把南京云锦带到德国，让德国的民众好好欣赏一下云锦之美。

通完话，我开始上网写邮件，通知了很多我认为应该知道这一消息的同事和朋友们。很快就有人回复了，他们和我一样开心不已。特别是我办公室的年轻同事们欢呼雀跃，因为我们参与了一些工作，而这份工作又特别有意义。我开着电脑，看着信箱，陆续得到了回复。我在世界各国的同事们纷纷发来祝贺致辞。

问：为什么您对南京云锦项目申遗成功会发自内心地高兴呢？

答：在南京云锦项目八年申遗这一漫长而艰难的过程中，我也有参与。同时，对我这样一个生活在海外的华人来说，事关自己祖国的好事情，总是令我感到兴奋，这是一种发自肺腑的对于祖国的热爱，对民族文化的骄傲、自豪。

问：在南京云锦项目八年申遗工作开展期间，您做了哪些帮助南京云锦项目的国际运作工作呢？

答：①邀请 IOV 主席及专家赴南京云锦研究所考察

2008 年 1 月，在与文化部外联局副局长李新的会晤中，我第一次了解到南京云锦正在申遗的相关情况。李新副局长如数家珍般详细地向我介绍了南京云锦的历史及文化。从那时开始，我才知道南京云锦项目已经连续三次向联合国教科文组织申报人类非物质文化遗产代表作名录了。

李新副局长由衷地说：南京云锦是中华民族的瑰宝，若不能进入人类非遗的名录，那将是全人类的损失！他力荐云锦，并希望IOV也来帮助南京云锦申遗的国际运作工作。

我被他的真诚和南京云锦的魅力所打动，自觉地到处宣传和推荐南京云锦。IOV是一个国际性的非营利组织，是联合国教科文组织的正式合作机构，成立于1979年，会员遍及一百多个国家，有专家、学者、手工艺人、大学、艺术团体等，主要宗旨与任务就是帮助世界各国各地区的政府、民间组织进行民间艺术的保护、传承与活化，通过友好交流，达到相互理解、维护世界和平的目的。

2008年，陈平在IOV的办公室

（受访者供图）

当时，IOV主席卡门女士是菲律宾文化委员会的原主任，同时还担任着联合国教科文组织世界记忆名录委员会亚太地区副主席一职，对于非遗申报比较有经验。我约她谈了帮助南京云锦项目申遗的想法，我们决定邀请一些不同国家的专家前往南京考察云锦项目。

2008年5月，我们一行七八人奔赴南京参观了南京云锦研究所，认真、仔细地考察了南京云锦的全部织造工艺流程。由于云锦技艺名称相当复杂，以至于我自己张口结舌，不知道如何用英语解释，翻译有时候也词不达意，我们等于是边看边学习，同时不断被传承人精湛的技艺所折服。

在考察结束后的座谈会上，卡门主席等人就南京云锦项目申遗及今后的发展等具体工作提出了很多有价值的意见。

此外，官员和学者们凭借丰富的国际申报经验向南京云锦研究所指出了申报材料中存在的问题，并给予了意见和建议。大家最后一致表示，IOV将联合一些国际学者，以国际非政府组织的名义向联合国教科文组织的评审附属机构写推荐信。十年前非遗

2008 年 5 月，陈平（左四）与 IOV 的主席卡门（右三）及专家在南京云锦研究所考察
（南京云锦研究所供图）

项目入选评定制度和方式与今天的全体大会的最后审核制度还有所不同。

在南京期间，IOV 为南京云锦研究所颁发了“云锦源头，传承基地”的牌匾。

南京市委书记朱善璐会见了我们一行七八人，南京市委宣传部部长叶皓也和我们进行了座谈。IOV 组织正式向南京市政府承诺将帮助南京云锦项目进行申遗的国际运作工作，同时发出邀请，请南京云锦研究所正式参加 2008 年 8 月在美国犹他州盐湖城 IOV 举办的首届世界青年大会。

②邀请南京云锦项目赴美国犹他州盐湖城参加 IOV 举办的世界青年大会

2008 年 8 月 8 日，是北京奥运会的开幕式，我作为中国青年代表团团长带着 15 位由各领域杰出青年组成的中国青年代表团奔赴美国犹他州盐湖城参加 IOV 组织举办的世界青年大会，并出席在邦提富举行的城市艺术节。我们特意邀请了南京云锦研究所的王宝林所长以及青年传承人蔡向阳前往出席，并安排了蔡向阳作为青年传承人在国际论坛上进行演讲。同机而来的还有那台引人注目的云锦大花楼木织机。

由于没有合适的场地，我们不得不把这台大织机摆放在当地的游泳馆里，为了保护织机，当地的美国同事用绳子围了一圈，不让人靠近。好在观众比较守规矩，没有人越过绳索走到织机跟前来。要知道这可是云锦研究所的生产工具。

王所长每天最担心的事，就是怕从游泳馆出来、穿着拖鞋、披散着湿漉漉头发的民众会伸手去摸一摸。于是我们专门找了一个美国的青年志愿者在一旁守护，给路过的游客们解释。每到中午游客最多的时候，蔡向阳就会坐在织机旁表演。为此很多人回家换了衣服，再拿着相机过来拍照。大多数人都会选择在大织机跟前拍照。

现在回想起来，真有些感慨万千，很多困难都记不起来是如何克服的。我只记得当时我们不停地跟美国大使馆还有我们美国的同事打国际长途，写电子邮件，再向南京的同事们转达各种问题，回复各种问题，在中间传来传去。最后终于成行。

世界青年大会开幕式上，IOV 秘书长奥地利人汉斯特地穿上他在南京参加奥运火炬传递时穿的服装，还特意带来了火炬（这里穿插一个小故事：2008 年，原本我受邀作为南京站的奥运火炬传递手，但是为了显示机构的国际化程度，我慷慨地让给了汉斯，他激动不已，答应我传递结束后，他会把火炬交给我，作为礼物收藏，他自己收藏运动衣，可是活动结束后，他带走了火炬，给我留下了话柄），我穿了一套大红的中西合璧的旗袍，加上来自中国的每一位代表服装鲜亮，精神抖擞，在开幕式上显得分外抢眼。每个人都想成为护旗手，于是我们邀请了市长和一些美国居民护旗。

2008 年 8 月 8 日，陈平（左）作为中国青年代表团团长，带着 15 位由各领域杰出青年组成的中国青年代表团奔赴美国犹他州盐湖城参加国际民间艺术组织 IOV 的世界青年大会，并出席在邦提富举行的城市艺术节（受访者供图）

按照 IOV 所属艺术

节的惯例，各国参会者都住在当地举办国的百姓家中，这样可以深度了解当地文化，增加彼此之间的友谊。尽管语言不通，但是由于组织者非常有经验，安排非常合理，每个接待家庭，都会有一个准确的日程表，几点做什么、把客人们送到哪里，确保不会出问题。

我们分别被安排在当地十几户不同的美国人家里。因为盐湖城是摩门教所在地，很多人家都笃信摩门教。开饭以前，家人都会围在一起手拉手祷告。我们站在一旁，好奇地看着。

我和两位会员所在的家庭是一个巨型之家，有十二个孩子，但孩子们都长大了，只有一个女儿还住在家里。我记得其中一个儿子去世了，生前虽然是脑瘫患者但又是一位电脑天才，布什总统还来看望过他。家里的父亲是一位职业股票商人，母亲曾经是好莱坞的电影编剧，名叫额琳。每次吃饭的时候，他们会用话筒公告，每个房间都有听筒，因为房子实在太大了。他们在看了云锦织机后，完全成了南京云锦的粉丝加推广者。拿着云锦的小册子到处逢人便说，见人就讲。我们的宣传册上印着我的照片，她常常自豪而得意地告诉邻居，我家里住着这位叫 Emma 的女孩子。她一直叫我女孩子。

世界青年大会即将结束的时候，我们全体队员都集中在额琳家里，和邻居以及美国的同事们包饺子，做中餐。当时，我们跑遍了盐湖城的亚洲商店，几乎买光了人家的面粉和酱油、醋。光花椰菜就买了几十颗，土豆买了十几袋，很多人以为我们是中餐馆的人来采购的。那天我们好像包了四五百个饺子，刚刚端出去的炒菜顷刻间就被抢光了，到最后，我们这些中国“厨师”们只好煮方便面吃。幸好来的时候，我们都带了很多方便面。

大家都学会了“你好”“谢谢”“饺子”“好吃”，还有“云锦”几个词。

现在想起来那情景，还令人感到温暖和鼓舞。我们是民间的使者，带着美丽的云锦和庞大的织机，在美国的百姓家中展示着来自中国的文化和普通中国人的智慧与友好，颇有几分骄傲与自豪。

③为德国曼海姆路易森公园里的中国园展出的南京云锦做翻译和导游

2010 年 6 月，中国驻德国使馆文化处的李新公使衔参赞，经过多方努力，把云锦带到了德国进行展览。我住在曼海姆附近的城市里，与曼海姆常务副市长艾格尔夫妇非常熟悉。艾格尔先生是中国人民的好朋友，也是中国文化的铁杆粉丝。在他执政期间，多次往返中国，促成了与江苏镇江之间的友好城市关系，并且在曼海姆最著名的、被誉为德国最美公园之一的路易森公园修建了中国园。

艾格尔夫妇是中国文化的宣传者，在他们家里到处可以看到来自中国的文化，有书法、字画、花瓶、丝绸、扇子，像个小型的中国展览馆。艾格尔先生身体力行，无论走到哪里，只要遇到与中国相关的话题或者中国人，就会滔滔不绝地讲起中国故事。

南京云锦到中国园展出之后，我们开始到处推广，邀请各界人士来参观捧场，举行各种活动，特别是跟当地的小学和中学联系，让他们组织孩子们游园的时候来参观云锦展。为了能更好地解释清楚云锦技艺和故事，我还特意把很多英文单词翻译成德语，背来背去，生怕忘记。我和李新参赞亲自给游客们做翻译和导游，充满了自豪感。

2019 年，IOV 与江门市人民政府共同举办国际文化交流活动　（受访者供图）

南京云锦项目申遗成功后，我特意写了一封信给时任南京市委书记朱善璐先生。那封信表达了当时 IOV 的心情及为南京云锦成功申遗所做的一些工作。对于我们这些从事文化遗产，特别是从事推动非物质文化遗产保护与传播的民间组织来说，最高兴的莫过于看到中国珍贵的文化遗产得到世界的认可。IOV 组织愿意为中国更多的传统文化走向世界添砖加瓦，贡献一份力量。

这是 IOV 的工作使命，更是我的心愿。

张连发

有云锦情结的“马路市长”

张连发，1941年出生，南京市人民政府原副市长。1993年，他从市教育局局长升任分管科教文卫工作的副市长。2000年，早期南京云锦项目申遗工作就是在他的领导下开展的，他尽全力让2003年央视春晚主持人身着南京云锦服饰在全国人民面前亮相，扩大了南京云锦在全国的知晓度，为后来的南京云锦项目成功申遗奠定了良好的基础。其因主抓卫生，带头上街捡垃圾，赢得“马路市长”的称谓。

口 述 人：张连发

采访时间：2022年6月5日10：00

采访地点：南京晨光1865创意产业园江苏省文化创意成果展示中心承创空间

问：请您谈谈南京云锦与中国丝绸有什么关联。

答：中国有七千多年的养蚕缫丝历史，南京云锦就是在中国丝绸织造技艺日臻成熟的背景中产生的，因美如天上的云霞而得名，它用料考究、织造精细、图案精美、格调高雅，与蜀锦、宋锦同为中国三大名锦，且以其为首。东晋定都建康（今南京）

［清］大红地龙莲纹妆花缎

（南京云锦研究所供图）

后，设立专门管理织锦的官署，成为全国云锦主要的生产基地。在元明清三代，云锦随着中国的陆上丝绸之路和海上丝绸之路传入世界各地。所以，南京不仅是云锦的故乡，也是中国对外贸易、璀璨丝绸文化交流的重要城市。

问：20 世纪八九十年代，南京人民对自己生活的这座城市极具代表性的南京云锦文化了解甚少，您当年对南京云锦有什么样的认识？

答：20 世纪 80 年代中期是我对云锦认识的初步阶段。那个年代，凡是年轻人结婚都会买张天鹅绒挂毯摆在家里作装饰，那是婚房的标配。1983 年，我在南京市委工业交通部任办公室主任，我去南京中兴源丝织厂调研时，知道了有名的天鹅绒是产自这里，我还知道了真正的好东西是南京云锦。1986 年，我任南京市人民政府办公厅副主任时，第一件事就去了南京云锦研究所做调研。记得我第一次到所里，看到的房子都是石棉瓦平房，很破旧，最让我不能接受的是所里的厕所，全是农村常见的蹲坑，又脏又臭。所里领导告诉我，这里经常有外宾来。我想，这个厕所外宾怎么能进得去，一定要改变下环境呀。于是，我就去市财政局争取了 7 万元资金，帮助所里把厕所及周围的环境做了些小改造，这是市政府给南京云锦研究所的第一笔扶持资金。

问：20 世纪 90 年代，您任南京市副市长期间，给了南京云锦研究所什么样的支持和帮助？

答：1993 年，我从南京市教育局局长调任分管科教文卫的南京市副市长。上任后，我就想做好两件事，一件是最美的事，就是云锦；一件是最脏的事，就是垃圾处理发电。

那年代，南京市民对南京云锦的价值了解得不多，当时我的想法就是它有南京的特色，应该成为国家地理标志产品。2000 年，我去北京找到国家质检总局，相关的司长、处长很热情地接待了我。他们问我，如果认定南京云锦是国家地理标志产品，能不能离开南京？我说不能离开南京，离开南京就不叫南京云锦了。他们又问，为什么不能离开？我说了几个原因：

郭俊作品《丹顶和鸣》（郭俊供图）

第一，云锦的原料是蚕丝，江南是盛产供应地。第二，云锦织金工艺要用真金线，南京有金箔工艺，也有真金线制作技艺。第三，南京气候温湿度有利于蚕丝伸缩有致，特别适合云锦的生产。第四，南京的土壤，适宜种植蚕丝染色的各种天然植物的生长。第五，南京秦淮河的水质，为云锦丝织原料的染色提供了很好的条件。第六，织造南京云锦所需的工匠，在这里代代相传。我是南京人，我儿时的记忆中，我爷爷的大拇指是扁扁的，和常人长得不一样，他告诉我，这是因为常年做工匠织手形成的。

国家质检总局的领导听我这么一说，说陈述得太好了，金华火腿离开了金华就不叫金华火腿，新疆葡萄离开了新疆就不叫新疆葡萄了。我心里很高兴，终于为南京云锦争取了一个国家地理标志产品的头衔。

问：您认为云锦有什么样的价值？

答：南京云锦仅仅只能作为一个国家地理标志产品吗？随着越来越多的领导、专家、学者、志愿者等来南京云锦研究所参观、研讨，大家都知道了南京云锦是中国三大名锦之首，是中国服饰文化的最高代表。我的认识是：第一，历史悠久，一种服装面料有 1600 多年的历史，这是世界上其他国家没有的。第二，质量上乘，它的面料里可以织孔雀羽毛，织真金丝线，这也是世界上其他国家没有的工艺。第三，它每一

件产品都是手工织造，有唯一性，如设计纹样，工匠在织造时，可能会因心情好坏，以及光线、天气等因素影响，织出来的每一匹锦缎都是不同的。第四，云锦图案都含有中国吉祥文化、喜庆文化的寓意，这也是别的国家所有没有的。第五，量身定制，织造的面料是根据穿着者的身材量体定织，然后拼接在一起，天衣无缝，这更是世上别的国家织造技术做不到的。第六，云锦代表着东方服饰文化元素，集中国丝绸织造技艺之大成。

问：早期的南京云锦项目申遗工作是如何开展的？

答：2001 年，文化部部长孙家正让我们了解到中国艺术研究院正在从事人类非物质文化遗产代表作名录的申报工作。我感到一定要珍惜历史的机遇，争取国家有关部门的支持，把南京云锦保护好、传承好、发展好。

为此，我在南京云锦研究所把国内的相关专家、相关部门、相关老艺人请来出主意。开了多次会，大致把申报材料的框架定下来了。

当我得知人类非物质文化遗产代表作名录的批准机构设立在法国巴黎联合国教科文组织总部时，我正好要去欧洲访问。于是我找到文化部对外文化联络局的相关领导，请求他们支持南京的申遗工作，帮我联系中国驻联合国教科文组织的代表，我想去联合国教科文组织总部宣传南京云锦。

2002 年 6 月 6 日，我从北欧飞抵巴黎。6 月 7 日，我带了一幅云锦工艺品去了联合国教科文组织总部，由中国驻联合国教科文组织的代表邹启山先生陪同见了总干事，介绍南京云锦的同时，给他看了云锦作品。当时他一看，眼睛顿时发光，说真没想到南京有这么好的东西。于是我又介绍了南京云锦的保护、开发和申遗情况，并希望能得到他们的支持。

问：之后您找到一条什么路径来扩大南京云锦的知名度呢？

答：回南京后，我感到南京云锦有找到继续扩大知名度的路径。如果想把历史上的皇家服饰，变成今天的老百姓喜欢穿在身上的服装，这首先需要一个更高的宣传平台来扩大它的影响。只有让更多的老百姓认识它，他们才会喜欢它。这时，我和所里的王宝林所长在第三届江苏国际服装节上，认识了在湖南路商业街上知名度较高的南京影响时尚服饰公司创始人汪萍女士。大家在交谈中，有了共同研发南京云锦服饰并走向市场的共识，这才有了后来为 2003 年春晚主持人定制 58 套南京云锦服饰的故事。

黄地凤莲妆花缎（南京云锦研究所供图）

汪　萍

让春晚主持人穿云锦的策划人

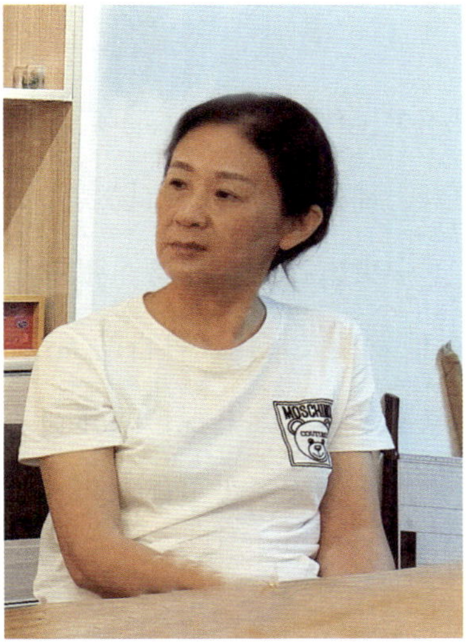

汪萍，1963 年出生，南京影响时尚服饰有限公司创始人。南京云锦项目申遗历时 8 年，在此期间，南京云锦研究所为央视《2003 年春节联欢晚会》《过年七天乐》等节目的所有主持人定制了 58 套南京云锦服饰，扩大了南京云锦在全国人民心中的知晓度。当年，汪萍全身心投入定制任务中，历经波折，克服困难，最后圆满完成了这一光荣任务。

口 述 人：汪萍

采访时间：2022 年 6 月 5 日 10：00

采访地点：南京晨光 1865 创意产业园江苏省文化创意成果展示中心承创空间

问：2003 年，您是如何与南京云锦研究所共同完成那次时间短、质量高、影响大的任务的？

答：①南京云锦走进央视的缘起

南京影响时尚服饰有限公司“影响时尚”女装是 20 世纪 90 年代初期自主原创设

计的品牌，我是创始人。1995年，我在鼓楼区湖南路开设了专卖店，前店销售，后店研发定制。到了2002年8月，南京新庄国际展览中心举办第三届江苏国际服装节期间，我有幸见到了南京市人大常委会副主任张连发，他问我是否了解南京云锦。我说，知道，艺术设计专业人士都会关注云锦，5年前我就专门去过南京云锦研究所，还买过一小块云锦匹料，那时就300多元。我当时跟自己说，哇！这么贵呀。之后我精心把它装裱好，到现在还放在家里呢。

张主任听我这么一说，就把他之前已做的南京云锦相关工作跟我谈了一下后，问我有什么方法能快速传播，让全国百姓都能知晓，把南京云锦推向更大的市场。要知道那个年代，信息传播的渠道是很少的。我脱口而出，上中央电视台春晚呀。张主任说，这是个好主意，但怎么落实呢？我也感到茫然，于是他发动大家找找各自的关系，联系联系看。最后，我是通过原江苏电视台导演王强，联系到了江苏电视台派驻到中央电视台的工作人员管见。她对这事很上心，四处联系沟通，促成了张主任带队的央视之行。

②先实现《过年七天乐》的主持人穿云锦服饰的小目标

去央视之前，南京云锦能不能上春晚，谁心里都没底。云锦衣服怎么做，我也不知道。那个年代南京云锦研究所只承接过丝织文物的复织任务，从没拿云锦匹料研发过服饰，更谈不上与市场接轨，所以我们想先去中央电视台探探路。

于是，我带上两件云锦样品准备去北京。一件是南京云锦研究所的张玉英副所长帮我准备的一段云锦妆花匹料，一件是我亲自设计制作的纯手工的斗篷式藏青海水纹织锦外褂，很精致。这件服装一直在我公司保留了好多年，可惜几年前搬家时遗失了。

2002年12月19日，我们飞抵北京，住在南京市政府驻北京办事处。第二天，张主任带我们一行到中央电视台，与在《过年七天乐》节目组工作的管见对接，她顺利地帮我们引见了节目主持人。张主任告诉他，南京云锦正在申报人类非遗名录的过程中，我们这次来央视，是为宣传南京云锦，它是有1600多年历史的皇家服饰，目前国内没有市民穿过用南京云锦制作的服装，我们可以为主持人量身定制，让全国人民认识它。主持人一听，说这是好事，之前没人做过。如果《过年七天乐》的主持人全部穿上这种很有中国文化底蕴、织锦风格特色的云锦服饰，在镜头里呈现出来的效果一定很好。

我想，《过年七天乐》节目汇集了央视各频道的大多数著名主持人如赵忠祥、撒贝宁、李修平、王小丫等，如果他们全部穿上云锦服饰，全国上下反响一定会很大，不管春晚主持人能不能穿，已经非常好了。

说做就做，与节目组没太多的时间去讨论细节，就迅速进入给各位主持人沟通、量尺寸环节。《过年七天乐》节目的定做量在30多套，每件衣服不重样，全手工，短期内完成设计、制作、试穿、修改等，不是一件简单的事情。大家说，再难也要干。

③南京云锦得到了2003年春晚总导演金越的认可

但是张主任心中的目标是想让春晚的主持人穿上。于是我们再请管见帮我们通过央视节目频道的领导，找到2003年春晚的总导演金越。我们一行在春晚节目组，第一次见到了金导。开始，他并不太清楚我们此行目的。张市长向他介绍南京云锦时，金导听着听着，人也站起来了。这时我立即就把带来的云锦匹料打开，还试穿了斗篷式云锦外褂给他看。他看了，再用手一摸，立即说，的确是好东西。他马上找来春晚总服装设计师陈钧说，你去一趟南京吧。

④开始进入服饰的设计、制作环节

从北京回到南京两天后，我和春晚总服装设计师陈钧以及另一位服装设计师祁刚一起来到南京云锦研究所，连夜当场选面料并画设计稿。所里没有太多的面料，王所、张所说，有多少都拿出来，牡丹和

2003年，张连发（右一）、汪萍（左一）与中央电视台主持人撒贝宁（右二）等合影 （受访者供图）

祥云匹料是有的，如果选中需要现织，我们就加班织。

12 月 21 日那天晚上，我们一直讨论画到夜里两点多钟，终于把整个春晚的开场是红色调、中场是蓝色调、零点是黄色调的服装调性，基本给定出来了。第二天他俩就离开南京了。我打算，开场 4 个人全部是红色，大红基调全部用云纹，倪萍和周涛的主纹样是牡丹，李咏和朱军是龙纹，左为上，故设计的牡丹纹和龙纹样都在左边。那时全是手绘稿，一个稿要画好多遍，和版型师反复多次沟通才能确定。张所就加班加点地负责准备云锦匹料。

初稿确定后，12 月 25 日我又去了央视。担心自己对话分量不够，就请张主任陪同，我们一起与四位主持人沟通，量尺寸。那时没有高铁，就是 K66，晚上从南京出发，早上到北京，量完就往回赶，回南京后就开始打样。云锦匹料比较厚，当时不知道怎么操作，做了试验，决定把反面的丝线全部修剪掉了以后再附一层烫衬上去，但是我担心会脱线，用衬把它稳定下来，然后再用手工去一针一线制作缝合。在此期间，我又专门去杭州专业市场买了很多专业配料。总想精挑细选，不放过细节。

⑤《过年七天乐》主持人的南京云锦服饰顺利过关

2003 年 1 月 15 日，我又到中央电视台给主持人试装。《过年七天乐》和春晚主持人的服装，我们是同步送的。《过年七天乐》的主持人李修平、撒贝宁等，上身几乎没有什么太多的修改。给王小丫做的是一件淡蓝色祥云底纹、上面有一只孔雀的旗袍，她试穿的效果非常好。李修平的那件是黄绿色的八宝底纹，撒贝宁的那件是藏青色的配搭了红色围巾，至今还能看到撒贝宁穿着这件藏青色龙纹云锦服演出的视频。赵忠祥穿的是件黑底红色祥云云锦服，他在

2003 年，王小丫（右）等两位《过年七天乐》主持人身穿南京云锦服饰（受访者供图）

《过年七天乐》里唱京剧，把云锦服敞开来穿着唱的，很有创意，演出效果很好。

⑥修改春晚主持人的云锦服饰

《过年七天乐》主持人的服饰顺利过关，春晚主持人的服饰问题就比较多了。当时在量尺寸时，跟周涛和李咏沟通比较多。李咏提出来，上衣不要只考虑舒适，要修身并有腰线，领驳头要长，袖管要细，袖口要有微喇，给他做了几件云锦上衣外套，都把他的要求表现出来了，他比较满意，他是主持人中与设计师的沟通最顺畅的。周涛最钟情的是黄底牡丹妆花旗袍，26 朵牡丹花没有一朵重色，尾部是小鱼尾，穿上后风格凸显很有气质。试装结束后，她欣赏了又欣赏，为力求完美又提出了一些小修改。春晚结束后，周涛在很多场合也都穿过。她对开场红底妆花大鱼尾礼服设计，也非常满意。朱军穿着的开场红色和零点黄色，设计得中规中矩，很贴合主持人的气质风格。在梅地亚宾馆，我给主持人倪萍试衣，她不太满意胸前有个完整的大牡丹图案的款式，因时间太紧，已来不及做大的修改了，所以这件没改也未穿，有点遗憾。

时间离春晚越来越近了，我人在北京，负责和主持人沟通试样，交流怎么修改。但制作服装全部是在南京影响时尚公司，要在短时间内，赶出这么多纯手工的服装，我只好把公司其他所有的业务全部停下来，让员工全力以赴赶制这批云锦服饰。

⑦赵忠祥老师的助力

1 月 25 日那天，几位主持人的服装都试过了，意见都出来了，还要继续解决修改。但最终央视主持人能不能穿上并在舞台上呈现出来还是不知道，在哪个时间节点上能穿出来更是不知道，大家非常焦急。这时张主任带了一份南京市人民政府的公函来到中央电视台找到相关领导表示，南京云锦是世界丝绸中的艺术瑰宝，现正申报人类非物质文化遗产名录，请央视春晚主持人穿云锦服装主持意义重大，但是台里的领导依然没承诺是否让央视主持人穿上身。

春晚开始进入倒计时彩排了，很快就要录播了。彩排时，金导安排我就坐在演播厅他的后面。我心里很着急，因为录播前主持人穿什么服装必须定了，而且要录播 3 次，才正式现场直播。金导对我说，先不要急，下午评审会定，你要参加我们的会议。

下午开会的地点是在彩排现场的一个房间里，也就 20 平方米左右，很简单，挂了很多服装，云锦的服装也都挂在这个房间里。参加会议的有央视的台长，节目组主任、导演、服装设计师、主持人，我也在现场，很紧张，有椅子都没敢坐，站在门口战战兢兢地候着。大家开始评，朱军话不多，李咏通过了，周涛说她的那条黄色裙子有点长，怕摔跤，要改长度。开会结束，她那件立即改了裙长。

当时有领导说：我们不是地方台节目，我们要展示国家面貌。因为当时南京云锦还没有入选人类非物质文化遗产代表作名录，知名度不高。金导没说太多，另一位领导说，要看最终的镜头效果。

这时，主持人赵忠祥从外面进来。他说，协调就是美，我认为开场这四件红色云锦服装，效果很好。他的这句话把春晚主持人选用南京云锦服饰给定下来了。南京云锦服饰能上 2003 年的春晚，还真要谢谢在那个年代说话很有分量的赵忠祥老师。

1 月 26 日，时间更紧了，幸好有张主任在协调南京、北京等各方面的工作。我人在北京指挥，修改在南京的公司进行。修改完成后，市政府派人来拿，送到南京站，由南京铁路局的列车员带上车；到了北京，由南京驻京办的司机去火车站站台上取；然后交给我，我再送到春晚主持人手中。就这样，时间不误、件数不少。

⑧大年二十九定下了

1 月 28 日，我在春晚录播现场，等台里最后的消息。一直等到 30 日，才接到导演金越正式的电话通知，年三十春晚开场全部用红色云锦礼服。这才有了 1 月 31 日现场直播时，朱军、倪萍、周涛、李咏四位主持人开场穿的全部都是红底妆花云锦服饰；中场时，主持人李咏穿了；零点时，除主持人倪萍没穿，其他三位主持人都穿了云锦礼服。

中央电视台最后字幕打的鸣谢单位是南京市人民政府、南京云锦研究所，服装设计汪萍。

春晚主持人在开场全部穿上统一定制的云锦礼服，这在央视春晚是唯一的一次。当时央视的《新闻联播》和《新闻 30 分》、各大主流媒体、《扬子晚报》等媒体头条及专业媒体《中国服饰导报》都做了采访报道。

特别感谢所有参与支持帮助的各级领导和社会各界的朋友们。

许慧玲
以情为云锦代言的女市长

许慧玲，1952 年出生，南京市委原常委、市人民政府原副市长。2002 年 6 月，南京市政府正式下文成立“南京云锦申报人类非物质文化遗产工作领导小组”，许市长任副组长，为推广南京云锦做了大量的工作。不论是在国外、国内等各种场合，每次都身穿云锦服装亮相，每次大会发言中都会不失时机地向中外文化官员、学者介绍南京市政府在保护、宣传南京云锦上所做的努力。

口 述 人：许慧玲

采访时间：2019 年 6 月 10 日 10：00

采访地点：南京晨光 1865 创意产业园江苏省文化创意成果展示中心承创空间

问：您担任“申遗领导工作小组”副组长期间，为南京云锦的宣传造势做了哪些工作？

答：2002 年 6 月，南京市政府正式成立了“南京云锦申报人类非物质文化遗产工作领导小组”，由市长罗志军任组长、我任副组长，组员有市政府副秘书长张年安、市委宣传部副部长巨涛、市科技局副局长郑加强、市文物局副局长吴建民、市轻工产业（集团）有限公司董事长沈玉明和南京云锦研究所所长王宝林。领导小组下设办公室，沈玉明兼任主任，王宝林兼任副主任并具体抓这项工作。

6月12日，申报工作领导小组在市政府320会议室召开第一次会议。我说，南京云锦是市宝、国宝。保护和抢救南京云锦周恩来总理有明确指示，申报人类非物质文化遗产的工作有利于显现南京历史文化名城的内涵，必须加大保护和开发力度，领导小组对申报工作必须抓紧、抓好。

① 2003年7月，赴法国巴黎参加第27届世界遗产大会

2003年7月，我代表南京随中国代表团去法国巴黎参加第27届世界遗产大会。一下飞机，我就去找中国驻法国大使吴建民，他是我们南京老乡，任法国大使四年期满离任了，飞机票已买好，准备第二天回北京向外交部复命。我说，吴大使，你的机票无论如何要改签推迟一星期，我刚到这里，其他国家的外交使节们不了解南京，不了解明孝陵，你一定要帮帮我做做外交使节们的工作。他人真不错，立即改签了机票，并帮助我一家家拜会各国外交使节。

为了明孝陵申遗，同时也做了好多云锦宣传画册等资料，全部摆放在大会的进口处，各国使节们都可以拿到，我就穿着云锦的服装站在那里做宣传，各国使节和联合国的官员们都很好奇，围着我，连声称赞我漂亮的云锦服装，想用手摸一下又不敢，害怕弄坏了。从那时起，各国外交使节对南京云锦有了良好的印象。

后来，在历史文化名城市长论坛上我也是穿着云锦服装，很多国外的女市长和市长夫人就围着我问，这身漂亮的衣服在哪买的、多少钱，她们都对云锦很感兴趣。在招商引资、接待外宾的工作中，我都推荐或陪同客人去参观南京云锦博物馆，例如世界半导体之父张忠谋和助理、美国纽约州原州长朗地·丹尼尔斯等，从而扩大了南京云锦的对外影响力，让它不仅有社会效益，还能提升经济效益。

② 2003年10月，在金陵饭店召开南京云锦（保护）国际研讨会

2002年12月8日～11日，在北京召开了“人类口头和非物质遗产抢救与保护国际学术研讨会”。这个会议有联合国教科文组织的官员、评选人类口头和非物质文

化遗产代表作的国际评委以及中国的相关专家、学者参加，邀请我和王宝林参加了会议，给了南京15分钟的发言机会。在会上，我做了“抢救和保护人类优秀文化遗产，促进现代文明和城市可持续发展”的发言，介绍了南京云锦的历史、现状、价值和它的唯一性，还有南京市为抢救、保护、发展南京云锦所采取的各项措施以及取得的成效，展示了集南京云锦妆花工艺于一身的“古代文官补”挂轴。参会代表一致给予了好评，反响很热烈。

2002年12月9日，在北京国际饭店，我会见并邀请了联合国教科文组织驻北京办事处代表青岛泰之先生和文化项目官员埃德蒙·木卡拉先生。在会谈时，他们建议，为了加快南京云锦项目的申报进度，明年可择日邀请联合国教科文组织的相关官员，世界各国的相关专家，文化部，中国驻联合国教科文组织委员会，国内外有影响的丝绸、织锦方面的相关学者等，在南京召开一个“南京云锦国际研讨会”。这个会议将列入联合国教科文组织明年的工作议程，这样不仅能加快申报进度，而且能让世界了解南京云锦，是让南京云锦走向世界的一次机会。

2003年4月，我在市政府会议室主持召开了第四次申遗领导小组会议，决定当年的10月上旬召开“南京云锦（保护）国际研讨会”。

2003年10月9～11日，我代表市里拨付了专项资金，抽调南京市有关部门的力量，在南京金陵饭店举办了“南京云锦（保护）国际研讨会”。在10月9日上午9：00的开幕式上，有世界纺织协会会长和来自日本、韩国、泰国、美国、法国、德国、意大利、澳大利亚等十多个国家的分会长、纺织专家、学者等60多人，他们都是通过江苏苏豪集团总经理沙卫平请来的。还有联合国教科文组织驻北京办事处文化项目代表及北京、上海、南京、杭州、成都、苏州、台湾等地的知名纺织专家共70多人参加了会议。

我致了开幕词，联合国教科文组织驻北京办事处文化项目代表木卡拉、文化部对外文化联络局副局长孙加木、南京大学教授蒋赞初等在开幕式上做了发言。

会议期间，有来自联合国教科文组织，文化部、教育部以及美国、法国、澳大利亚等10个国家的专家、学者，他们围绕南京云锦的织造技艺、南京云锦的保护机制和运作方式、南京云锦的继承与创新等问题展开研讨。

2003 年 10 月，南京市政府在南京金陵饭店举办南京云锦（保护）国际研讨会
（南京云锦研究所供图）

那次会议确定了“南京云锦织造技艺”在世界丝绸领域中至高无上的地位，至今没有一个国家或地区能用这么一个大型的木机织出如此精美的织物，完全有资格申报人类非物质文化遗产代表作名录。

南京市文化局的领导动员全局人员为这次大会服务，解决了许多具体问题如人员接待、组织安排等，使大会取得了圆满成功。

③ 2004 年 6 月，赴苏州参加第 28 届世界遗产委员会大会

2004 年 6 月 28 日 ~ 7 月 4 日，第 28 届世界遗产委员会大会在苏州市召开，我专门和苏州市长协商，把南京云锦的展台放在了大会展览厅的醒目位置。在陪同国务委员、国务院党组成员陈至立和国家各部委领导、联合国专家参观时，我亲自向他们做了南京云锦历史和现状的介绍。我穿着云锦服装，双手拎着沉沉的南京云锦申报文本和云锦面料，上台交给了联合国科教文组织总干事松浦晃一郎。

④ 2006 年 9 月，在南京大学召开“保护人类非物质文化遗产之传统手工艺国际研讨会”

2006 年 9 月，为推动南京云锦项目申报人类非物质文化遗产名录的进程，在南京大学召开了“保护人类非物质文化遗产之传统手工艺国际研讨会”。中国联合国教

科文组织全国委员会秘书长田小刚、中国艺术研究院副院长张庆善等为南京云锦项目申遗的关键人物都在会场上露了面，我也是身穿南京云锦服装出现在专家学者面前。我在大会发言中向中外文化官员、学者介绍了南京市政府在保护、宣传南京云锦上所做的努力。

问：在南京云锦项目三次申遗的过程中，市政府为所里还做了哪些方面的工作？

答：2002年和2004年，南京云锦项目两次向联合国教科文组织申报人类非物质文化遗产名录都没有获得成功。2008年，第三次申报工作再次启动。南京市委、市政府高度重视南京云锦项目的三度申遗工作，力争2009年南京云锦项目申遗成功。在南京云锦项目申遗的过程中，南京云锦研究所面临着重新编制申报文本、拍摄宣传录像片、南京云锦博物馆内外部环境改造以及绿化园林配套等工作，我们政府在资金投入、规划设计等方面给予了大力支持与协调配合。

2019年6月，许慧玲（左二）与大家一起座谈申遗往事　（宋耀生摄）

在南京云锦研究所二期扩展工程进行期间，我协调市政府有关部门做了大量工作，让侵华日军南京大屠杀遇难同胞纪念馆的参观者从后门出去后方便直奔南京云锦研究所参观。

在南京云锦项目申遗的过程中，我只是做了我力所能及的事情，这个功劳其实都是大家共同努力的结果，还有各位传承人老师、各位专家对南京文化事业的发展做出的贡献。希望今后南京云锦的保护工作能越做越好。

王宝林

云锦掌门人的坚韧跋涉

王宝林，1949 年出生，南京云锦研究所原所长。从 20 世纪 90 年代初至退休前的 27 年间，他都是作为南京云锦的掌门人与南京云锦研究所相伴而行的。1996 年，他临危受命，勇挑重担，主持南京云锦研究所工作，带领全所员工一路携手，同心同行，先后三次开展南京云锦项目申遗工作。终于在 2009 年 9 月南京云锦成功入选人类非物质文化遗产代表作名录。

口 述 人：王宝林

采访时间：2022 年 6 月 27 日 15：00

采访地点：南京晨光 1865 创意产业园江苏省文化创意成果展示中心承创空间

问：20 世纪 90 年代初，您第一次到所里看到的是一种什么样的现状？

答：1991 年初，我在南京市工艺美术总公司开发处当书记。3 月 5 日，我随总公司的接收团队来到了南京云锦研究所。我至今都记得第一次到所里，放眼十亩地，有两栋楼，前一栋五层楼，后一栋四层楼，还有几间平房，车棚都是石棉瓦的，厕所就

［清］红地凤莲妆花缎　　（南京云锦研究所供图）

是过去农村常见的蹲坑，其他地方就是菜地，荒凉无比。所里的大门，被两边的民房夹着，一般第一次来所里办事的人一不小心都会走过了。

1996 年，南京云锦研究所所长张开诚找我谈话，让我主持所里的工作，希望我上任后能增加所里的销售额。我是政工干部，没做过销售，能不能把所里的经济效益搞上去，我心里没底。但我感到云锦的历史厚重，经历了那么多朝代的更迭，都没有消亡，说明它有顽强的生命力，传统工艺不能在我们这代人手里消失啊。记得当时开会时，我说，担这个担子，我何德何能啊，大家信任我，我就试试看吧。给我三年时间，我先把这个庙保住，才能把和尚留住。所里的职工只有二三十人，文化程度普遍不高，但他们对单位很有感情，钱拿多拿少都不太计较。接手后，我首先感到南京云锦知名度不够，于是我开始游说媒体，告诉他们云锦是南京人的骄傲，媒体人应该为云锦做点贡献。后来中央、省、市各级媒体来拍片子、写新闻报道，所里都没给过费用，就是招待一顿饭，这么些年还真是感谢国家各级政府和媒体的支持。

我在南京云锦研究所当了 27 年的所长，能当这么长时间，现在想想都是因为穷啊。记得 1996 年左右，我经常和后来的副所长张玉英一起骑着自行车到市里的单位一家家做宣传，跑销售。记得有年冬天南京下着雪，我在路上骑自行车不小心摔下来了，爬起来拍拍屁股继续骑。后来经济条件改善后又买了一辆助力车接着跑。当时市工美总公司的领导们没有人愿意来接这个摊子。之前我在市工美工作时，待遇很不错的，每月能拿到 300 多元工资；到了所里上班，每月只能拿到 100 多元工资，因为要同工同酬，辛苦不说，工资还降了。所以后来与我一起从市工美来的接收团队的中层干部们都回去了，只有我坚持留了下来。

问：南京云锦研究所建立后，得到过国家哪些领导的关心与支持？

答：从 20 世纪 50 年代至今，南京云锦事业一直受到中央及地方各级领导的关心、爱护、支持。

早在 1968 年，时任江苏省革命委员会副主任彭冲就严正指出：“谁要搞掉南京云锦，谁就是历史的罪人。”就是因为这句话，后来所里的主要业务骨干虽然下放到农村去接受再教育了，但20世纪50年代收集整理的珍贵资料保存了下来。要知道，在当时一个吉祥图案都要破四旧，不要说那么多的皇家图案了。

后来，任全国人大常委会副委员长的彭冲退出领导岗位后，仍然关心南京云锦。他一有机会见到南京的领导就说："你们一定要跟领导讲，谁当南京市委书记，谁首先要抓云锦。这才是南京的特色，抓其他的千城一面，抓这个全中国没有城市能跟南京比。"

英国剑桥大学中国科技史专家李约瑟博士主编的《中国科学技术史》，是一部享有盛誉的著作。1986年，在他86岁高龄时，特派助手德国柏林大学教授迪特·库恩博士几次来到南京云锦研究所。在仔细了解了南京云锦的历史渊源、生产过程及艺术价值后，库恩本人执笔将南京云锦写进了《中国科学技术史》第五卷第九分册"纺织技术"章节中。

1988年9月12日，国家主席李先念在北京家中观看了南京云锦复织的明万历皇帝的龙袍匹料，听取了汪印然所长的工作汇报后，勉励研究所务必要把南京云锦织造技艺发扬光大。

我记得第一个到我们所里来视察工作的中央领导是中央政治局常委宋平，时间是1998年4月。

1998年7月，全国人大常委会委员长李鹏到全国各地视察工作，第一站就来到了南京云锦研究所。市里的领导通知了南京市二轻局，韩仁超局长说，研究所破破烂烂的，有什么看头啊。当时所里的状况讲起来真是辛酸啊，如果有领导要来所里开座谈会，需要的桌子、凳子、椅子都没有啊。韩局长还是帮所里从南京木器厂借来了条桌和折叠椅，说好用完后就还给他们。没有会议室，就在展厅里开会。电梯是坏的，只得走楼梯到四楼，地下的地砖有的破损，有的缺失。李鹏委员长来了一看，说这就是南京云锦研究所啊。再一问云锦的价格，说北京首都机场一号航站楼改造时墙面的那个瓷画比这个简单多了，都是天价，这一卷匹料价格太便宜了，这还得了，一定要关心啊。走之前，李鹏委员长给所里题词："保护传统工艺，开发南京云锦。"

1999年3月19日，全国人大常委会副委员长、知名学者费孝通参观南京云锦研究所时题词："南京云锦，中华国宝。"

1999年6月29日，中共中央政治局委员、中国社会科学院院长李铁映视察南京云锦研究所时，题写了“绝艺”二字。

后来时任南京市市长王宏民感到所里太困难了，就给所里批了10万块钱改造环境。那时，政府是把所里当扶贫对象的。

2000年南京云锦研究所修建的牌坊

（南京云锦研究所供图）

2000年，所里大门口的牌坊建好了，哎，很神奇，之后所里就慢慢地走出困境了。陆续拿到了一个个牌子，如国家工商总局给发的中国驰名商标，国家质检总局发的国家地理标志产品，商务部给的中华老字号，文化部发的国家非物质文化遗产传承保护基地、国家文化产业示范基地、全国爱国主义教育基地，国家标准委发的南京云锦国家标准委员会。

问：能谈谈南京云锦项目8年申遗的前后经历吗？

答：早在1996年时，我就感到南京云锦是个宝，想申报个什么遗产，但我概念很模糊，说不清。于是我就向市里的专家们提出了这个想法，专家们都告诉我，遗产只有遗址类项目才能申报。这个想法暂时就搁置了。

一直到2001年9月9日，我跟随南京市人大常委会副主任张连发到北京港澳中心召开“保护南京云锦”的咨询会，主要是关于筹建江宁织造府（南京云锦博物馆）的想法，希望能得到专家们的支持，同时想找到南京云锦发展的方向。开会时，来了全国的古建保护、文物保护、红学、清史、故宫等方面的知名专家，有中国科学院、中国工程院双院士吴良镛，国家历史文化名城保护专家委员会副主任郑孝燮，国家文物局古建筑专家组组长罗哲文，清华大学教授、博导周干峙，中国文物学会名誉会长谢辰生，中央工艺美术学院教授、沈从文的弟子黄能馥，北京社会科学院满学研究所的阎崇年等15位高级专家。会上讨论后，谢辰生宣读时改原题为“关于抢救‘中华一绝’建立中国南京云锦博物馆的汇报与建议”，专家们一致赞同并签字，之后将其上报给国务院总理朱镕基。

专家们在现场听我介绍了南京云锦的历史和现状后，郑孝燮先生当即提议，你们可以申报人类口头和非物质遗产代表作（后来改为人类非物质文化遗产代表作）。早在20世纪70年代末，郑孝燮就曾力挽狂澜，“留住”了北京德胜门箭楼。如今，德胜门箭楼成了北京古代钱币博物馆的一部分。1985年在全国政协会议上，他与侯仁之、罗哲文等专家联名提交政协提案，呼吁中国加入世界遗产公约。经过30多年的努力，如今，中国已经成为拥有世界遗产最多的国家之一了。2005年7月，也是他与吴良镛，中国建筑设计研究院建筑历史研究所研究员、中国工程院院士傅熹年等专家学者联名致信国家主要领导，倡议我国设立“文化遗产日”。2005年12月，国务院决定从2006年起，

2001年9月9日，南京市人大常委会副主任张连发（右五）在北京港澳中心主持“保护南京云锦”咨询会

（南京云锦研究所供图）

每年6月的第二个星期六为我国“文化遗产日”。如今每年的“文化遗产日”已经成为亿万民众共同的文化节日了。

问：回南京后，为了南京云锦项目申遗，您开展了哪些工作？

答：我听了郑孝燮先生的建议后，很受启发。回南京后，2001年10月就召集市里的专家、所里的中层干部开会商量，最后决定正式开展“南京云锦木机妆花手工织造技艺”（成功后联合国教科文组织下发的牌子名称是“南京云锦织造技艺”）申报人类非遗代表作名录工作。

但我不知道该怎么申报，于是张连发副主任带着我找到了文化部对外文化联络局国际处。这才找到了负责与联合国教科文组织对接的申报机构，才搞清了是文化部下属的中国艺术研究院在具体操作全国申报非遗名录的工作。就这样拿到了申报要求、申报书等相关申报材料。拿到手后一看，我就蒙了，什么文化空间、相关的社会群体、遗产保护等概念，还要与国际上其他国家的织锦进行横向比较，这怎么填呀。

当时在中国丝绸行业有“北有黄能馥，南有高汉玉”一说。我决定先去拜访国家丝绸专家上海纺织科研院高级工程师高汉玉，是他提出来南京云锦织与不织、提与不提的二进制观点的。我请他表述对南京云锦的评价，还有织造技艺与国际丝织同行的对比，这也是他多年的研究成果。

2002年五一期间，我去上海他的家拜访时，准备拿到申报文本后当天就回南京的，去了后才知道他得了食管癌，吃一顿饭要花两三个小时，每天只能在吃中饭那一刻才能写点东西。就这样，我在上海他家附近找了个酒店，住了半个多月，终于拿到了第一稿申报文本。

后来张连发副主任又牵头把南京文物方面的专家集中起来，对文稿逐字逐句进行推敲。文本中每个专栏字数需控制在500字的范围之内，核心内容要高度精练，才能表达准确。文本第一稿出来后又去北京找专家论证。

接着还要拍申报片。根据申报材料的要求，时任文化部外联局副局长蒲通（具体分管人类非遗项目申报工作）指示“申报资料录像带要请高手拍摄”。我们江苏省台、南京市台都没经验，没拍过。最后决定找中央电视台四套科教节目制作中心、北京科教电影制片厂联合拍摄，他们曾给所里拍过宣传片。那年我与时任南京市文物局副局长韩品峥、文物专家曹敦沐在北京与摄制组沟通，需分别拍摄2小时、45分钟、10分钟的云锦资料片、申报片等。特别是给专家看的10分钟的云锦申报片要求很高，在时间上如超过10秒这部申报片就作废了，台本要求与主持人话外音和画面要高度一致，保证视频的流畅度，最后定名为“中华奇绝——南京云锦”。之后还要翻译成英、法两国语言进行配音，成片要在2002年6月26日前完成。这些要求全部打包给中央电视台四套科教节目制作中心和北京科教电影制片厂，谈好了价格30万元。那年所里为了筹集这笔资金，员工工资推迟了16天才发，一直到2002年年底才陆续把拖欠的员工工资还清。所里员工没人有怨言，这件事让我感到非常温暖。

经过8个多月的努力，我和所里的庄国华副所长，还有市里的相关领导、专家们六上北京、三赴上海、两下苏杭才完成了第一次申报任务。联合国教科文组织规定，申报国必须在2003年6月30日前提交所有申报材料。

2003年6月28日上午10点，我带着庄所把南京云锦项目中、英、法三国语言的申报片和中、英两国语言的申报书等所有材料全部递交给了文化部外联局。

2003年11月，文化部外联局通知所里，项目落选了。当时我真是有点想不通。蒲通局长慢声细语地对我说，去年申遗，全世界共有100个国家的城市提出申请，其中仅中国就有北京、西藏、四川成都等28个城市提出申请，竞争十分激烈，不是你们工作做得不好。不要灰心，继续努力！后来他调到驻法国大使馆任参赞，所里赴法国联合国教科文组织总部办展时他还自己花钱请所里人吃饭。

现在回想第一次申遗项目落选的原因，感到的确有所里实力不够的因素，文本的修改和翻译、资料片的拍摄等等这些大量的申报技术方面的专业文案工作，所里没有相配套的人才。后来的两次申报工作是中国艺术研究院承担了国家申报项目文本的修改和翻译等专业文案工作。

2004年初，所里又开展了第二次申报工作。同时，展厅一直在不断地投入改造。在故宫博物院专家的指导下，在南京市委、市政府、市文化局以及市轻工产业集团的关心、支持下，本着少花钱多办事、办好事的原则，自己设计、自己施工，场馆的改造得到了故宫博物院专家的赞许。

2004年4月30日，我赶到镇江拜见了中央政治局常委、国务院副总理吴邦国，汇报了南京云锦项目申遗工作的进展情况，并呈上了申报文本。吴副总理当即表示，对南京云锦项目申遗工作予以支持。后又来所里参观、了解情况后，说等他回到北京以后，让所里写封信给他。他走后，所里给他写了封信，他转给了时任文化部部长孙家正。

在市里领导的帮助下，所里还做了大量的对外宣传工作。2004年6月28日，在苏州召开了联合国教科文组织第28届世界遗产大会，来自100多个国家和地区的500多位代表参加了这次大会，使这次大会成为有史以来会议规模最大，参会国家和人数、讨论议题最多，会期最长的一届大会。南京市副市长许慧玲作为正式代表参加了这次大会，她还和联合国教科文组织总干事松浦晃一郎进行了交谈，并呈递了南京云锦项目申报书的英文文本和申报片光盘。所里被列入了大会参展邀请名单。

2004年7月7日，第28届世界遗产大会闭幕当天，联合国教科文组织国际古迹遗址理事会总协调员尤嘎先生及夫人接受了许慧玲副市长的邀请，中午就从苏州赶到了南京。下午4时，尤嘎先生一行在许慧玲副市长的陪同下来到所里，许市长亲自向尤嘎先生介绍了南京云锦的历史、技艺及保护、传承的情况。尤嘎先生一行很有兴致地参观了南京云锦织造技艺、作品及服饰表演。尤嘎先生及夫人对云锦服饰爱不释手，并当场试穿、定做。尤嘎先生还在支持南京云锦项目申报人类非物质文化遗产代表作名录的大红横幅上签了自己的名字，表示对南京云锦项目申遗工作的大力支持。

2005年11月，所里接到文化部通知，南京云锦项目第二次申遗又落选了。

2005年12月13～16日，亚太地区文化中心与联合国教科文组织在泰国曼谷举办了“亚洲非物质文化遗产的保护与分录分类论坛”会议，共有14个国家派出的政府官员、专家、学者参加了这次盛会。文化部派出了外联局国际处的张敏、陈飞龙和我三人为代表团参加了这次会议。

会上，我把南京云锦项目中、英文申报文本及DVD光盘，真金团龙、文一品官补和生肖领带产品，还有许慧玲副市长主编的《南京云锦（保护）国际研讨会汇编》，整齐地摆放在中国国旗旁的陈列台上，并向每个国家的代表分送了南京云锦宣传册和南京云锦宣传片光盘。

每个国家只有30分钟的大会发言时间。14日下午3点18分，张敏代表中国政府，就近几年在保护非物质文化遗产方面所做的工作向大会作了汇报，并介绍南京云锦是中国政府向联合国教科文组织申报的第二批、第三批预备清单中的项目，之后将南京云锦项目申报片在大会上播放，这一播立即引起与会者的极大关注。张敏接着介绍，中国展台上陈列的就是南京云锦。大会休息期间，许多代表都围在南京云锦展台前。加拿大代表玛·诺拉女士看后，惊叹道："太不可思议了！"泰国代表陶云龙说："云锦太好了！"

2005年12月29日上午，我和南京市政府办公厅教育文卫处处长朱长会陪同许慧玲副市长去北京拜会了文化部部长孙家正、文化部外联局局长蒲通及外联局国际处的人员，对他们为南京云锦项目申遗工作所给予的支持和帮助表示衷心的感谢，并诚邀他们有机会去南京考察。

2006年2月2日，我赴扬州拜见了国务院副总理回良玉，汇报了南京云锦申报人类非物质文化遗产代表作的情况，还赠送了中文申报文本，并恳请回副总理给予关心和支持。回副总理十分支持，他又帮我们联系了文化部。尽管所里竭尽全力比拼，先后两次列入候选名单，但总是失之交臂。

2007年9月，我顶住压力，继续开展第三次南京云锦项目申遗工作。当时国内业内一些专家和领导希望"南京云锦织造技艺"与"中国蚕桑丝织技艺"两个项目一起打包申报。苏州宋锦专家钱小平在国内织锦业是很有影响力的，她还是第九届、第十届全国人大代表。她说，如果南京云锦项目申遗成功了，宋锦怎么办？我就把南京云锦与国内其他织锦的历史地位、文化底蕴、技艺及功能等的异同整理成文，同时挨个拜访知晓的、可能想到的专家和领导，当面阐述，以取得他们的支持和理解。在南京云锦项目申报的关键时候，是时任文化部副部长王文章（兼任中国艺术研究院院长）在院专家会上提出了支持南京云锦项目独立申报的主导意见，并做了专家们的思想工

2007 年南京云锦研究所修建的牌坊，一直沿用至今　（南京云锦研究所供图）

作，而且明确南京云锦项目申报的文本中不提蚕桑丝织技艺，“中国蚕桑丝织技艺”项目申报书中也不提南京云锦织造技艺，这样就解决了南京云锦项目独立申报的问题。

2009 年 9 月 30 日，在阿联酋首都阿布扎比召开的联合国教科文组织保护非物质文化遗产政府间委员会大会上，“南京云锦织造技艺”终于被列入人类非物质文化遗产代表作名录。

问：当第一时间得知南京云锦项目申遗成功的消息时，您是什么样的心情呢？

答：2009 年 9 月 30 日那天晚上 6 点 45 分左右，我正在吃晚饭，接到副所长张玉英打来的电话。她告诉我，文化部外联局国际处副处长杨治（后任中国驻澳大利亚大使馆公使衔文化参赞）打电话告诉她，南京云锦项目申遗成功了。我听到这个好消息后，心情反而出奇地平静。因为申报时间拉得太长了，人的兴奋度没那么大了。我觉得这个好消息来晚了，八年期间申报了三次，每次都是在最后一刻才知道成功与否。所以市里就有领导说我总在忽悠他们，每次都说有希望，都没成。我也很无奈。这次终于成功了，我真是感到我尽力了，我问心无愧了。

南京云锦项目申遗难，但遗产的保护、传承、发展更难。申遗的成功，离不开国家、各级政府、专家、所里每个人的共同努力。南京云锦项目申遗的成功，不是南京云锦项目保护工作的终点，而是新的起点。我们的目标是将传承人手握的珍贵“南京云锦织造技艺”融入现代生活，通过创造性转化、创新性发展，使中华优秀传统文化以更加多元化的方式呈现在大众面前，让南京人民因拥有如此优秀的中华传统文化而自豪。

云锦作品《花开富贵》 （南京云锦研究所供图）

张玉英
平凡又荣耀的云锦人生

张玉英，1959年出生，南京云锦研究所原副所长。1979年，她开启了自己的云锦人生。1999年她担任南京云锦研究所副所长，2015年卸任。她分管销售、展馆、丝织文物复织的同时还兼管生产。从最初完成30多万销售额升至上百万，从上百万升至上千万，从上千万最高达六千七百万。她积极配合王宝林所长开展所里的各项工作，发挥了副职的作用，寻找并抓住各种机会宣传南京云锦。

口 述 人：张玉英

采访时间：2020年1月10日9：30

采访地点：南京晨光1865创意产业园江苏省文化创意成果展示中心承创空间

问：1999年，您担任了南京云锦研究所副所长，负责销售与博物馆的展示工作，为所里创了怎样的业绩？

答：1994年，南京云锦研究所销售额只有十几万，去掉成本，工人工资都不够发。1995年底，所里把科研大楼二楼的云锦陈列馆租给了外面的旅行社，每年有5万块钱

青年时的张玉英正在挑花　　（受访者供图）

的租金收入。之前展馆每天上午9点开门，下午4点就关门了，一年下来也就几十个人来参观。

1995年我做销售部门负责人了，当年完成了30多万销售额。1996年王宝林所长主持工作了，他提出来让我当云锦陈列馆的馆长，但陈列馆全部员工的工资由我负责发，我硬着头皮接下来了，并亲自指导陈列馆员工如何讲解，同时我也参与到销售一线。

1999年，王宝林正式任南京云锦研究所所长，书记是杨家麒，副所长是我和金文（后来的“南京云锦织造技艺”国家级代表性传承人）。2000年，金文辞职了，还带走了部分织手和挑花工。王所要求我除了分管销售、陈列馆、丝织文物复织项目外，再兼管生产。我就在厂办公会上建议，由周双喜（后来的“南京云锦织造技艺”国家级代表性传承人）任织造车间主任，我确实也没看错人。后来，随着宣传力度的加大，需求量也在不断地增加。我与老周很容易沟通，我急需产品时，他就与职工一起加班，总是能按时完成所里交办的任务。就这样，十六年间，从完成30多万销售额上升到上百万，从上百万上升到上千万，从上千万最高达六千七百万元。

问：南京云锦第一次是怎么走出国门的？

答：2000年，江苏省人民政府外事办公室打来电话要求所里接待来自挪威广播公司的挪威籍华人郭亚湘夫妇，他们到中国拍纪录片《神奇的中国》，其中一部就是拍摄《南京云锦》纪录片。郭亚湘是华人，她的老公是挪威人。他们来时拿出了允许到中国拍摄的许可证。于是，我就负责接待并配合他们进行拍摄，那是我第一次遇到对南京云锦充满热情的外国人。他们兴奋地告诉我，从镜头里看到的云锦太棒、太美、太神奇了。中午到了饭点，我邀请他们一起吃工作餐，他们也不肯，只用随身带的巧克力和一瓶矿泉水充饥，他们对工作的认真态度让我至今记忆犹新。

几天接触下来，我们彼此的信任感增强了，郭亚湘提出要让外国人了解并喜欢南京云锦，首先得去国外办展。我实话实说，办展可以，渠道我没有，费用也拿不出，你帮我们看看国外有什么地方或机构愿意办展并且还要愿意支付办展期间人员的吃、住、行等费用的，所里就可派人去。

没想到，3 个月后，郭亚湘真从挪威打来电话，说帮所里联系好去挪威奥斯陆大学自然博物馆办展了，并且赴挪参展人员的所有费用全部由奥斯陆大学承担，还给我们派去的人员每人每天 500 元人民币的补贴。这对我来说真是意外的惊喜，在最小开支的情况下，终于有机会让外国人了解南京云锦了。

2001 年 1 月，我带着所里的相关人员来到了挪威奥斯陆大学自然博物馆办展。回想那天在开幕式现场，奥斯陆大学还邀请到当时中国驻挪威的马大使（全名忘了）。我被邀请到台上时，一看马大使还在台下坐着，我顿时浑身不自在。挪威方告诉我，没关系，在国外都是这样，你是我们请来的尊贵客人，此时此刻你就代表中国，代表南京云锦人发言，我的荣誉感油然而生。参观时，我负责给马大使一行介绍南京云锦，参观结束后，使馆有位代表对我说，你做的工作真好，我们在这国家付出了三年的努力，还不如你这次展览带来的效果好，让外国人一次了解这么多。其实我明白，展览大纲都是郭亚湘提前做好的，我是沾了南京云锦厚重的历史和文化的光了。那次出访让我和所里一行人员感触颇多。通过三个月的展览，南京云锦受到挪威人的关注和赞誉。后来挪威的王后也来看展了，待了两个多小时，把他们国家的云锦收藏品也拿来了，通过翻译告诉我们，这是早年清政府送给挪威国王的蓝地五爪龙袍，今天终于亲眼看到云锦是如何织出来的了。

展览期间，挪威奥斯陆大学的学生们排着队来参观，带去的展品销售一空。展览结束后，经所里研究，同意把展品留给奥斯陆大学自然博物馆，换成 20 多万人民币了，回国时我全部带回交给了所里用于改造所里科研大楼二楼的陈列馆。

新展厅开放不久，时任文化部外联局副局长蒲通（后任中国驻法国文化参赞）赴南京参加活动，王所带着我一起到他下榻的宾馆大厅等他，见到他时已是晚上9点30分了。我们赶紧走上前邀请他在南京期间抽空来所里参观指导。没想到他当即同意了，还决定第二天上午就到。第二天早上7点，我就赶到单位了，做好迎接他来的准备。上午八点半，蒲局长来了。参观结束后，南京云锦的价值得到了蒲局长的肯定和认可。后来八年的南京云锦项目申遗工作就这样拉开了序幕。

问：在南京云锦项目8年申遗的过程中，您积极配合王宝林所长开展了哪些工作？

答：①第一次申报借钱完成了申报片拍摄任务

2001年10月，王所从北京回来后召开中层干部会，在会上第一次正式提出来，南京云锦要向联合国教科文组织申报人类口头和非物质遗产代表作（后来改为人类非物质文化遗产代表作）。按我当时的理解，如果申报这个代表作成功了，上面就有组织给所里员工发工资了，不用我天天为生计发愁了。我可以肯定所里99%的员工都没搞清申报这个代表作干什么、有什么用，就因为王所说了，这对南京云锦的发展很重要，大家就认同了。

想要申报就要按要求做。先准备中、英两国语言申报书，再拍时长2小时、45分钟和10分钟的三部中、英、法三国语言宣传片。过几天，王所在北京打电话给我，说中央电视台四套科教节目制作中心摄制组晚上就到南京，让我负责接待下。

我接到摄制组一行后，先安排他们吃晚饭。吃到快要结束时，摄制组的一位负责人说，明天我们就要开机了，你们要准备好30万费用，开机前先给17万，还有13万等任务完成后再给。我听了心一惊，要这么多钱啊。我赶快跑到外面打电话向王所汇报。王所说："钱是一定要给的，不给钱人家怎么能拍呢。"

我说："单位账上流动资金只有19万，准备给所里职工发当月工资的，怎么办？"王所长说："一定要拍，申报工作明年六月底截止。"

第二天一上班，我就召集中层干部开紧急会议，把实情告诉大家，并征求大家的意见。绝大部分中层干部都说机会难得，如果不把握好，也许所里就会错失发展良机，一定要试试。他们纷纷表示会议结束后，就去各自部门做延迟发工资的动员工作。我真没想到所里职工都同意了，我至今想起来都非常感动。我赶紧想法去讨要未结清的货款，同时又去找省、市政府部门的接待处预支购买云锦的费用。就这样16天后，在省、市相关政府部门及所里全体职工的共同努力下，不仅完成了央视摄制组的宣传片拍摄任务，还补发了职工的部分工资。

为了申遗事宜王所经常要跑北京，有时一去二十多天，所里的接待、生产、销售等各方面的工作担子都压在了我的肩上。2003年11月，文化部外联局通知所里云锦项目落选了，我在安慰员工的同时也在安慰自己，所里是尽力了，但离申报成功看来还有不小的差距呀，绝不能半途而废，只有继续向前走。只是没想到，这条路一走就是八年。

②无条件地配合所里开展第二次、第三次南京云锦项目申遗工作

第一次申报虽然落选了，但还是为后面继续申报积累了经验。在后来的七年间，我经常代表所里到全国各地参加展览活动，想方设法地提高南京云锦的知晓度。我经常赴北京出差，平时所里日常的工作还不能放松。于是我就常买周四晚上赴北京的火车（K66次硬卧），周五早上八点到，先去相关部门办事；周六拜见田青（著名音乐学家，中国艺术研究院研究员、博导，国家非物质文化遗产保护工作专家委员会委员）、常沙娜（“敦煌守护神”常书鸿的女儿，中央工艺美术学院原院长）、刘魁立（中国社会科学院原荣誉学部委员、国家非物质文化遗产保护工作专家委员会原副主任委员）、乌炳安（中国民俗学会原名誉理事长、国家非物质文化遗产保护工作专家委员会原副主任委员）等非物质文化遗产相关的专家学者，汇报所里的工作进展情况，争取他们的认可、推荐，这方面的工作所里在第一次申报时没来得及做。我周日就赶回南京，周一正常上班。这还不够，申遗工作还要能得到国家、省、市各级领导的支持，于是我想方设法地让省、市有关部门将接待国家领导的任务交给所里。在我持之以恒地努力下，国家领导人李鹏、吴邦国、回良玉等都到过所里参观、视察，并为所里题字、签名、合影。接着又通过中国驻联合国教科文组织办事处负责人，邀请国外相关专家来所里参观调研。除向他们汇报工作外，还陪同他们参观明城墙、乘游船游秦淮河、品秦淮小吃等，让他们同时也了解南京是个有文化底蕴的城市。

2003年10月，南京市人民政府准备在金陵饭店举办“南京云锦（保护）国际研讨会”。所里也拿不出太多的资金，只有两个月时间，拿什么产品出来宣传才能代表南京云锦呢？王所赶紧召集所里的中层干部开会集思广益，最后商量的结果是要拿出100幅文一品官补仙鹤图。这100幅作品要体现云锦中最具代表性的三妆，妆金（真金线）、妆彩（色彩明艳）、妆孔雀羽（孔雀羽线）。可这幅作品云锦花本只有一件了，于是我赶紧安排员工连夜加班倒花，多倒出花本才能让多架织机同时织造。大家加班加点终于完成了。研讨会结束后，很多中外媒体记者都对南京云锦表示了极大的关注。

2004年初，所里开始第二次南京云锦项目申遗工作。2005年11月，接到文化部通知，云锦项目又落选了。这时所里有些人开始有些牢骚怪话了，我就鼓舞员工说：“我们不能放弃任何一次申遗的机会，也不要放弃任何一次展示的机会，申遗的过程也是保护云锦的过程，就算再苦我们也要坚持下去！”

2007年9月，王所坚持继续开展第三次南京云锦项目申遗工作，因有过两次项目申遗的经验教训了，所里也越来越自信了。为了扩大宣传，我积极配合所里贷款1600万把隔壁的刷子厂买下来了，把牌坊重做了，把博物馆的外墙再次进行了改造，用生铁铸造成横竖交织的网格状，寓意“通经断纬”，很有气势。大门的右边是江泽民同志的题字“南京云锦研究所”。

2009年9月30日晚上6点45分，我收到了从北京传来的振奋人心的消息，南京云锦项目申遗成功了。我第一时间告诉了王所。

问：在宣传工作方面做过哪些出彩的事情？

答：①为海峡两岸的交流添彩

2005年4月26日，中国国民党主席连战携夫人连方瑀女士到大陆访问，第一站是南京。南京云锦真金团龙被作为礼品赠送给连战先生。

当天晚上9点15分，我接到南京市政府接待处处长的电话，让我马上去金陵饭店为连战夫人量尺寸，连夜赶制云锦旗袍。第二天上午市里领导会见连战夫妇时将赠送给连战夫人。

我放下电话就赶到所里去找面料。路上，我打电话给加工部负责人和蒋庆祝、周翠玲师傅，请他们马上到所里，做好连夜加班的准备工作。随即我们赶到金陵饭店连战夫妇居住的房间。

连方瑀女士从里屋走了出来，我目测她身高有1.7米。她一听我们是市政府安排来给她量尺寸定做云锦旗袍的，很开心。蒋师傅负责量尺寸，我介绍云锦面料。我把料子一匹一匹展开给她看效果，让她选。选好旗袍的料子，她还看上了一段黄色牡丹花图案的匹料，想做件上装。我马上请蒋师傅再量件上衣尺寸。

这时候，连战先生从里屋出来了，这是我第一次面对面见到他，心里还是很激动的。

助理介绍我是南京云锦博物馆馆长，是给夫人量尺寸做云锦旗袍的。在谈话中，连战先生主动提到过去江宁织造局就是织云锦的，一下子拉近了我们谈话的距离。他说，他的祖父连雅堂（连横，字雅堂）先生在写《台湾通史》中介绍过江宁织造局的云锦。

离开房间后，我见到国台办的负责人就立即汇报说，连方瑀女士看到云锦面料很喜欢，还想再做件上衣。领导说就按她的要求办。

等我离开金陵饭店时，已是夜间11点20分了。回到所里，我把连夜加班的任务布置妥当后才回家，到家时已是夜里2点多了。

早上7点，我就到了所里。上午8点半，市里派人来所里取走了云锦上装。我后来看报纸才知道4月27日上午，市有关领导会见连战和夫人连方瑀时，送给连方瑀女士的礼品是一件明黄色的云锦服饰上装。当打开锦盒，连方瑀女士看到这件富丽堂皇的上装时，兴奋地说：“太美了！”

下午5点，我带蒋师傅再次来到金陵饭店请

2005年，连战夫人连方瑀女士身着定制的两款云锦服饰

（南京云锦研究所供图）

连战夫人试穿蓝底云锦旗袍。她试完当即就说，我儿子结婚时我一定要穿它。2007年2月，香港《大公报》的记者找到我要采访我，因连方瑀女士在长子连胜文大婚时，穿的那件蓝底云锦旗袍成了媒体捕捉的焦点。后来，连方瑀女士通过市台办转送了我一本她出的新书《半世记的相逢——两岸和平之旅》，这本书的封面图片就是她身着黄底牡丹云锦上装。她在书中深情地说，这两件衣服将会是我今后最珍贵的两件服装。

后来我有机会看到了连战的祖父雅堂先生的《台湾通史》。这本书中许多处提到了南京云锦，特别记录了在清朝末年，南京云锦在台湾的兴盛情况。原来在清代，江宁织造局有个南京人蔡某，因战乱跑到台湾去了，传过一段时间的织造技艺。

②美国国务卿希拉里穿上云锦服饰

2012年，我去北京出差拜访外交部的一位司长，司长说美国国务卿的希拉里要来中国访问，想送点有特色的礼品，我就提出了用云锦做件上装的建议，司长上报后同意了。我赶回南京向王所汇报，待他同意后，召集人员赶制成功了。

不久，外交部的领导告诉我，希拉里要到上海参加活动，要我带上服装找机会给她试衣。我当天下午就赶到了上海，等了两个小时都没有找到机会试衣。领导又叫我两天后到北京去试衣。我当天晚上赶回南京，买了第二天去北京的火车票。到了北京，我赶到外交部，在晚宴前把上装交给了希拉里的助理，终于让她在参加晚宴时穿上了宝蓝色的云锦上装。我这才安心地回南京了。

③与南京五届世界历史文化名城博览会的机缘

2004年2月，我听说南京要举办首届世界历史文化名城博览会，觉得宣传云锦的好机会来了。第二天我就带上云锦牡丹镜框的礼品样品赶到了市委宣传部，部长王燕文打开样品后眼前一亮，图案是九朵大小不同、色彩不同的牡丹花，牡丹象征富贵，在古代九代表大，寓意又好。王部长同意了，要我准备好300个云锦牡丹镜框作为伴手礼。

王部长又说，若能给每位参会的国外、国内的市长们做件云锦上装，宣传力度会更大。我想都没想就说没问题，并提出用手工面料做成不同颜色的云锦上装，因为效果更好。王部长同意了，我便赶紧回所与周双喜沟通。老周说，时间短，难度大，完成不了。我说已经在市领导面前表过态了，没有退路了，必须完成，完成不了不准回家。我要求老周再增加五台织机，人停机不停，日夜轮班，织手全部住在所里，同时确保加班的人都有加班晚餐。晚上这顿加班餐，我请我家大姐当志愿者，帮忙为织手们烧饭做菜，这一烧就是16天。

2004年4月，织造车间、加工车间每天白天、晚上连轴转。我安排了六个人分两组为市长们试衣，一组负责国外的市长们，一组负责国内的市长们，每天安排两辆车子专门来回送需修改及改好的上衣。最后一位国外市长的身材尺寸数据在开幕式前五天才拿到。开幕式的前一天晚上，我与设计师、裁剪师、缝纫工们一起通宵加班，修改好了所有的上装。5月1日早上7点，终于把最迟来的国外市长的上装送到了紫金山庄他的房间。

2004年5月1日下午，首届中国南京世界历史文化名城博览会开幕了，身穿着南京云锦上装的市长们集体亮相开幕式，成为媒体争相报道的焦点，这也为后来连续参与四届名城会打下了良好的基础。云锦扮靓了名城会，名城会也成就了云锦。

④为2014年南京青奥会助力

2007年，国际奥委会主席罗格的助理海波格到所里参观后，肯定了所里的南京云锦传承保护工作。他让翻译告诉我，一定要拥抱一下我这个云锦的守望者。临别时，

2004年，南京举办了首届世界历史文化名城博览会，21位国内外名城市长身着云锦制成的中装合影
（南京云锦研究所供图）

随行的人员告诉我，今天上午海波格先在南京其他地方参观的，到你这里是最高兴的，还提出要拥抱你，之前在别的地方参观都没有提过这样的要求。

2010 年 2 月 11 日，南京市委书记朱善璐率队，身穿云锦服装，带上云锦伴手礼，到了加拿大温哥华申办青奥会的现场，最后争取到了举办权。

2010 年，国际奥委会主席罗格来了，他是来南京考察 2014 年青奥会的准备工作进展情况的。8 月 28 日上午 9 点钟，罗格及夫人还有香港的奥委会主席霍震霆等一同来到了南京云锦博物馆。罗格看后，通过翻译感慨地表示，南京云锦织造技艺非常经典，现在了解了它典雅的技艺，对它有了新的认识。随后罗格主席主动要求与国家级代表性传承人周双喜、传承人杨建顺在织机前合影。临走时，他再次通过翻译告诉大家，这是一个美丽的地方，四年后的青奥会一定要把这里作为各国运动员参观、体验、教育的重要目的地之一。当时在场的所有人都激动地鼓起掌来。

2014 年，南京要办青奥会了。市委宣传部的领导找到我，要求我把所里的大织机放到市里为青奥会在河西奥体村搭的帐篷里。开幕式前，市委宣传部部长徐宁来检查，看到织机上正在织郭俊老师的作品《迎青奥，雄狮腾》，图案中有表现 2014 的象形字，徐部长很满意，后来把这幅作品送给了国际奥委会主席托马斯·巴赫。

2010 年 8 月 28 日，国际奥委会原主席罗格（中）来到南京云锦博物馆。参观结束后，罗格主动要求与国家级代表性传承人周双喜（右）、传承人杨建顺（左）在织机前合影（南京云锦研究所供图）

庄国华

爱岗敬业的所长助理

庄国华，1955年出生，南京云锦研究所原所长助理。在南京云锦项目八年申遗期间，三次参与了南京云锦项目的申遗工作，每次都尽职尽责，不折不扣地完成了这项认真、严谨、专业的申报工作。此外，所里主办、承办或参与的多次高规格的展览展示活动，他都积极配合并圆满地完成任务。他执笔的共20期申遗工作简报，为南京云锦项目八年申遗工作留下了宝贵的历史资料。

口 述 人：庄国华
采访时间：2022年5月6日 15：30
采访地点：南京云锦研究所庄国华办公室

问：在南京云锦项目八年申遗期间，您三次参与了申遗工作，每次的申报要求都不一样，做了怎样的改动？

答：2001年10月，所里开展了第一次南京云锦项目申遗的申报工作，前期先要做大量的资料收集、整理工作。到了2002年5月准备填写申报书了。

2002年6月，南京市人民政府正式成立了南京云锦申报人类非物质文化遗产工作领导小组（以下简称市申遗领导小组），王宝林所长兼市申遗领导小组办公室副主任并具体抓这项工作，我是所里成立的申遗工作办公室主任。

2002年6月21日，南京云锦项目中文申报书最终由北京专家敲定后，所里委托南京大学和中国纺织大学（现今的东华大学）的两位教授做了英文翻译。

所里还委托中央电视台四套科教节目制作中心、北京科教电影制片厂联合拍摄2小时、45分钟、10分钟的云锦资料片、申报片等。2002年6月8日开始构思拍摄主题，从开拍到后期剪辑、配乐、翻译、配音、合成完成，加班加点地整整工作了21天。6月27日完成了联合国教科文组织规定的N制、P制数码录像带资料片和申报片的制作。

2002年6月28日上午10点，王所带着我把所需的全部申报材料送到了文化部外联局。在规定的6月底前完成了第一次南京云锦项目申遗的申报工作。

2003年11月，所里得知南京云锦项目申遗落选了。在市申遗领导小组的指导下，认真总结了第一次申报工作的成绩和问题，并决定再次申报，争取南京云锦项目第二次申遗能成功。

从2003年开始，所里由我执笔共20期的申遗工作简报，每期都要介绍申遗工作的进展情况，然后上报市申遗领导小组。

2004年初，所里开展了南京云锦项目第二次申遗工作。2月，王所带着我去北京拜访了联合国教科文组织中国委员会的田小刚秘书长、刘疆处长，文化部外联局国际处的杨治副处长，中国艺术研究院的王文章副院长、外事处的王路处长，还有故宫博物院、清华大学等单位的有关领导和专家，他们都十分关心南京云锦项目申遗工作的进展情况。

具体负责中国第一批、第二批人类非物质文化遗产代表作申报项目的中国艺术研究院外事处的王路处长，对所里2002年的第一次申报文本提出了修改意见并做了具体的指导。所里请了南师大文学院负责人对文本的措辞、标点进行校正，请南京出版社的专家指导文本的装帧工作，所里尽了全力让申报文本能达到国际标准。果然，南京云锦项目的申报文本受到了文化部相关领导的好评。

申报文件除了申报文本还有申报片；申报片有两种不同的时间要求，专家评审片一盘长度不得超过 10 分钟，申报片一盘长度不少于 2 小时。申报片内容必须连贯地展示南京云锦织造技艺过程中的各个不同操作程序，着重说明技艺的特点、特殊价值。申报片的拍摄工作在市申遗领导小组的关心、支持下，中央电视台四套科教节目制作中心、北京科教电影制片厂先后四次来到南京，拍摄资料 50 余小时，为南京云锦的申报片采集了大量的素材。

2004 年 5 月 30 日，王所带着我、周双喜、王继胜专程赴北京参与申报片的后期剪辑工作。在中央电视台四套科教节目制作中心、北京科教电影制片厂和所里的共同努力下，申报片终于提前完成。许多领导和专家看过这个片后，都说这部申报片完成了几代人的夙愿，既是一部有深厚文化内涵、教育意义的宣传片，又是一部有保存价值的资料片。这些申报材料按文化部的时间要求，在 2004 年 6 月 10 日前都上报了。

2005 年 11 月，所里接到文化部的通知，南京云锦项目申遗又落选了。

2006 年，联合国教科文组织暂停申报工作，准备修改申报指南。

问：在两次申遗都失败后，第三次继续申报时对文本做了哪些策略性的改动？

答：2007 年 9 月，新的申报指南出台了，南京云锦项目第三次申遗工作又开始了。

这次对申报文本又有了新要求，字数不能超过 200 个英文单词，翻译还要用外国人能够理解的方式告诉他们，南京云锦为什么是独一无二的。前两次南京云锦项目申遗的申报文本还存在一些问题，如“通经断纬”“逐花异色”等专业词语在翻译时就直接用拼音代替了，还缺少外国人最相信的数据，很难一下子吸引评委的眼球等等。

2008 年 7 ~ 9 月，王所在所里共召开了 3 次南京云锦项目申遗申报文本修改定稿会，邀请了省、市相关的领导和专家、学者共同参加讨论、修改。在这期间，王所、南京市文物局城墙处的曹敦沐处长还有我，为了修改申报书、申报片等，在北京中央新闻纪录电影制片厂后期制作的合作公司旁边的一个小旅馆里住了 3 个月。

第三次的申报书去掉了前两次申报书上的所有形容词，把复杂的南京云锦织造技艺最实质的内容用最简洁的话语表述出来了，让评委们自己都能说出云锦的特点。

那时，一个月要去北京出差好几趟，制作申报片的同时还要翻译成6种语言再加上配音。2008年7月在北京待了一个月后，8月份北京开奥运会了，我和曹处先回了南京。等奥运会结束后，我们带着40多个小时的素材又去了，要把这些素材剪成10分钟的片子，解说还要翻译成6种语言进行配音。最后申报片的配音是请中央人民广播电台的播音员配的，画面和配音都要一并结束。申报书文本的内容要逐字逐句地修改，申报片的解说文字与视频每一帧都要对上。记得申报片配音最后的结尾不够闪亮，便又拿到中央新闻电影制片厂忙了一夜修改完成了。

2008年9月8日，在北京外国专家大厦二楼大会议室，我参加了由中国艺术研究院副院长张庆善主持召开的“中国向联合国教科文组织申报人类非物质文化遗产代表作名录和急需保护的非物质文化遗产名录初选项目暨备选项目申报文本制作协调会”，全国进入初选和备选项目的相关人员都来了。

2008年9月9日，中国艺术研究院副院长张庆善，中国非物质文化遗产保护中心常务副主任罗微、副主任郑长铃，中国艺术研究院研究员、中国非物质文化遗产保护工作专家委员会委员吕品田等4位领导兼专家审阅了南京云锦申报书和申报片，又提出很多修改意见。吕品田老师改了一稿，罗微主任改了一稿，每个老师的思路都不一样，断句也不一样，不能只采纳一位的意见，最后我们整合了一下，把他们的意见都融进了申报书，大家皆大欢喜。中国艺术研究院院长王文章也来到了现场，谈了一些他的看法，鼓励南京云锦继续努力，把申报工作做好。

2008年9月19日，中国艺术研究院的郑长铃、罗微、吕品田、刘魁立等人组成的专家组最后审看了南京云锦申报书和申报片，申报材料得到了一致肯定。

南京云锦项目第三次申遗的申报材料总算通过了国家专家组的审查，可以上报文化部了。

因当时全国申遗项目的申报文本如何装帧，文化部没有统一的标准，所里就按自己的理解把它做到最好。第一次申报文本做成了线装本；第二次申报文本用的是云锦做的封面，送到文化部外联局，国际处副处长张敏说，你们到底是江南人，做事多精细呀。到了第三次申报项目时，文化部非遗司要求全国的项目申遗的申报文本都要以南京云锦的申报文本为范本。虽然所里历经了三次申报工作，流程也熟悉了，但还是很严谨。

2008 年 9 月 27 日，南京云锦项目申遗的申报材料送交到了文化部外联局国际处。

2008 年 9 月 29 日，联合国教科文组织非物质文化遗产处发来函件，确认收到了南京云锦申报书和申报片及附件材料并以 00200 号码注册列为候选项目。

2008 年 12 月 1 日，文化部外联局国际处副处长张敏、邹启山，中国艺术研究院音乐研究所所长张振涛，民俗专家刘魁立等人来到了南京云锦研究所，和南京相关人员共同修改联合国教科文组织非物质文化遗产处要求重写的遗产说明。所里组织相关传承人、专家按要求和标准对文本进行了扩充阐述，反复推敲、修改，最终在 12 月 5 日定稿并翻译成英文。

文本翻译是南京出版社卢海鸣社长先找南京大学的教授进行了翻译，后来又找翻

2008 年，南京云锦项目第三次申遗时递交的申报书样本　（南京云锦研究所供图）

译公司进行了校对，英文表达接近了外国人的表述习惯。

2008 年 12 月下旬，经文化部外联局国际处有关人员审核后发给了在法国巴黎的联合国教科文组织非物质文化遗产处。

2009 年 9 月 30 日，在阿联酋首都阿布扎比召开的世界遗产大会上，“南京云锦织造技艺”终于被列入人类非物质文化遗产代表作名录。南京云锦的八年申遗工作圆满地完成了。

问：在申遗工作开展的 8 年期间，您参与了哪些有影响的宣传造势活动？

答：① 2003 年 9 月，南京云锦研究所举办“故宫珍藏云锦精品展”

2003 年 9 月 25 日，南京云锦博物馆正式成立不久，为了配合、支持南京云锦项目开展的第二次申遗工作，故宫博物院联合所里在科研大楼二楼展厅举办了“故宫珍藏云锦精品展”。故宫博物院肖燕翼副院长、宫廷部的陈丽华主任从故宫宫廷部织绣组借了故宫珍藏的 62 件云锦丝织文物精品用以展览，这是中华人民共和国成立以来故宫丝织文物藏品首次对外展出。故宫从未一次性拿出过这么多件丝织文物，这次展出的全是明清时期故宫内务府留下的在南京官办机构生产或民间代加工的匹料，保管得非常好，就像现在刚生产出来的新品，其中三分之二是清代的织锦、三分之一是明代的织锦。

这批丝织文物展品存放在老式樟木箱里，一个抽屉只放一件。故宫要求派武警负责押运，还亲自派人始终不离展品。对展厅的要求是恒温、恒湿、冷光源。那次，他们冒了很大风险，毕竟是 600 多年前的东西，在所里一件件挂出来展览，展一次容易损坏一次。后来，故宫保管条件改善了，丝织物全部存放到地库保管了，淘汰的老式樟木箱还送了几个给我们所里，现在还在所里用着呢。

那次展览展了一个多月的时间，在国内织锦同行中影响很大，也引起了国内外丝织文物相关专家的高度重视，因为他们即使去故宫参观，一次也看不到这么多丝织文物。业内同行纷纷前来参观拍照，还隔着橱柜玻璃进行丝织组织和色彩的分析。就连肖燕翼副院长参观时也感慨地说，虽然在故宫博物院工作多年，但是这样大容量地欣

［清］云龙八宝寿山福海纹妆花缎吉服袍料（局部）

（来自《中国南京云锦》）

赏织锦类的丝织文物还是第一次，非常感谢你们开展的南京云锦项目申遗工作，得到文化部、故宫博物院的支持，才让我有这样的机会。这真是前所未有，空前绝后，以后也不会有了。当时所里派人对所有的展品进行了拍照、组织分析，获得了大量有价值的信息，如果故宫博物院授权，我们所里有能力随时开展丝织文物的复织工作。

② 2006 年 2 月，参加在中国国家博物馆举办的中国非物质文化遗产保护成果展

2006 年 2 月 10 日，王所带着我、张玉英副所长和几位传承人去北京参加由国家九部委联合主办，中国艺术研究院、中国国家博物馆承办的中国非物质文化遗产保护成果展，本次展览首次向观众集中展示了 130 多项国家级非遗项目。中国艺术研究院在策展时就决定把南京云锦大花楼木织机放在大展厅的中央，国家级传承人周双喜带着弟子在现场操作表演，要给人一种震撼的感觉。

2006 年 2 月 12 日上午 10 点，中国非物质文化遗产保护成果展在中国国家博物馆开幕了，全国人大常委会、政协全国委员会以及文化部、教育部的有关领导出席了开幕式，文化部部长孙家正致辞。

开幕式一结束，领导和近两万名观众进入展厅参观，对南京云锦大花楼木织机及织造工艺非常感兴趣，赞不绝口，云锦大花楼木织机被围得水泄不通。大家在惊叹之余，对南京云锦技艺充满了崇敬之情，云锦大花楼木织机的风头盖过了展厅里的所有展品，成为展厅中央大厅最受瞩目的看点。

王宝林所长接受了一批又一批媒体记者的采访，其中包括中央电视台、北京电视台及其他地方电视台，报纸、杂志等新闻媒体，到后来王所的嗓子都哑了，太轰动了。那次展览的规模、观众人数、媒体的关注度等都是国家博物馆有史以来所没有过的。国家博物馆保卫部门为了保证参观通道的通畅和消除安全隐患，一再要求我们云锦传承人停止操作。第一天的展览，南京云锦给领导还有现场观众的印象是最深刻的，也是最轰动的，为江苏、为南京争了光。

2 月 13 日，中共中央政治局常委李长春和刘云山、张思卿、顾秀莲、陈至立等党和国家领导人，以及前国家领导人李岚清、尉健行等前来参观。

2 月 14 日晚，文化部副部长周和平、中国艺术研究院院长王文章特意向王所表

［清］石青地四团龙纹妆花缎朝袍　（来自《中国南京云锦》）

［清］石青地云龙纹妆花缎朝袍织成料（局部）　（来自《中国南京云锦》）

2006 年 2 月，南京云锦大花楼木织机在中国国家博物馆举办的中国非物质文化遗产保护成果展上大放异彩（王露明摄）

示祝贺，对南京云锦在展会上的出色表现给予了赞赏。周部长开玩笑地说，这次展览感觉就是专门为南京云锦办的专场。

从 2 月 12 日展览开幕以后，中央电视台及一些地方电视台每天都来拍摄专题片，而云锦大织机是必拍的内容之一。仅中央电视台一套就连续两天在《新闻联播》节目中播出了南京云锦大花楼木织机的画面，中央电视台四套、中央电视台新闻频道连续报道了采访云锦的内容。其他如北京电视台的好几套节目、旅游卫视等都播出了云锦的专题内容介绍，其他全国各地的纸媒如报纸、杂志等就更多了，北京的各类报纸几乎每天都有南京云锦展演的消息。那次展览，全国各大媒体的宣传力度之大是非常少见的，极大地提高了南京云锦的知名度，对南京云锦的申遗起到了很大的促进作用。

由于那次展览的效果出乎意料地好，中央领导要求展览延期至 3 月 10 日，国家博物馆只好推迟了另一个国外的展览。延期展览一方面是应广大观众的要求，另一方面也是为了方便全国两会期间领导、代表们参观。

所里通过这次展览受到的百姓欢迎程度和呈现的效果，深刻地认识到：利用博物馆对“南京云锦织造技艺”进行展示和宣传，是南京云锦保护工作的重要方面，也是传承和发展的最佳路径。

③ 2007 年 11 月，在南京图书馆举办“非物质文化遗产织锦技艺·制品博览会”

2007 年 11 月 9 日上午 9 点，在文化部的支持下，中国艺术研究院和中国非物质文化遗产保护中心主办，中国工艺美术学会织锦专业委员会和所里承办的“非物质文化遗产织锦技艺·制品博览会”在南京图书馆隆重开幕了。开幕式由南京市委常委、宣传部长叶皓主持，参加开幕式的嘉宾有国家、省、市各级相关领导、专家 300 多人。

所里在南京图书馆地下过道做了个“中国民族织锦制品及技艺展”，展板上悬挂着云锦、蜀锦、宋锦、壮锦、土家锦、黎锦等各种材质、花纹、色彩的民族织锦，还展出了土家锦传承人王维意设计的 50 米长的土家锦长卷《土家风情》。世界上最大的云锦大花楼木织机，最小的黎族踞织机，蜀锦专门为那次展览设计的木头坑机，奇特的壮锦竹笼机，还有土家族、傣族、苗族织机等各式各样的织机汇聚在一块，加上传承人的现场操作，让南京的市民大开眼界，充分领略到了民族织锦精湛的技艺与异彩纷呈的面貌。那次展出的规模是南京最大的一次，很费钱的，就是为了给南京云锦项目第三次申遗工作宣传造势。后来，南京再没有做

2007 年 11 月，在南京图书馆举办的“非物质文化遗产织锦技艺·制品博览会”开幕式现场

（万宝宁摄）

过类似的展览了。

展览活动还包括全天在南京图书馆多功能厅举办的非物质文化遗产高层论坛，是中国艺术研究院研究生院副院长孙建君和中国艺术研究院《美术观察》杂志社主编吕品田老师主持的，他们还做了精彩的演讲。此外，所里的王所长、全国妇联中国妇女儿童博物馆筹备工作领导小组成员杨源、清华大学美术学院教授茹爱林、蔡氏漆线雕总经理郑坚白、古丝绸复制研究所所长钱小萍、浙江理工大学教授沈干等18位知名专家、学者都做了精彩的演讲。

卢海鸣
为云锦著书立说的出版人

卢海鸣，1964 年出生，南京出版传媒集团总经理、党委副书记兼南京出版社社长。2001 年，正值壮年的卢海鸣博士调到南京出版社工作。社里领导出于信任，将《中国南京云锦》精装大画册的编辑任务交给了他。2004 年，该书荣获第十四届中国图书的最高奖“图书奖”，为 2009 年“南京云锦织造技艺”成功申报人类非物质文化遗产代表作名录起了很好的宣传造势作用。

口 述 人：卢海鸣

采访时间：2022 年 7 月 27 日 15：30

采访地点：太平门街 53 号南京出版传媒集团

问：20 世纪 90 年代中期，是南京云锦研究所生存最艰难的时候，您当时是《南京史志》的编辑，您是如何接触到南京云锦的？

答：1990 年 8 月，我从南京大学历史学系研究生毕业，分配在南京市地方志编纂委员会办公室工作，担任《南京史志》杂志的编辑。《南京史志》在全国地方志界有一定影响，南京也有一批喜欢历史的读者和作者人群，他们也喜欢《南京史志》，我担任这本杂志的编辑的最大好处就是可以接触到这群人。当时，南京市文物局副局长杨新华就在这群人中，记忆中是他向我推荐了南京云锦研究所所长王宝林写的一篇关于南京云锦方面的文章，希望能在《南京史志》上发表。我仔细地阅读后，感到这篇文章对南京云锦的历史、现状、特点都做了较为简要的描述，对一个普通读者来说，看过它以后，基本上在脑海中就会有一个比较清晰的关于南京云锦的图景。后来，这篇文章发表了。由此，我结识了王宝林所长。

问：后来是什么机缘对南京云锦有了更深入的了解?

答：1999 年 5 月，我调到南京出版社工作。中共南京市委宣传部长陈安吉先生正在主持编写一套“可爱的南京”丛书，计划将《南京云锦》一书列入其中。因南京云锦研究所的徐仲杰老师写过《南京云锦史》，我拜读过，留下很深的印象，所以陈安吉部长要我陪同他登门拜访徐仲杰老师，那时徐老师年龄已接近八十岁了，身体不是很好，行动也不太方便了。听说我们要重新出版他的《南京云锦史》一书，他十分高兴，欣然应允。2002 年出版的“可爱的南京”丛书第三辑，将书名改为《南京云锦》。这本书让我对南京云锦有了更深刻的了解，我知道了南京云锦有织金、库锦、库缎、妆花等四个品种，它的图案内容丰富，题材多样，囊括了植物、动物、佛道、乐器、文房四宝、人物、传统吉祥内容等写实的或几何形式的纹样。从文化内容上看，有来自民间文化的蝙蝠、牡丹、鱼、石榴、桃等内容，也有反映皇室文化的龙、凤、麒麟、江崖、海水、万寿等内容。两者结合在一起，形成了以皇室为主的具有独特文化色彩的图案，这些图案寓意祥瑞，被宫廷官府常用，象征着地位和尊严。

通过徐仲杰先生的书我还了解到，云锦妆花的材质是彩色真丝线、真金线、孔雀羽毛等，云锦的织造工具是大花楼木织机，它的织造技艺只能由人手工操作来完成，至今无法用机器替代。因此云锦有“寸金寸锦”之说。每一寸云锦不光具有自身材料的昂贵价值，更凝聚着世代云锦匠人的智慧和汗水。

问：能谈谈出版《中国南京云锦》所经历的艰难曲折的过程吗？

答：2000年左右，南京出版社肖泽民副社长提出南京云锦是南京宝贵的文化遗产，建议专门为南京云锦出一本大8开精装画册。我们首先想到了南京云锦研究所，于是专门前往茶亭东街拜访王宝林所长、张玉英副所长。当我们表达南京出版社想与南京云锦研究所共同合作，出版一本有关南京云锦的精装画册时，他们非常高兴，表示全力支持。但那时云锦研究所处在一个创业低潮期，南京出版社的经济状况也不好，都希望对方给予经济资助，两家都是穷单位，只能在一起抱团取暖。于是，双方商量决定先打个报告，请求南京市委宣传部给予资金扶持，不久得到了积极的回应。

肖社长把南京云锦精装大画册的编辑任务交给了我。那时我刚到南京出版社工作不久，领导就把这个选题交给我，无疑是对我的信任，也是想考验我的能力，我也想证明自己的能力。当时南京云锦项目正在第一次申报人类非物质文化遗产代表作名录的过程中，所以大家对这本精装大画册期望值很高。

这本书到底怎么做？按什么体例、用什么框架、采用什么样的结构、使用什么样的语言？是图文并茂还是完全图片？大家心里都没有底。

我认真细致地调研后，提出来因南京云锦项目正在申报人类非物质文化遗产代表作名录的过程中，这个大画册的结构要按照人类非物质文化遗产名录的三大价值来做。具体来说，第一是历史价值，通过一幅幅云锦实物图片来展示南京云锦由产生、发展到鼎盛、衰落的历史轨迹；第二是科技价值，通过云锦的库缎、织金、库锦、妆花四个种类的实物图片，还有大花楼木织机以及云锦用的各种原材料如彩色真丝线、真金线、孔雀羽毛线等来展现云锦工艺的辉煌成就；第三是文化艺术价值，通过各种吉祥美好、寓意深刻的云锦图案，如龙、凤、莲花、鱼、石榴等来再现云锦的华贵壮美。

我提出的图书框架得到了大家的一致认可。问题又来了，画册图片一张没有，怎么做呀，那真叫巧妇难为无米之炊！

这个困难并没有难倒我。我凭借自己一以贯之的工作激情和对南京云锦的充分了解，开始了“上穷碧落下黄泉”的搜集图片的历程。

我决定先从外围搜集资料。我记得有一年春节，在回芜湖老家过年时，在镜湖公园边上的一家小书店，发现了一本河北承德避暑山庄编写的《避暑山庄瑰宝》，那是一本没有封面的破书，因为里面有云锦图片，我如获至宝，当即买下。在南京杨公井古籍书店，我看到一本文物出版社2001年刚推出的《清代宫廷绘画》，里面有清代康熙、雍正、乾隆身穿云锦龙袍的图片，还有帝王将相身穿云锦服饰参加重大典礼和祭祀活动的图片等，这些图片资料来自北京故宫博物院，非常清晰，我感到很有价值。这本书定价500元，不打折，那是我月工资的三分之一，我毫不犹豫地掏钱买下了。后来，这本书上不少精美的图片都用在了《中国南京云锦》一书中，增进了该书的趣味性和可读性。我还通过各种渠道，搜集到西藏布达拉宫、明十三陵博物馆、南京博物院、南京市博物馆等多家单位有关云锦的重要实物图片资料。

与此同时，我们没有忘掉南京云锦研究所这个宝库。云锦研究所收藏了明、清、民国等时期的很多匹料，还有20世纪50年代云锦研究所老艺人张福永留下的云锦连云八宝龙凤纹设计样稿、云锦双狮戏球纹墨线稿等。在我之前，从来没有人为这些藏品拍过高清图片。我和摄影师卢峰、美术编辑杨晓岗三人，有一段时间几乎每天都去云锦研究所，从早到晚拍照片，当年我只有三十八九岁，精神很足。有时拍到中午时，正赶上王所和张所从外面办完公事回来，他们就会请我们三个人吃饭，吃饭地点就在马路边上那一排脏兮兮的小店。炒一盘小青菜、一份回锅肉，烧一盆酸菜鱼，再来两三瓶二锅头，那时感觉非常饥饿，吃得一头劲，这种感觉现在很难再有了。

就这样拍了两个月，我们每天将一件件云锦匹料挂起来拍，进展十分顺利。当我们拍摄到明万历皇帝龙袍复制品和丁汝昌战袍复制品时，就没有那么顺利了。原因是两个袖子总是耷拉下来，需要有人在背后撑着。好在是龙袍和战袍做得比我还高还大，我就躲在龙袍和战袍后面，用两只手把袖子撑起来拉直，这样一幅幅精美的图片也就产生了。

我一共搜集了600多幅图片，里面有不少是重复的，需要精挑细选。我从中遴选出近300幅图片。遴选图片的过程是这样的：先将它们缩小在一张张A4纸上，每张纸上放四幅图片，打印出来后，裁开来，摊在我家狭小的客厅地砖上，我就坐在或蹲在地砖上挑选，先按照三大价值分为三大类，再按时间顺序、图案种类不断地调整，

［明］绛红地喜字并蒂莲锦　　（来自《中国南京云锦》）

这本书打开后，扉页就像一扇双开门，上面写着“江南织造”四个字

（受访者供图）

里面镶嵌着一块纯手工织造的圆形真金团龙云锦匹料

（受访者供图）

最后逐一地给每张图片写上适当的文字说明，再做出 16 开的样本（样本捐赠给了金陵图书馆）。在这个过程中，王宝林、肖泽民先生专门赴北京，邀请清华大学美术学院的黄能馥教授担任这本书的主编，并给予指导。

我作为这本书的责任编辑，在某种程度上来说就像一个设计师。我从这本书最初的框架设计到资料搜集整理、组织撰写三大价值文稿，再到寻找一流的英文翻译家、日文翻译家，都亲力亲为。其中，英文翻译是从英国留学回国的李长生，其当时是南京大学外文系教授；日文翻译是曾经留学日本京都大学的博士张学锋、傅江夫妇，当时张学锋是南京大学历史学系教授，傅江是南京大学艺术学系副教授。通过大家的共同努力，最后，完成了整本书的图文合璧工作。

这本书在装帧设计方面也很有特点，美编杨晓岗是设计师，也是画家。他别出心裁的设计，让人惊叹不已。这本书打开后，扉页就像一扇双开门，上面写着“江南织造”四字，打开双开门，里面镶嵌着一块纯手工织造的圆形真金团龙云锦匹料，背面露出各种线头，目的是要告诉读者云锦的背面是什么样的。这块圆形纯手工织造的云锦匹料当时就织了一千块，2003 年 8 月这本书出版时也就印了一千册。

问：这本书在南京云锦项目申遗的过程中起了什么样的作用?

答：王宝林所长后来告诉我，这本书对南京云锦项目成功申报人类非物质文化遗产代表作名录有很大的帮助。2003 年 10 月，这部大画册赶上了市里召开的“南京云锦（保护）国际学术研讨会”。文化部对外文化联络局副局长蒲通肯定了大会的成功召开后，一边翻阅着大型画册《中国南京云锦》，一边说：“你们真认真，你们一定会感动‘上帝’的。”

由杨晓岗设计的《中国南京云锦》一书的封面 （受访者供图）

后来，中央领导人和国内外嘉宾陆续来南京云锦研究所参观访问时，王宝林所长都会赠送这本书，南京云锦因此也获得了很多领导和嘉宾的赞誉和题词，这本书起到了很好的宣传作用。

问：您对这本书的辛勤付出有什么感想？

答：回想当年，在南京云锦研究所创业的低谷期，我能参与南京云锦文化的挖掘、整理、传承与弘扬工作，是我一生的荣幸！这样的机会千载难逢，我是幸运儿，抓住了这样的机遇。我感到人的一生机遇不常有，当机遇来的时候一定要抓住，然后把机遇利用好。对我来说，做这本书的过程是个艰难的过程，也是一个很享受的过程。我在付出的同时也收获满满。2004 年《中国南京云锦》一书荣获第十四届中国图书奖，这是对我和为此书付出辛勤劳动的所有人最好的嘉奖。通过这本书的编写，我不仅积累了经验，增强了信心，提高了编辑业务水平，同时也与王所、张所结下了深厚的友谊，直到如今。

王露明

云锦申遗成功的助推者

王露明，1949 年出生，南京非物质文化遗产保护中心原主任。2005 年，正值国家刚刚开展非遗保护工作不久，他积极向江苏省文化厅推荐南京云锦等四个项目代表南京市首批申报国家级非物质文化遗产代表作名录，得到了领导和相关专家的肯定，此举为2009 年“南京云锦织造技艺”被联合国教科文组织成功列入人类非物质文化遗产代表作名录奠定了基础。

口 述 人：王露明

采访时间：2019 年 6 月 10 日 14：00

采访地点：南京晨光 1865 创意产业园江苏省文化创意成果展示中心承创空间

问：2005 年，在什么情况下，您向江苏省文化厅推荐了南京云锦项目作为南京市首批申报国家级非物质文化遗产代表作名录？

答：2005 年春，江苏省文化厅在东郊钟山宾馆召开全省非遗工作会议，重点是部署首批国家级非物质文化遗产代表作名录的申报工作，并听取文化部相关专家的专题培训指导。因当时全国非遗保护工作刚刚启动不久，大家对于非遗的基本概念、申遗程序、操作方法等都很陌生、很困惑，同时也深感任务重、时间紧。各地市文化主管部门都给予了高度重视，派员前来参会的代表十分踊跃。我市选派参加会议的人有南京云锦研究所的庄国华、白下文化馆的吴庚义、栖霞文化馆的管秋惠、秦淮文化馆的白雪莲，以及南京市文化广电新闻出版局社会文化处、南京市非物质文化遗产保护中心等担负相关项目申报工作的同志十余人。

两天的会议日程满满，紧张有序。直到进行最重要的一个环节，文化部专家和与会代表互动咨询，也就是各位专家对各地市准备申报国家级非遗的项目进行大会式指导性解析。前来授课的几位专家都是国家非遗评审团的主要评委，能否申报，成功与否，他们的意见举足轻重。这可是难遇难求的机会。时不我待，我迅速和我市几位代表简单商量了一下，便列出南京云锦、金陵刻经、南京金箔、秦淮灯会等四个项目，作为南京市首批申报国家级非物质文化遗产代表作名录，并由我代表发言向专家咨询。我刻意将云锦放在首位做了比较翔实的介绍，再将其他三个项目，逐个做了简要介绍和征询。主讲专家中国艺术研究院的田青先生听完我的发言，非常肯定地做了解答："南京同志提请的云锦、刻经、金箔、灯会四个备选项目，都具有丰厚的历史文化价值，在全国也是影响很大，我支持你们的申报选择和推荐。"因为我是抢先第一个发言，专家的完满首肯，不仅振奋了我们南京的代表，也搅动了其他地区代表的迫切情绪，原先安静的会场顿时开了锅，竞相提问，争先恐后，气氛热烈。

之后的实践证明，当初的选择非常正确，我市申报的南京云锦、金陵刻经、南京金箔、秦淮灯会等四个项目，全部列入首批国家级非物质文化遗产代表作名录，命中率百分百。这也为四年后南京云锦、金陵刻经等两个项目向联合国教科文组织成功申报人类非物质文化遗产代表作名录奠定了良好的基础。

问：2008 年，您参加了南京云锦项目第三次申遗的申报文本专题论证会，能谈谈当时的会议情况吗？

答：2008 年初秋，南京云锦项目坚持申报人类非物质文化遗产代表作已进入第七个年头，正是我国高票当选联合国教科文组织世界遗产委员会委员并担任主委期间，南京云锦研究所作为项目申报责任单位，经过前两次申遗落选的实践磨砺和经验总结，愈加坚定、成熟和自信，决意向申报人类非遗代表作名录发起第三次冲刺。

为了全面提升申遗文案准备工作的质效，南京云锦研究所特别召开了一次有关申报文本的专题论证会，应邀出席的知名学者、教授、专家及申遗资深人士有蒋赞初、胡阿祥、贺云翱、徐艺乙、韩品峥、杨新华、曹敦沐、杨树发、邢定康、王露明、王宝林、庄国华等。因为是为了让南京云锦项目申报文本在正式提交前，最后再作一次系统的把脉会诊，与会者都明白其中的分量和要旨，事先都分别做了必要的准备，几位学者更是带来了能够提供参考佐证的书籍和资料。论证会采用大组过堂式议论方法，大家一边审看投屏上的申遗文本图文内容，一边逐字逐句逐段地加以推敲斟酌，展开议论，形成共识后方才给予确认。记得当时，围绕云锦历史沿革一栏，有几处相关年代的表述，几位学者讨论得格外热烈，时不时因存异议而相持不下。但凡此刻，蒋赞初老先生便稍稍中和一下大家的争论，进而缓缓地梳理出一个既能融合大家共识又具说服力的意见来，使得论证结果完善而有序。

该次论证会足足进行了三个多小时，参会的专家学者，自始至终字斟句酌一丝不苟，充分论证严谨周密，有众智共商的学者风范，申遗文本的呈述相当规范，夯实了申遗文本的论证基础，提升了申遗文本的整体水准。同时，该论证会那令人肃然起敬的学术研究精神，也为我市非遗保护工作树立了一个高起点的示范标杆！

问：2008 年，您去北京参加文化部召开的人类非物质文化遗产代表作名录申报工作协调会，在列车上，您与王所进行了怎样的交流？

答：2008 年初冬，我受命会同江苏省文化厅非遗处的杨树发副处长、南京云锦研究所的王宝林所长等前往北京参加文化部召开的人类非遗代表作名录申报工作协调会。文化部告知：南京云锦项目已进入国家申报人类非遗代表作名录推荐名单前五名之列，此番进京意在为南京云锦项目申遗做最后的冲刺，做好聆听指导、上下接轨、完善不足、拾遗补阙等事宜。

一路上，由于抑制不住的兴奋喜悦，以及思前想后的忐忑不安，致使平日里一落枕就睡着的我，竟也辗转反侧至半夜不得眠。为了不影响别人休息，便悄悄离开卧铺包厢，准备坐在过道上透透气。没想到过道上还有一位同样睡不着的人，就是南京云锦研究所的王宝林所长。作为云锦研究所的掌门人，南京云锦项目申遗的领头人，申遗万事集一身的当事人，其所经历的七年申遗二次落败，以及那数不尽道不完的千呼万唤、千辛万苦、千难万折，此时此刻，正面临成功在即，临门一脚，他应该是最不能入眠的人了。

那一晚，我们围绕南京云锦申遗谈了很多很多。其中，出于我的工作习惯，有三个问题是我一直非常关注并希望得到求证的，那就是南京云锦为什么要申报人类非遗代表作名录，南京云锦凭什么能申报人类非遗代表作名录，南京云锦靠什么能申报成功人类非遗代表作名录。王宝林所长用语不多，却很直白也很解渴："面对千百年来无数云锦先辈匠人的创造，我有责任申遗。""凭的是世代云锦匠人用双手创造出的举世无双的绝艺绝技。""南京云锦是中国丝织业高度发展的产物，是中国古代织锦技艺最高水平的代表，是中国古代织锦工艺史上的最后一座里程碑。是南京的骄傲，是中国的骄傲！""这回是我们南京云锦项目第三次冲刺，尽管万事俱备，但也是背水一战！"

尽管王宝林所长的语气里略显沧桑，但从这一刻起，我懂得了云锦人的责任和担当，记住了云锦人的品格和胸襟，坚信了云锦人的申遗一定会成功！也就是从那一刻起，我开始非常敬重地用"云锦人"来称呼他们。

发展篇

《南京云锦口述记忆》
发展篇

劳伦斯·许

传统与时尚结合的典范

劳伦斯·许（许建树，1975 年出生），用非遗引领时尚的高定服装设计师。在伦敦、巴黎、米兰等国际时装周上，他用中国风十足却又融合西方元素的云锦服饰为世界重新认识中国打开了一扇别样的窗口。他是唯一一位连续两次进入巴黎高级时装周官方日程作秀的“中国定制”设计师，2017 年 11 月，被中国纺织非遗大会组委会授予首届“中国纺织非遗国际推广特殊贡献奖”。

口 述 人：劳伦斯·许（许建树）

采访时间：2022 年 9 月 25 日 16：30

采访地点：江宁区百家湖天元西路东风雪铁龙 4S 店

问：您是如何走上设计之路的？

答：我是山东枣庄人，我母亲是学戏剧的，父亲是建筑工程师。童年时因为母亲从事戏剧工作，我从小耳濡目染了戏剧舞台独特的美，戏剧服装中讲究的图案艺术等等让我对色彩产生了浓厚兴趣，我将父亲的绘画颜料涂满了墙面。印象中最深的一次经历是，我上小学时有次下学为了寻找秋天的颜色，孤身跑去了树林，当寻找到心中可以代表秋意颜色的树叶时，像寻到宝贝一样有种丰收的喜悦。

后来我又学习了素描、绘画。这些艺术的熏陶都潜移默化地影响了我。大学时，我报考了中央工艺美术学院服装设计专业。1997 年我大学毕业了。2000 年赶上国内兴起了一股“留学热潮”，大家都想踏出国门，去看看外面的精彩世界，这其中也包括我。我去法国巴黎游学，师从法国知名服装设计师、艺术家弗兰西斯·德洛克郎。在那段时间里，其实我更多的是感受到了东西方文化的差异，西式有西式的特点，比如说它立体，他们的衣服有鱼骨，更塑形；他们有紧身胸衣，把身体塑造成一个设计师想要的形状。东方的设计是更平面化的东西，我们把衣服一件件叠起来，垒成一摞，只看颜色就行。西方不是，西方必须把它们全部舒展起来。两年后，我回国了，在北京开了自己的工作室。我吸收西方设计的优点，在西式礼服的轮廓里大胆应用中式面料和元素——绢花、堆绣、串珠绣、手工雕刻金丝绒的漳绒等。醉心于从中国古典艺术中寻找设计灵感，运用繁复的传统工艺，将东方意境融入华服设计，使得每件华服都有独特的东方神韵。我不会为了工艺而工艺，为了细节而细节。相比之下，我会考虑一件服装整体的风格气质，用哪种工艺来表现更贴切。我是比较走心的，抽象的精神应当以具体的元素为载体，先精神而后工艺，在我的设计中传统工艺非常重要，但不是全部。我更喜欢将中国沉淀千年的气质结合最新理念，推向国际潮流。我深信，中国传统美学理应在国际高级时装舞台上占有一席之地。

有想法并不代表成功，我在北京经历了一段灰暗的时期，接不到订单，没有人关注，工作室赔得一塌糊涂。但我却从来没有想过要放弃，在我看来，没有怀才不遇这种事情，有才华的人一定会有成功的一天。

问：您怎么想到赴南京云锦研究所参观的？

答：我曾经在《红楼梦》中看到有提到江宁织造，还有清朝诗人吴梅村赞美云锦的诗句“机杼夺天工，孔雀妆花云锦烂，冰蚕吐凤雾绡空，新样小团龙”，便想来南京看看，顺便寻找服装的设计灵感，为事业寻找突破口。2003 年 10 月，我专程来到了南京云锦研究所。

问：当您第一眼看到云锦织物时，您有什么感想？

答：当时南京云锦博物馆还没建好，销售大厅现场很杂乱。当我第一眼看到云锦面料就喜欢上了，我感到它的用料非常考究，织得很精细，图案色彩华丽，像天上的彩云。它就好像藏在深巷里的格格，凝聚着传统、艺术、工艺、时尚等各个方面的成就，堪称一部解读历史、社会、人文的百科全书。

我记得当时的感受有对云锦传统技艺的敬仰、赞叹、感怀，但更多的是难过和悲伤，总之，五味杂陈。它不应该是挂在墙上的装饰物，它应该成为服饰的面料，它的功能性没有反映出来，我感到南京云锦研究所发展的路没有走对。从龙袍到龙袍，我一直在寻找中国皇家的贵气。清宫服饰我觉得是皇室图腾中最复杂的。如何让这些图腾变成现代服饰是我一直在追求的，我的想法是融入时尚元素，让这些图腾变成最时尚的代表。

我在云锦面料前站了很久没离开。这时走来一位端庄的中年女士主动地问我有什么需要，于是我把我的情况大概向她做了介绍，后来得知她就是张玉英副所长。张所看出来我是真心喜欢，马上就去仓库里翻出好多没拿到柜面上的云锦匹料给我看，我像找到宝贝似的很兴奋地一边翻看，一边问。张所很热情地介绍云锦的来历、工艺等。我随手拿起一幅云锦绿地妆缎匹料问，每米多少钱？张所说，这都是手工织造的面料，每米要 2 万元。我一听顿时泄气了。张所说，你真心需要它，我就做主按对折价格卖给你，优惠部分算所里赞助你定制高级礼服的，等高级礼服定制好了，拍张照片放在展厅做宣传，如有需要时，无条件地放在展厅展出一阵。我一听又兴奋了，说：“张所，谢谢你的信任，我一定要把南京云锦带到国际舞台上。”张所当时听了这话，客气地笑了笑，我明白她也没太当真。从那天开始，我决定把自己“嫁”给云锦。

问：您用云锦匹料设计了什么服饰？产生了什么影响？

答：2012 年，张所来北京出差，到我工作室时，我不在。我的助理告诉她，我准备去英国伦敦参加一个由文化部举办的中英交流活动“中国之夜”，并在现场举办华服秀；“华服”就是传承了中国元素的礼服。我准备把22套华服展示出来，其中有几套是云锦华服，一定会带给人无比震撼的效果，这是为即将举办的伦敦奥运会提前热身的。但所有的设计、制作、吃、住、行、交通等费用都要我承担，只有4个月的准备时间，赞助商还没谈好。我的助理问张所，如果资金不够，所里能否赞助。张所告诉我的助理，所里不能赞助现金，只能赞助部分匹料。

过了半个月，她给我打电话，决定给我的账户打10万元的赞助费。在我赴英国伦敦之前，准备先在北京开个新闻发布会，我告诉了张所，张所这才说，这10万元资金是她个人出的，与所里无关，就不要提了。当时听了后，我和我的伙伴们都非常感动。

8月2日，“创意城市·2012伦敦美术大展开幕庆典晚会暨中国之夜”在英国伦敦芭比肯艺术中心举办了，晚会上秀出了极具浓郁中国风的华服，其中“东方祥云”龙袍礼服在现场秀过后，被伦敦杜莎夫人蜡像馆收藏了。

等我从英国回北京后，50万元的赞助基金才到账。我的助理给张所打电话要了

2016年，在中华门城堡举行的第六届南京历史文化名城博览会开幕式上，劳伦斯·许的云锦时尚秀是一大亮点（受访者供图）

所里的账号，因为是公益基金不能汇到私人账上，只能汇到单位账上。我后来才知道，张所因没法向所里解释其实这是她私人的钱，也就放在所里账户上了。

2016年，在第六届南京历史文化名城博览会中华门城堡开幕式上，我的“锦秀中华”高级定制大秀在中华门瓮城举办，那次我与张所在瓮城见面了。我遇到熟人就跟人介绍，张玉英女士是我尊贵的贵人，她给我的倾力支持，提出的建设性意见和建议，使我的服装艺术创作受益匪浅。我真诚地邀请她在我设计的服饰前合影。我很幸运能遇到张所，这十几年来，我们一起走过了把南京云锦推向世界的历程，一起让这古老的技艺在世界舞台上发光。

问：当您将那些中国风十足却又融合西方元素风格的服饰频频展示在伦敦、巴黎、米兰等国际时装周上时，为世界重新认识中国打开了一扇别样的窗口，国外的认可度是怎么样的？

答：我进入设计行业至今，初心一直没变，就是用传统工艺的面料做出时尚的服装，这一点我一直在坚持。中国的很多传统元素，如图腾、色彩等，对世界有着举足轻重的影响，越来越多的西方设计师也在寻找和选择中国元素。云锦面料的传统工艺是巧夺天工的，但它是有硬伤的。它的传统图案花形硕大，能体现华丽，适合古装，这是它的特点，同时也是它的缺点，因为这是现代服装所不需要的。我在使用云锦面料时，是撷取了时尚元素中

2012年3月12日，龙袍礼服被英国维多利亚与艾尔伯特博物馆永久收藏　（受访者供图）

我能使用的部分，我需要仔细解析一件礼服的制造和细节，从设计图、制版、图案、挑花结本到织造面料成功、剪裁、制作，至少要半年，每一个环节都要达到最高标准，甚至是苛刻的地步。然后我带着它去米兰、去纽约、去巴黎。直到现在，云锦传承的仅仅是技艺，这是远远不够的，它必须发展，没有发展就没有传承。这些年，南京云锦研究所也在做，已经做了很多，也在努力地改变和进步，但还不是我想看到的那样子。

2013 年巴黎高级定制服装周的 T 台，将南京云锦以一场名为“绣球”的时尚大秀推向世界　（受访者供图）

2007年9月，我用翠绿色云锦妆花缎匹料，为姜文导演的夫人周韵设计了参加意大利威尼斯国际电影节的“云韵”礼服。云锦匹料隐隐地透着云纹，搭配上翡翠，显出低调的奢华，那是我第一次将国宝级的云锦用一件礼服推向世界。

2012年3月12日，龙袍礼服被英国维多利亚与艾尔伯特博物馆永久收藏。对一个服装设计师而言，作品能够在英国国家级博物馆中展出，这是一份不可多得的荣耀。

之后，我成了中国影星征战国际电影节红毯的御用设计师。巴黎时装周起源于1910年。巴黎高级定制时装周是世界上最具影响力的、唯一的高级定制时装发布地，被誉为时装界的金字塔。每年只有全球最负盛名的设计师和品牌才能登上高级定制的舞台引领世界时装潮流。2013年，受法国服装协会的邀请，我作为首位受邀的中国设计师登上了2013年巴黎高级定制服装周的T台，那一年的大秀可以让我记一辈子。更多的是因为那时候我做了一些贡献，就是我带去了中国最古老的有1600多年历史的南京云锦，以一场名为“绣球”的时尚大秀将其推向世界。在这次大展上，我把南京云锦的大花楼木织机搬到了舞台上作背景，我就想把中国最精湛的南京云锦传统技艺推向世界，传承经典。一边织造，一边走秀，这种震撼力是极强的。

有外国人问我们现在还用这个木机织布吗，我告诉他，1600多年前我们就是这样织造的，现在还是这样织造。

敦煌是古丝绸之路的咽喉要塞，对我来说一直是个梦。在小时候父亲的讲述中，我对它有了最初的认知和向往。张大千在戈壁沙域风餐露宿面壁3年临摹276幅壁画的故事打动了我。我看到了敦煌的美好、玄妙，也看到了辉煌盛景背后蔓延的苍凉。西方掀起的东方探险淘宝热潮中，藏经洞的文物被运往西方。今天的中国人应该有这样的觉醒——重拾一个民族的尊严。直到2014年7月，我觉得自己准备好了，才敢去触摸这片梦土。

2015年1月27日，我推出的主题为“敦煌”的时装大秀亮相“2015春夏巴黎高级定制时装周”。这是我第二次把南京云锦作为顶级面料推上法国巴黎高级定制舞台，一共做了30套。云锦的匹料全是纯手工妆花缎，其中有块面料称为高级定织“一抹

2015 年，推出了“敦煌时装秀”，这是第二次把南京云锦作为顶级面料推上法国巴黎高级定制舞台　（受访者供图）

2016 年，在中华门城堡举行的第六届南京历史文化名城博览会开幕式上，劳伦斯·许的云锦时尚秀　（受访者供图）

嫣红”。千年沉淀的不仅是云锦，还有设计背后华夏文化的再现。

我后来还多次担任国事活动开幕式的服装设计师，如 G20 峰会等。2017 年 11 月，中国纺织非遗大会组委会授予我首届“中国纺织非遗国际推广特殊贡献奖”。

多年的服装设计生涯，对于我来说只有一个信念：“无论谁穿我的衣服，都是为中国文化做宣传。”因为有了中国传统文化，才会有我生存的土壤，它是这个时代赋予我的一个强有力的武器。我要将中国文化的美，变成世界的时尚，让“中国风”装点世界。

金　文

传统织锦技艺的潮人

金文，1954 年出生，1974 年到南京云锦研究所参加工作。在工作过程中，他化被动为主动，通过钻研传统技艺探寻云锦艺术的内在规律，创作了大量的云锦艺术作品。他“学古不泥古、破法不悖法”，让传统艺术焕发新光彩，被不同时代的观众所喜爱。2009 年，他入选“南京云锦织造技艺”国家级代表性传承人；2022 年，当选 2021“中国非遗年度人物”。

口 述 人：金文

采访时间：2022 年 12 月 2 日 15：30

采访地点：金文云锦艺术馆

问：云锦在当代的创作趋向亟须重新定位，在新的历史时期以及新的社会语境中，您的作品是如何激发人们在生活、工作与休闲娱乐时，去挖掘传统审美新的价值和内涵的？

答：我认为对云锦这种传统工艺需要运用自己的智慧和相应的知识、方法及手段，结合当下的设计思想，进行创新性策划和设计并予以实施，设计出符合当前人们审美情趣的作品，这就是一种现代表达。要让云锦与生活有机结合、与消费者的需求有机结合，在当今讲究实用性、快节奏的时代背景下，作为消费主力的年轻人，追求的是商品的多元价值，既要有实用性，还要有艺术情调。云锦要让年轻人喜欢，才能有生命力，不能完全依赖政府。

①作品《万里长城》

早在2015年，我就在思考如何跳出传统的云锦创作模式，用新工艺、新技法、新创意来展示当代云锦新作品。尽管之前，我已有很多突破性的云锦作品，但我还是选择又一次站在了自我挑战的关口。

我希望呈现出来的云锦作品不仅有精美绝伦的艺术形象，而且能展示中国源远流长的历史底蕴，呈现出中华文明的博大精深。于是，我想到了雄伟壮丽的万里长城。

2015年创作完成的作品《万里长城》　　（受访者供图）

我首先翻阅了大量的文献、图片及影像资料，我发现，许多表现长城的艺术作品，在创作视角上以仰视或俯视为多，气势是有了，但在意境和层次丰富度的表现上还是有所欠缺。从历史上看，长城是一个防御工程，是为和平而建；从传统意义上看，长城切分了关内关外；在现代意义上，长城应该呈现一种世界看中国的视角，即要站在长城之巅，一览众山小，让世界看到中国的壮美。

于是，强烈的创作欲望触发了自我颠覆。在设计上，过去的云锦作品很多采用散点透视法，但这次我要创新地采用中心透视法，构建出紧凑的景观；在整体布局上，要改变人矗立山巅观看整体的视角，运用球面设计，将长城的伟岸延伸到天际，给观者营造出宏大的视觉体验。

这一全新视角的确定仅是作品创作迈出的第一步。于是，我开始绘写底稿，这一下笔便是整整 4 个月。

这幅作品对色彩表现、织造工艺要求更高，需要不断突破已有的织造手法。在整幅作品的织造中，核心的挑战在于处理好巨幅尺寸和精致细节的平衡，并创造性地让平面的视觉传达向立体空间延伸。接下来这幅作品在织造时遭遇的种种困难，让我至今都不忍回想。

万里长城因历史的久远，在阳光照耀下色彩偏灰暗，我感到云锦是用丝织工艺来表现的，色彩递进变化难以把握。一般用云锦织造的作品最多 10 种颜色，但这幅作品需要 20 多种颜色，颜色的微妙变化在织出来的效果上很难呈现。

经过多种对比考量，我把这幅作品的光线色彩定位在朝霞，朝霞下的长城一定是金光四射，充满活力的。为感受真实的朝霞，我带着摄像机，连续三天天没亮就登上南京紫金山最高峰，蹲守朝霞出来的那一刻，将三天里朝霞的光线变化录制下来，反复观看。我通过这种“笨”方法发现，一般作品表现出来的具体物象都是平面化的，层次感较差，导致了意境营造不尽人意；而在光线照射下，画面因光线强弱分布，由远及近，由弱至强，层次感立马显现，画面的立体感也瞬间展现。

解决了色彩布局后，工艺又提上了日程。在细节上，为了还原朝霞丰富的光影变化，我采用了“视错”“虚实”“色晕”等全新的色彩表现手法，不受传统织造法“对花对色”的束缚，摒弃繁杂的纹样组织，保留云锦使用的真金线、银线和孔雀羽等传统材料，为最后呈现的工艺效果增添了丰富的质感、层次感与空间感，同时结合油画的多层色彩与多重层次构建了这幅作品。

《万里长城》从构思到完成耗时四年的时间，五易其稿，倾注了我全部的心血和四十年的功力，最后呈现出来的作品尺幅高 2.6 米、宽 3.7 米，是一幅横向展开的长卷，画面由东向西，表现了长城历数山海、嘉峪等多道雄关，起伏于燕山、八达岭等层层峻峰，变化春秋景色，绵延万里，气势磅礴。长城被朝霞浸染，层峦叠嶂，与天相连，曲折蜿蜒地穿梭在云雾中，漫天遍野的树木郁郁葱葱，一幅繁荣昌盛的景象，给人以无穷的视觉延伸感。

整幅作品的远景是逶迤的群山，峰巅连绵，推向长空，上空是金色的朝霞。蜿蜒连绵的长城，磅礴万物，挥斥八极，上逼云霄；近景是朝霞照耀下的熠熠生辉的长城城墙，葱郁山林生于峻峭岩边。色彩、构图层层推进，将雄伟的长城立体地展现在眼前。

作品一出来就荣获了由中国文学艺术界联合会、中国民间文艺家协会共同颁发的国家级民间文艺大奖“山花奖”。

2015 年 9 月 3 日上午 10 点，举世瞩目的中国人民抗日战争暨世界反法西斯战争胜利 70 周年大阅兵在北京天安门广场盛大举行。当日，来自 49 个国家的观礼外宾登上天安门城楼出席“9・3”纪念活动，享受了最高礼遇。在天安门城楼贵宾厅，党和国家领导人接见了部分外宾。我的作品《万里长城》就放在雕梁画栋、古色古香的贵宾厅里。17 日，北京市人民政府天安门地区管理委员会专门向我颁发了“天管委藏字 201501”号的收藏证书。

当年我手捧证书，难抑激动，我也算参与了大阅兵庆典活动！我很骄傲能为这次阅兵贡献绵薄之力！如今，这幅作品仍矗立在天安门城楼贵宾厅里。

②作品《应天繁华图》

这幅作品是我 2018 年创作的，它宽 2.4 米，高 4 米，讲述了明朝状元及第跨马游街的故事，表

2019 年创作完成的作品《应天繁华图》拿到了国家艺术基金

（受访者供图）

现了状元出行的盛景和南京城的世俗生活气息。

这幅作品里有九处南京具有代表性的景点，如大报恩寺琉璃塔、中华门城堡、长干桥、“天下文枢”牌楼、夫子庙大成殿、秦淮河、文德桥、鼓楼、紫金山，从状元及第后祭拜孔子的夫子庙大成殿开始，引出“天下文枢”牌楼、文德桥还有内秦淮河两岸的风光。状元的仪仗队伍从繁华的夫子庙徐徐走来，出明都城正南门聚宝门，状元跨马游街，走在长干桥中段，前面有人引道，后面有队伍，准备回到应天府。应天府是一片传统南京青砖黑瓦建筑，府里正张灯结彩、锣鼓喧天，舞龙队正在挥舞一条大龙，呈现出一派欢庆的景象。府内老夫人正在准备迎接状元郎，院里宾客、家丁、乐班排列有序，满堂金彩。状元府右侧，琉璃塔高耸入云。门口熙攘的人群有的交头接耳，有的点赞称奇，目光聚焦在骑着高头大马的状元郎，前后的仪仗队和周边的群众形成众星拱月之势；桥下是来往的客船，客船上的官员商贾、乐队仪仗、船家、拉纤的船工，烘托了繁华热闹的景象。

再看看南京城的远景，各种建筑鳞次栉比，鼓楼地势较高，画中也有所凸显，再往后连着滚滚长江，右侧是紫金山。天上的彩云，香炉上的熏烟，交相辉映，彰显了南京虎踞龙盘的地势。在色彩构成方面，图上方着色轻快明亮，刻画出风和日丽的气象；图下方金碧辉煌，反映出古都繁华昌盛的景象。

2019 年，这幅作品拿到了国家艺术基金。

③作品《高山流水》

这个木质四扇折屏是一个实用型作品，木质框架简约，让整幅屏风可以固定与支撑，中间横档部分还是木质，但变成异形，上面是山的造型，下面是流水的造型，中间是中式的水墨画，有一种宋代绘画的风格。它讲述了先秦时期琴师伯牙高山流水遇知音的典故，用通透朦胧的纱来描绘宁静悠远的山谷，谷中清泉曲折流淌，天空中用金色的云朵作为点缀，很活泼优雅。这幅作品主要是用于现代建筑的装饰，很时尚。

它的工艺是传统的云锦妆花纱工艺，从组织结构上讲，它是一种罗结构，这幅画是在空眼纱地上实现的。它的背面要是有一点光线，整个画面就都是透的，它既有宋代那种人文的气质，也非常有现代感。

1982年，我在南京云锦研究所做的妆花纱龙袍是红底，叫绛纱袍，因为它是皇帝夏天祭天时穿的，所以要透气。我把这传统工艺移到现在，就不能做成红底的了，因为现代人家庭装饰中用红色是非常忌讳的，所以我就用了一个本灰色调。本灰就是白色中间带一点点灰。做纱织物要用生丝，生丝跟熟丝比起来比较硬、很挺拔，做出来后平展展的。色彩上从白到黑用了非常多的过渡色彩，织出来就是水墨的那种感觉。

2020年创作完成的作品《高山流水》（受访者供图）

纱机与过去的也有差别，过去的纱机，它的两个范子之间很短，但是现在使用的纱机就很宽，因为现在的技术比过去的要好。现代的丝跟过去的丝比较，丝的牢度和强度发生了巨大的变化，丝的韧劲拉长了，织手就可以提得更高一点，距离拉长了以后，丝的开口就相对大了，更便于织造了。

这个作品的山体图案是不规则的，融了至少5种颜色，山体非常自然地立在纱地上，过渡得很自然、很舒服。不像过去的作品，一个颜色跳一个颜色，即色晕，色晕就是色差要大，比如说传统云锦图案设计一朵花，口诀就是银红、水红配大红，它这个色晕度相差都在2度以上。但现在这个相近的颜色我就可以做到只要半度，这就过渡得很自然，再加上它的组织机构，有一点相错、相咬的缂丝工艺，能把中间的阳缝做得非常好。而且有的时候一根丝的线位同时要有两个色在一起，这样前后的颜色和中间交错的颜色就能搭配起来。所以这幅作品在透空的纱地上非常能立得住，给人以山水间的那种空旷的感觉，特别适合现代人的审美需求。

④作品《青绿东方》

这幅作品是一座木质折屏，我在创作时，是从习近平总书记的重要讲话“绿水青山就是金山银山”中获得的灵感。我首先创新选用了青山绿水和绚丽星空作为构图背景，描绘了一幅气势恢宏的东方山水风景图，作品下方的绿水上点缀了金色线条，为原本静止的画面带来一丝动感。这样，既描绘了大山的巍峨和星空的灿烂，又体现了一种人与自然和谐共生的情怀。

我考虑用色要艳丽，多种色彩要互相交织而不显杂乱。

“丝路世博椅”是我参加2021年迪拜世博会的作品，放在中国馆接见大厅里的中间位置，供国家领导人接见外国政要时坐的。

靠背及坐垫面料是云锦手工织造的，图案设计采用了云锦《青绿东方》的星空部分，和屏风纹样协调统一。屏风和椅子的主体结构是明式家具，用东方的竹韵为设计灵感，寓意节节高升。屏风和靠椅是寻常家居，深入地诠释了追求完美、精益求精的工匠精神。

2021年创作完成的作品《青绿东方》 （受访者供图）

李晓伟
传统工艺效率的提升者

李晓伟，1973 年出生，南京云锦研究所有限公司设计中心主任。1991 年毕业后即分配至南京云锦研究所工作，为当代云锦人。她认为要将匠心放在心间，用现代科技提升云锦传统工艺的效率，用现代审美设计创新云锦产品，让云锦与传统美学、现代生活方式、现代科学技术和谐共生。2019 年，她入选“南京云锦织造技艺”市级代表性传承人。

口 述 人：李晓伟
采访时间：2021 年 11 月 11 日 15：30
采访地点：南京云锦研究所有限公司李晓伟办公室

问：在南京云锦研究所工作期间，您一直在从事云锦设计方面的工作，您觉得用电脑设计意匠可替代传统手工意匠设计吗？

答：1991 年，我到南京云锦研究所参加工作，到今年已满 31 年了。我主要从事云锦设计方面的工作。刚开始参加工作时，我在车间里跟着织造师傅们学习工艺，我发现云锦由于受到传统工艺操作上的限制，一朵花瓣只能通过 2 ~ 3 种颜色呈现，一件龙袍的颜色也不超过 10 种。工作七八年后，我回到设计师的岗位，我就在思考如果一件现代的艺术作品局部的碧色层级可达 5 种以上，每座山的颜色多达 15 种，用云锦织造技艺来呈现这件作品，就要用电脑意匠图绘制，因为它可呈现出百种色彩层级。

这个想法得到了所里领导的支持，于是我们设计团队就与东南大学的一个计算机导师团队合作，专门开发了云锦意匠织纹 CAD 软件。相比于传统的手绘图案，利用计算机绘制不仅极大地缩短了织造时间，也大大缩短了新品研发的周期，提升了纹样品质。

二十世纪八十年代馆里的镇馆之宝明万历皇帝龙袍料复织品“明万历孔雀羽织金妆花纱”，就是通过复织将妆花纱技艺传承了下来。所里复织文物就是把织造方法和工艺原理规则保留下来，这是所里早期的创新。我们现在展厅里面的很多妆花纱作品都是通过这项记忆转化的。但当年只是复原丝织文物，效率不高，没法量产，没法实现市场化的需求。所里复织这件龙袍料花费了 5 年时间，那时候没有电脑辅助。

现在通过电脑意匠的设计，用当代的科技语言去传承，可以量产，可以与市场接轨。通过当代的设计理念还可以改变产品配色、产品外观、材料取向等。我们给南京牛首山做二十天尊时，曾经尝试过用铜丝与织造相结合，这些都是机器所不能替代的织造方式，但是在云锦织造技艺里都可以尝试，这种创新也是我们传承这项技艺的一个很幸福的地方。

问：思考过既可降低成本，又能保留核心工艺的方法吗？如何做呢？

答：“南京云锦织造技艺”经常呈现在大家面前的是织手和拽花工相互配合的织造工序，它的面料织造的形成过程是非常复杂的，图案和颜色的纹样是需要前期设计的，是要做很多的构思和准备的。首先要进行纹样设计和织物组织结构设计，设计图纹样出来之后，要把它转化成工艺图纸，这就是意匠图。意匠图上对应的是织机上面的每一根丝和每一个交织点，告诉织手要织进去的那个颜色到底是什么，这些都是要规划好的。所以意匠设计这个环节非常重要，它的转化直接关系到作品的优劣。设计师要对一个作品的主题去做一个思考，对作品的画面去做布局，是要粗犷的，还是细腻的或是通透的效果。这个构思的过程其实就决定了设计师所选用的材料及工艺，是妆花缎还是妆花纱或其他品种。

问：南京云锦与现代生活方式做了哪些接轨？

答：2016年所里被上市公司并购后，首先运用市场化的运作思维，愿在研发上投入，针对设计部门，引进新的设计师，这几年我都带过好几位设计师了。所里从2016年到2019年，先开始做面料、服装、艺术品研发、技术更新等方面的工作，购买了省内知名画家的版权，如陈修范、喻继高、喻慧等，现在整个展厅所有的新品都是自主研发的。

2018年云锦家居系列1　（南京云锦研究所供图）

2018年云锦家居系列2　（南京云锦研究所供图）

问：在纹样的表现方式上做了哪些创新？

答：云锦的传承与创新是个永恒的主题。如果只有创新，没有传承，就把云锦传统文化割裂开了；如果只有传承没有创新，这个路会越走越窄，云锦只会离时代越来越远。无论是传承还是创新，都不能改变云锦传统文化的基因。

从 2016 年至今，所里在不断地尝试云锦创新，如可以展现人物肖像。几年前，云锦能织出蒙娜丽莎的微笑，还可以织出书法家的苍劲笔锋及山水作品、鸟兽神韵等。如今的云锦可以用更多彩丝颜色的变化来展现纹样，对没有规律的纹样，借助电脑绘制法，层次表现得会更丰富。

每年，我们开发的新品占比在逐年在上升。2020 年受新冠疫情影响，在上市公司集团的带领下，我们开辟了线上销售渠道，让我们在行业里跑得最快。由商务部主办，浙江省老字号协会承办的非遗博览会，特别提出江苏展区一定要有云锦。

问：现在所里的新品在视觉上更精细，是什么原因?

答：云锦新品要反映当代的审美和价值观。近年来，除了纹样上的创新，还要突破视觉上的局限。所里以前的作品，放了好多年后，底子就不平了，会鼓出包来。因为云锦在织造时要挖花，正面起花的地方在背面就会有很多的浮长，有浮长就会凸起来，没有凸起来的地方就是地，装裱时就要在背面剪毛，就会有毛头，就不平整。为了要把它装裱成一个平整的作品，我们在背面进行了专业的处理，摸索出属于云锦的特殊装裱工艺，让画面更加立体的同时还让背面相当平整，这是所里的一项技术专利，就这项专利所里花了 2 年的时间去攻克的。现在我们的作品已经到了织锦成画的境界了。

这两年，我们生产出一款科技面料，经过近百次试验，历经四年的时间，才有了雏形。在保留云锦属性的技术上，攻克了云锦的六大难题，包括不同材质的缩率问题，还有原料起毛、材料脱落、防水、耐磨以及材料属性等问题，这让云锦也真正能成为大众可穿戴的实用品。

问：每年所里对青年传承人如何进行培养?

答：云锦织造的主要工序就有 20 多道，细分甚至可以达到上百道，每道工序之间环环相扣，需要很多人的配合，不能单靠几个代表性传承人。近些年所里也在积极培养更多的青年传承人和不同岗位的工匠学徒，每年投入70多万元的资金。由于云锦技艺的专业性很强，新人需要很长的时间才能上手，但还是要让他们更多地了解掌握云锦工序，所里在每一道工序上都实行轮岗制度。

在对内部织手的管理中，我要考虑怎样去提高织手的效率，我还要去指导、拆分织手的动作，哪些动作是要简化的，哪些动作是可以合并的，我在这些方面下了很大的功夫。因为织手要改变以前生产时一成不变的重复织造习惯，需不断地求变、求新。做一个新的花本，要上、要下多费工夫，以前织手一年只织一个花本，一个月就熟悉了，剩下的时间都不用看工艺单了，织起来驾轻就熟。现在要不断地织新的产品，织手就会觉得很累，这个过程就像蚕蜕变一样，真的很痛苦，但他们在痛苦中织造技艺成长得很快。

问：让云锦继续“活”在当代且更具生命力是一个时代课题，未来的云锦进入市场的思路是什么？

答：上市公司就是进入市场的思路，更关注民众的需求和对云锦产品的了解程度。这几年从云锦研究所走出去的很多传承人都成立了自己的工作室，虽然对南京云锦行业来说，这是好事，但对我们所里来说，就多了许多竞争对手，市场就那么大，他们过得都不容易。都想做到最好，都是在传统技艺的基础上求新求变，不断地适应当代人的审美情趣，来推动云锦增强自身“造血”功能，不墨守成规。

我们董事长有一个观点我是特别认同的。他之前的服装品牌做到上市，他没有开过一次产品发布会，他说他要用产品说话。做产品前要基于市场的考虑去做产品研发，结果需要市场认可。

基于上市公司集团的资源，女装、男装品牌都在跟云锦合作，云锦在它所有生产的任何环节、任何过程中都做到了极致。云锦研究所作为项目保护单位要坚守云锦行业内的产品质量。目前云锦手工织造是机器无法替代的，未来如果想替代，是需要巨大的投入的。今后，所里还将进行国际性的IP合作，让国潮文化融入云锦。所里已

2018 年设计完成并投向市场的云锦百子迎凤嫁衣

（南京云锦研究所供图）

2018 年设计完成并投放市场的云锦龙凤莲嫁衣

（南京云锦研究所供图）

和全球知名的手游公司达成了合作协议，展现其中一个重要的动漫人物形象。该动漫主角将身穿一件云锦织成的汉服。用动漫、游戏的IP输入，通过了解年轻人的语态、洞见年轻人的心理，结合他们的需求和审美，打造云锦IP，让它以更具生命力和延续力的方式走向大众。

未来的云锦不仅只是复织的官补和龙袍，还是今天的礼服、唐装，是千家万户婚庆礼仪的首选。但要让云锦技艺走向未来，还需要从多角度进行创新，将来看云锦时装秀时，我们既要看到服装，也要看到服装背后的故事，包括设计、制作、工序、工料等。

问：南京云锦业的未来发展将呈现什么趋势？

答：时代在变，云锦也要互学互鉴，需要跟产业相结合，与时尚结合，塑造品牌，做好知识产权保护。落实到我们日常使用的产品上，如所里开发的夔龙纹、洋莲锦的云锦锡制茶罐，采用明代三品武官补虎纹设计的“虎嗅蔷薇”香氛香薰蜡烛，云锦胸花、头饰、腰封、手账册、纹本等美化生活的产品，则需要与当代的消费观紧密结合。在跨界层面上，云锦作为品牌不单要打磨产品，更应该打磨品牌、设计、包装等各个方面。让年轻人喜欢，就能带来良好的经济收益，让云锦继续“活”在当下，这就是我们对产品的一个研判。

2021年设计完成并投放市场的云锦时尚手机袋（南京云锦研究所供图）

我觉得南京云锦的传承发展一定要寻找新的动能，包括科技成果的转化、时尚设计的投入、网络传播的引流等。未来南京云锦业将通过创新发展模式、融入时尚品牌、丰富传播路径、拓宽行业边界等方式，出现在民众的视野中。

南京云锦对传统技艺的保护和产业发展是两车道，既有相关性，又有不同的视角和目标。传统技艺可以为产业发展提供创意的源泉，产业发展也可以为传统技艺的保护提供机遇，两者也都能够为保护人类文化多样性做贡献。

2021 年设计完成并投向市场的云锦时尚手袋

（南京云锦研究所供图）

陈　林

传承与教学相融合的新生代

陈林，1980年出生，毕业于金陵科技学院服装设计专业。2004年毕业后即来到南京云锦研究所工作。进所后，她既学手绘意匠又学电脑意匠，再学织造、套头、组装织机、挑花结本等所有工序。2017年拜周双喜为师，成为周双喜工作室的一员，开始走上将“南京云锦织造技艺”与学校的传承和教学相融合的道路。

口 述 人：陈林

采访时间：2022年10月27日15：00

采访地点：南京民俗博物馆云锦厅

问：您作为青年传承人，您认为应怎样进行传承和传播，才能让年轻人接受？

答：我是“南京云锦织造技艺”国家级代表性传承人周双喜的弟子，也是周双喜工作室的一员。我一方面在跟着师傅学习传统技艺，另一方面，我也在学校进行传播。现在，我国的教育体系已把青少年传统文化教育作为重点教育内容。2021年，我代表工作室跟南京莫愁中等专业学校签订了产教融合校企合作平台的双师协议，就是共建教师培养培训基地，形成校企合作教科研团队，用师傅带学徒的方式进行后继人才培养。校方提供了250平方米的云锦教学场地，购置了两张传统云锦大花楼木织机、一台手工挑花机等一系列传统云锦织造设备，还有多媒体设备一应俱全。

陈林把自己的所学在南京莫愁中等专业学校进行传播 （受访者供图，摄于2022年）

问：教学设置了哪些课程？

答：我的课程是将理论和实践相结合，开设了从纹样的寓意、设计、颜色、意匠、挑花结本、织造装造到云锦织造等全部工序的课程。

问：在学校开设的云锦课程起了什么样的作用？产生了什么社会影响？

刚开始，同学们多数对云锦织造技艺不感兴趣，我就在教学课程中开设了与云锦相关的体验课，如简单的烧丝工艺、小荷包的制作、小织机的织造等，这些课程的开设增加了学生们的兴趣。课间我经常与他们一起讨论学习心得，一发现教学中的问题就及时调整。每节课后，我都会反思得失，及时总结经验与不足。

两年的课程学习下来，同学们渐渐知晓了南京云锦厚重的文化，还学会了南京云锦织造技艺最基本的操作。我的教学直接指向学生的人文情怀、理性思维、乐学善学、勤于反思等核心素养，这是我们工作室开设课程的现实意义所在，也是我们工作室自身发展的客观需要，还是时代对南京云锦更好地融入社会发展的呼唤。

这个基地获得了南京市委统战部、建邺区委统战部的大力支持。2022年2月，南京市委统战部还举办了“无党派人士周双喜工作室”揭牌仪式。

我们工作室也向社会招录，只要有年轻人感兴趣，我愿意免费教学，我想让更多的年轻人加入云锦行业。

问：在大学里，您是学服装设计的，现在社会上有一股复兴汉服的热潮，您是怎么看的？

答：汉服就是“汉族的民族服饰”。早在黄帝“垂衣裳而天下治”时就已经开始萌芽了，经过后世历代演变在不断地完善和丰富。从三门峡西周虢国墓出土的麻袴到马王堆一号汉墓出土的袍服，从孔府旧藏的明代传世衣冠到民国时期燕京大学的汉裁学位服等等，虽然几经跌宕、跨越数千年，式样上始终延续了平面对折、中缝对称、不破肩缝、后背中缝、通肩连袖、袖底缝合、系带等主要特征。

2003 年，郑州市民王乐天穿着根据古装片改良的“汉服”行走郑州街头的事件，被视为“汉服运动”实践的序幕。从这以后，那些曾经在潜意识里便有“汉服情结”的年轻人逐渐转向互称为“同袍”（出自《诗经·秦风》的“岂曰无衣，与子同袍”），开始大胆穿着汉服走上街头，并掀起了一场汉服复兴运动。

“汉服热”的影响很广，有很多学校、社区都成立了汉服社团，有的高校还举办了“汉服毕业典礼”。有的电商平台上销售汉服及相关配饰的店铺生意很火，在新媒体平台上大大小小的“汉服秀”更是经常见到。汉服也越来越为众人所知，穿着汉服，已成为年轻人表达自己对传统文化热爱的一种典型方式。

问：您也有进入汉服圈的想法吗？

答：现在市场上良莠不齐的汉服产品让人望而生畏。我发现一些地方或学校在成人礼、开学典礼以及祭祖等仪式中，穿上了千式百样的汉服，有的甚至把汉服弄成了时装秀，这些做法让人啼笑皆非。许多汉服张冠李戴，出现了很多错误，如唐代女子时尚服饰的式样，大多是上身穿窄袖衫，下穿长裙，腰系长带，肩披帔帛，脚穿高头鞋。窄袖衫长到腰部，领子造型比较丰富，有圆领、方领、斜领、鸡心领及多种异形领。瘦长的裙子一直拖到地上，裙腰高至胸部，有时还在窄袖衫外罩穿一件半袖短衫，称“半臂”。这种风格的裙装给人一种修长动人、轻盈飘逸的感觉。但现在有很多设计人员会把唐朝汉服的一部分设计到了宋朝，在宋朝汉服的设计里又掺杂了汉代的那种滚筒型式样，有点乱。这样，传统服饰在民众的眼中变了味，浮于表面的粗制滥造让传统文化变得低级。

我认为，对于我们的传统服饰还是要抱以敬畏、保护和传承的态度。我设计汉服的想法，要么是纯粹复原。如唐代的汉服就特别精致怡美、雍容大气。唐代人的自信从服饰上可以看出，西域的纹样都是嵌入服饰的款式之中的。大唐西安是时装之都，引领了国际时尚的潮流。我会用四经绞罗、提花经锦、鱼子缬、夹缬染、描金等传统工艺进行复原。要么就是改良。改良就是创新，我会运用不同针法的刺绣、印染、织锦等技艺将凤纹、牡丹纹、宝相花纹等表现在服装的面料中，再现雍容的大唐风华。

清代的汉服则沿袭了明制，在衣领下另外罩柳叶式小云肩。到了顺康乾时期，女性一般上穿衫袄，衣领常用斜领或圆领，形制短、肥，袖口较宽，下穿裙裤。服饰上追求阔花边样，主要体现在领、袖、衣襟还有下摆。在清代，“袖饰”开始流行，称“挽袖”。挽袖体量小，是特别能彰显女子情致和审美的。在结构上，挽袖是女性服饰的接袖部分，便于拆卸；在功能上，挽袖可以调节穿着时袖子的长短，同时也兼具美化、装饰的功能。只有通过对不同朝代传统服饰的回溯，去找到那份非常高级的对美的品味，才能让未来读懂过去，让世界读懂中国。

问：您认为汉服应如何复兴？

答：中国传统服饰十分注重人的形体、肤色、妆容等与服装的协调搭配，功能性与艺术性的兼顾融合，特别重视人、服装、自然、环境的整体和谐，其中蕴含着深邃的哲学内涵及与自然和谐相处之道，传递着意蕴悠长、让人回味无穷的华夏民族文化之美。

中国汉唐服装的大气磅礴、雍容华贵与宋明的简约优雅、温润端正都同样能够表现中华民族的审美意趣，至今也没有形成一种固定不变的模式。弘扬中国传统文化，真正要做的是发掘它的精神内核，而不是形式上的复古。否则，复兴汉服，复兴的只是被历史淘汰的文化鬼魅，未必是真正的文化精华。

问：您现在仍在学习与汉服相关的知识吗？

答：现在社会上流行的汉服有“流派”之争。如古墓派，他们认定的汉服必须有出土文物的比对，强调除了出土文物一比一复制的，其他的都不承认。如改良派，强调的是将汉服与现代服饰融合。这类汉服被称为汉元素，它是在保留汉服风格的前提下提取汉民族元素进行新颖的设计，不拘泥于形制，设计上能发挥的余地较多。还有秀衣党，单纯喜欢衣服，不注重理论，也不在乎背后的文化。考据党比古墓派的尺度放开了些，考据只是研究古代文物的数据、版型、形制、面料，不代表不穿现代商家生产的汉服。

现在汉服的流行服制“上衣下裳”的古制是基础，深衣制是它的发展，袍服制其实就是把上衣加长，襦裙制是把上衣缩短，分别向不同的方向发展出“上衣下裳”的各种变形。当下流行的服制有飞鱼服、曲裾深衣、齐胸襦裙、交领襦裙、对襟襦裙等。

我一直在梳理和发掘中国的服饰文化基因，我想通过我的努力，仿制出不同朝代的汉服式样，来丰富汉服款式，让人们真正喜爱并愿意穿着有中国特色的汉服。年轻的“同袍”们穿着汉服时，往往会配套一系列其他传统文化一同进行，例如穿汉服弹琴、跳舞、饮茶、作诗，甚至有人会将汉服穿入日常生活中，建构一种“汉式生活”，它的最终目的是通过复兴汉服带动起整个华夏文明的复兴。

这就是我想学云锦织造技艺的初心。我进南京云锦研究所工作后，我一直在学习，大量查阅资料、收集资料，如先秦至魏晋南北朝服饰文化、隋唐至宋元服饰文化、明清至民国服饰文化等等。我想找到数千年来一脉相承、相对稳定、贯穿汉服体系的范式和规则，在“形而下”层面找到汉服万变不离其宗的“宗”、千年传统服饰的“统”。现在我能做到一看到纹样就能知道是哪个朝代的。

问：您认为云锦应怎样去创新？

答：我感到当代云锦行业有一个最大的问题，就是没有代表这个时代的云锦纹样和图案。你看元明清三朝，无论是哪个时代的纹样和图案，都会有自己鲜明的标志，都有自己的风格特色。

我在思考，新时代的云锦作品，怎么让100年后的人能一眼就看到。现在社会上学设计的，包括学美术的专业人士，并没有真正地去了解传统文化、传统技艺以及它独特的内涵，探求它的本质和美学特征，从未分析过传统技艺人的审美心理和需求。现在从事云锦传统技艺的人，并不是美术或工艺专业出身，那创新怎么创呢？

我理解的创新就是要对传统文化很了解，将传统工艺的图案、纹样等经过提炼，作为一种创作素材运用到当代艺术实践中去，使现代的艺术创作更具有民族性特征，让传统文化的基因在自己的精神追求、思维方式及表达方式上得到全面体现与继承，使自己的创作达到一种自由的、出神入化的境界。只有适应新时代的需求，才能创造出经典。

中国织锦服饰蕴含着中国人的生活习俗、审美情趣、色彩爱好、价值观念等，构筑了独特的中国服饰文化内涵。云锦匹料在现阶段不适宜全部用于整体的服装设计，在实用性方面是有短板的。如果经常穿，因材质的原因，目前还做不到使用洗衣机去清洗，所以云锦用整体服饰的方式走近大众生活，现阶段还是会有一定的局限性。在传统生产方式受到冲击的背景下，通过云锦服饰文明探讨传承与创新就显得特别重要。用云锦服装作为物质载体来进行交流，一定会共同推动中国织锦服饰文明的发展和创新。这，将是云锦发展的必由之路。

杨冀元

游走在新老工艺间的新传人

杨冀元，1986年出生，南京云锦研究所有限公司设计中心副主任。2006年入职南京云锦研究所，主要负责云锦新品设计开发、丝织文物仿制等相关工作。她带领的新生代团队在实践中不断摸索，再接再厉，旨在让南京云锦传统技艺世代传承好、发展好。2019年，她入选“南京云锦织造技艺”市级代表性传承人。

口 述 人：杨冀元

采访时间：2021年8月19日15：00

采访地点：南京云锦研究所有限公司设计中心

问：1999年，南京云锦研究所花费13年时间复织了湖南马王堆出土的素纱襌衣，重量仅重49.5克，比原件重了0.5克；2019年4月，您作为项目负责人再次仿制的素纱襌衣，重量49克，与原件的重量相同。第二件的重量比第一件轻了0.5克，在工艺方面有哪些不同的地方？

答：2019年，所里与湖南省博物馆签的是仿制合同，我们团队的采样工作都是隔着有机玻璃罩进行的，所有的数据都要隔着玻璃靠脑子估算甚至猜想，没有实物可摆放在眼前作参考。

新的仿制件在选料上精准地使用了纤维细度只有11 ~ 13旦的蚕丝，这是云锦前辈们20世纪90年代的工艺研究成果，为我们团队完成这次仿制任务节约了大量的时间，我们只花费一年半时间就完成了。

在织造时，因为素纱没有纹样，没有起花，是平纹，但对经纬密的要求很高，这很考验织手的技艺。素纱的丝很轻很细，拿在手上几乎看不见，只能凭手感才能摸到丝，一厘米控制在50梭，不能多也不能少，不像其他织物一厘米多个两三梭，下一厘米可以补救过来。一个熟手每天可以织10厘米左右，它的技艺难点在于织手要用手感寻找最恰当的力道，每天织的手感力道要一样，如果用力大一点，丝就会断，过多的断头会影响面料轻薄的质感；用力小一点，就会导致丝线松紧不一，面料上留下一道道路子，成为“次品”。织手日常用蚕丝织造时，使用的配件是铁梭子，两头是铁的，分量较重，这次仿制把它改成了木梭，这样就没有摩擦的痕迹了。

这次新的仿制件任务时间主要是花费在了成衣制作上。这次采样的是丝织文物原件，这才发现素纱禅衣真正占重量的不是素纱面料，而是领口和袖口的绒圈锦，用的蚕丝最多，还有背面的绢。我们团队用现代电子意匠工艺辅助挑花，把握了纹样尺寸。

素纱禅衣单衣的幅宽只有48厘米，为此，所里专门设计装造了一台48厘米宽的机台。素纱禅衣面料轻薄，裁剪的技术很重要，稍微用力就会破损或变形。制作团队沿用传统古法，先将面料平铺，再用喷壶喷至潮湿并拉直，等面料半干时，按制版进行绘制及裁剪。裁剪采用抽丝裁剪法，如剪一条直线，就需抽一根丝进行裁剪，这样既固定了面料也使裁片更加平整。

制作团队尝试制作了大小样衣共10件，通过样衣仔细研究素纱禅衣的缝制方式。用最细的12号针进行缝制，原丝织物平均1厘米走4根针到5根针，这次复原了西汉时的缝制方法，在符合所有制版采样数据的情况下进行斜向移位缝纫，每一部分拼接缝纫所用的针法、针脚、针距都与原物一样。比如缝边宽度与原物同为0.3厘米。

原件

仿制件

2021 年完成的素纱禅衣　　　　（南京云锦研究所供图）

用的缝线是与面料染色相同的极细丝线单股手工缝纫，保证丝线的重量不对服装重量造成影响。最终完成了仿制件，交付给湖南省博物馆了。

问：素纱襌衣仿制完成后，研究所又仿制了哪几件丝织文物，它们的难度在哪里？

答：在素纱襌衣之后，所里又受湖南省博物馆委托仿制的其他 5 件丝织物分别是印花敷彩纱丝绵袍、朱红菱纹罗丝绵袍、黄褐绢地“长寿绣”枕头、羽毛贴花绢、漆纚纱冠等。现在看来，与西汉同时期的这几件丝织物相比，素纱襌衣的仿制工艺其实是最简单的。我们团队的采样工作同样是隔着有机玻璃罩进行的。

①印花敷彩纱丝绵袍

秦至西汉的贵族服饰没有明确的规定，西汉时期的服饰形式多样，绵袍有长有短，衣襟有直有曲。印花敷彩纱丝绵袍是汉代妇女喜欢的一种时装，它是衣裳相连，它的衣襟开法学者称为襜褕直裾（矩形衣襟），不像曲裾（三角形衣襟）那样紧裹于身。

印花敷彩纱丝绵袍是我国出土的首次用印花与彩绘相结合的丝织物做的衣袍，是第一件画衣，在轻薄的素纱襌衣上做了印花工艺，还印了 7 层不同的纹样；彩绘完全突破了古代刺绣纹饰的束缚，反映出汉代印染加工技术的高超，是古代彩绘工艺中少有的珍品。

为了更好地还原丝织文物的相似度，我们团队还把矿物颜料在墓里时间久远晕出的时代印记也做了出来，还必须要保证晕的规律及花纹，这就极大地增加了难度。矿物颜料不能太水，否则轻薄的素纱一下就晕开了；也不能太干，否则就会盖住素纱的网孔。

②朱红菱纹罗丝绵袍

朱红菱纹罗丝绵袍是西汉时期贵妇的服装，它是曲裾（三角形衣襟），上衣下裳相连，衣领相交，衣襟由左向右折到右侧身旁，这种款式在西汉早期贵族妇女中很流行。它的面料是一种单色的暗花绞经组织丝织物。朱红的颜色要用朱砂染，朱砂现在很难找到。它的菱形图案，文献中称“七彩杯文绮”，所以菱纹罗也叫杯纹罗。

原件

仿制件

2021 年完成的印花敷彩纱丝绵袍　　（南京云锦研究所供图）

原件

仿制件

2021 年完成的朱红菱纹罗丝绵袍 （南京云锦研究所供图）

从织造技术看，朱红菱罗丝的面料工艺较复杂。它是四经绞罗工艺，只有二分之一头发丝粗细的丝线通过四经绞罗工艺，一个组织循环有经丝330多根，纬线200多根，经线中地经和纹经各占一半，二者相同排列。上机时需要有提花束综装置和绞经装置相配合，通过两人配合超过100个单独提升动作并加以控制，才能完成错综复杂的动作。一人专司绞经和下口综踏木，并投杼工作；另一人专门挽花，地经有80多根是对称的，需40多个提升动作。纬丝的半数是绞经动作，由踏木控制，才能织成这种罗孔清晰、花地分明的罗。

③黄褐绢地“长寿绣”枕头

马王堆一号汉墓木椁北边箱出土的黄褐绢地“长寿绣”枕头是个长方形的药枕，出土时内部填塞佩兰叶。两端的枕顶用起毛锦，上下两面为茱萸纹绣，而两个侧面则用“长寿绣”香色绢。上下和两侧面的中部，各有一行绛红线缕钉成的四个十字形穿心结，每个结都是横线压竖线，两端也各有一个十字结，以便约束枕内填塞的草芯。它有三种工艺的面料，即绒圈锦、经锦和刺绣。西汉时期的刺绣工艺很精细，线很细，针脚很细，一厘米针脚用了8根索针，这是请了湘绣研究所帮助完成的。

原件

仿制件

2021年完成的黄褐绢地“长寿绣”枕头
（南京云锦研究所供图）

④羽毛贴花绢

羽毛贴花绢是汉代使用最普遍的一种白色平纹丝织物，一般称为绢。细密的又称为缣，轻薄的则称为纨。当年在马王堆汉墓出土的辛追夫人棺盖板和四壁板上粘贴了一层羽毛贴花绢，在它的周边，又加饰一条宽12厘米的铺绒绣，用贴丝织品作棺盖饰具有强烈的装饰效果，这种葬制还是第一次发现，寓意是为死者披上一件羽衣，祝愿死者飞天升仙。

这两块面料上贴满了密密麻麻、各种各样的羽毛，如翠鸟毛等。把羽毛上很细的小绒毛剪成头发丝大小，用牛皮胶一根根钉上去，从而用不同鸟的绒毛的颜色拼织出一幅画。这是点翠工艺。

我们团队通过显微镜分析采样之后，再做蛋白质分析，分析出了作为羽毛来源的鸟的种类，跑了许多动物养殖基地，但很多鸟类因为是保护动物而无法采集羽毛，只能通过不断对比去寻找替代品。

在仿制时先将绢做研光和上浆处理，再用红、黑等不同的颜色绘出菱形图案，然后分别顺贴橘红、青黑两色羽毛，两色羽毛之间又贴宽 2.8 毫米的绢条组成菱形勾连纹。中央的柿蒂形花饰，是用贴有羽毛的绢片图案，四周边缘用 0.9 厘米宽的绦带框边，显得层次分明，色彩斑斓。

⑤漆纚纱冠

漆纚纱冠是汉代武官的“乌纱帽”，出土时盛放在油彩双层长方漆奁内，应是墓主人生前的官帽，这种纱冠对后世的影响深远。如明代文武百官所戴乌纱帽，就是外蒙乌纱。因此，也可以说这件纱冠是我国迄今所见最早的乌纱帽实物。明代的金丝翼善冠就是由这个纱冠演变来的。它出土后至今就没有对外展示过，因为它每年都在以一定的比例细微坍塌。它是湖南省博物馆唯一一件还锁在仓库保险柜里的文物。

这个纱冠的工艺非常特别，它不是普通的纱线编织的，是蚕丝线编出来的，它的经纬组织叫“纂”，将左斜经线和右斜经线分成两组开合交替一上一下编织而成，看上去就像铁丝编的。布料斜覆在头模上会自动根据头型进行伸缩，变得平整，不会有任何拼缝，再加嵌帽框的固定线。它编成后，菱形的网孔分布均匀，如同丝织品中的平纹织物纱，所以称为纚，然后在经纬线上反复多次涂刷大漆。这个帽子密度非常大，一厘米有十个孔，这个工艺是我们团队经过一次次试验研发出来的。

这批仿制件有望将来替代原件，对公众展出，呈现西汉时期的工艺的风采。

吴　颖
让云锦贴近大众的传播人

吴颖，1986年出生，南京承创织绣文化发展有限公司负责人。2017年，吴颖创办了自己的工作室，几位年轻人致力于推广南京云锦文化，让云锦走进大众生活，在云锦创意上不断地推陈出新，用这种方式留住南京云锦技艺，努力让云锦成为人们日常生活中触手可及的美物。

口 述 人：吴颖

采访时间：2021年8月3日15：30

采访地点：南京晨光1865创意产业园江苏省文化创意成果展示中心承创空间

问：您打算如何推进工作室的品牌建设？

答：南京云锦具有不可估量的文化价值、经济价值与品牌价值。但在现代新兴业态的冲击下，品牌的重塑迫在眉睫，重塑需要借助创新的力量。我成立的公司叫承创，承就是传承，创就是创新。

云锦中有图案、色彩、组织结构、织造工艺等，它的图案在数百年发展过程中形成了固定的程式化主题，如花开富贵、吉庆有余、事事如意等。

它的色彩是传统的搭配方法，在浓淡、层次、韵律方面要有变化，主要是通过色晕来达到过渡效果。有浑晕和间晕两种。浑晕，是将色彩从浓到淡渐次退晕；间晕，是将色彩从深到浅分成几个层次退晕（可以是一种色调或两三种不同的色调）。云锦常用间晕中的三晕（将彩色分成三个层次的色阶）或两晕（将彩色分成两个层次的色阶）技法。这种有韵律、调和、对比统一的晕色技法，非常符合科学的美学原理，对我们今天的云锦创作仍有一定的指导意义。

它的材质考究，用真丝线、真金线及各种鸟兽羽毛等来织造，用的是传统大花楼木织机进行手工织造。这些都是要原汁原味地传承的。

云锦要回归生活，就要创新。成立公司的几年间也在伴随着文化复兴的热潮，云锦在内容上出现了一些新设计、新变化，在形式上也有了新突破。比如现代人对太浓烈的颜色不太喜欢了，所以我们公司在面料的色彩上加入灰调，把颜色做得更淡雅一点，底色不选明度较高的。还会在面料的暗纹上做设计，如加入博古纹、水波纹、云纹，还有汉字、甲骨文等凸显它的主图，把传统图腾的龙图案结构作简化，线条变得简约。

以往的销售模式大多把云锦产品做成一个画框、卷轴挂在家中，现在人们的生活空间、居住环境发生了很大变化，首先要了解消费者的需求是什么，我们公司从今天的生活方式、生活空间、技术与信息更新还有人们的接受心理和习惯角度出发做出了探索和创新。

问：您认为应该如何在传承与创新中找到一种平衡？

答：云锦织造工艺复杂，费时费工，两名熟练的织手一天只能织出五六厘米，如果制成成衣，仅服装用料就得织上一个月，最后服装成衣售价在几万元至十几万元之间，普通大众难以接受。现在有些企业虽然也称是手工织造，但为了省事，图效率，把其中的很多过管、挖花的工序都省了，这样生产出来的面料就会有明显的瑕疵。如何将云锦传统技艺与创意设计巧妙融入新品是我们公司要攻克的最大难题，这不仅要处理好各环节之间的关系，还要找到工艺、材料等技术问题与成本、价格之间的平衡点。首先在设计上，用电脑来进行图稿加颜色的一次性完成，把设计和意匠这两个环节进行结合，速度提高了。挑花环节也可以通过机器来进行，以前可能要花几个月才能完成的一个花本，现在可能一两天就可以完成了。公司还与合作工厂一起研制了可以模拟云锦的工艺原理和结构的机器，使它既能保留传统云锦中最显著的几个特点，包括色彩的丰富度、织线的立体感和紧致度等，又能实现云锦面料产业化、规模化生产，这样成本一下就降低了，售价仅为传统手工云锦的八分之一左右。

2020 年设计完成的云锦香囊文创

（受访者供图）

2019 年设计完成的云锦五行茶套（受访者供图）

问：让云锦回归大众生活美学方面，它的拓展空间在哪里？有系列化的设计思路吗？

答：我们公司采取“订单化生产”的模式，如与茶艺品牌、珠宝公司、高档酒店等合作，为他们的产品量身定做外包装礼盒、礼品袋、室内布置等。订单化生产的好处就是不会积压，前期的打样费都能消化掉，无形中降低了成本。

我们公司很注重整体品牌风格，紧紧围绕当代生活美学，在产品文化、外形、包装、使用场景上，提炼云锦的美，用云锦改良面料做沙发布，做墙壁上精美又防火的壁纸，在国潮盛行的时代里，云锦的用途也需要发生变革。同时也设计了一系列衍生文创产品，从云锦礼服、围巾、鞋子，到云锦手袋、钱包、珠宝盒，还出现了云锦桌椅、屏风、挂画、胸针等一系列文创产品融入人们的日常生活中。

问：您是如何把握当代人的消费心理和消费趋势的？

答：传统的东西有了新的形式才能对大众有着更加深刻的冲击力。当代人喜欢与

2021 年，云锦匹料用于丽思卡尔顿酒店墙面装饰 （受访者供图）

众不同，倾向有个性和品位的用品。我发现 40 岁以上的消费人群，和 40 岁以下的消费人群，他们的消费观完全不同。40 岁以上的消费群体追求生活品质，他们对做工、品质会更加讲究，线下店的体验方式更适合他们，分享和体验交流并与他们做互动，让他们真实地感受到云锦手工织造的魅力，但他们需要的是创新图案；40 岁以下的消费群体大都在动漫、二次元的环境中成长，我们设计的云锦一定要与这些有关，他们反而更喜欢传统的图案。

问：您的创新公司期待怎样的支持？

答：首先，希望政府出面帮助我们小公司去做引荐，能参与市场的公平竞争。其次，需要一个相对权威的官方或半官方的监管机构，出台行业标准，在监管产品质量的同时，做好产业布局。目前南京云锦没有行业标准，没有监管，市场上经常出现以次充好的现象。我曾经去日本考察过做真金线的企业，有十几家，每家特色不一样，有的厂家含金量高，有的厂家线粗，有的厂家线细，有的厂家颜色亮等，他们有协会监管，这是个非营利组织，同时也在保护他们，帮他们宣传，这样每家企业就做好自己的事儿就行了，不需要花精力去做宣传。如果有人购买金线时，协会会把厂家全部组织来，拿出各家的产品，谈价格时，所有厂家的价格会报给协会，由协会出面统一去谈价格，这样做就避免了恶性竞争，保护了团体的利益。我也希望南京有这样的机构，根据不同的市场需求，去帮助云锦的企业做推广和推荐，这对云锦传统工艺的发展是一种很好的保护方式。

2023 年兔年云锦文创盲盒　　（受访者供图）

编著者说

2023年6月，习近平总书记在北京出席了文化传承发展座谈会并发表了重要讲话，指出在新的起点上继续推动文化繁荣、建设文化强国、建设中华民族现代文明。这为我们新时代从事公共文化服务的工作者提供了根本遵循和努力方向，我们应扛起政治责任，强化历史担当，担当文化使命，为践行“两个结合”做出南京贡献。

每一个城市都有独属于自己的文明印记，也许它们没有什么耀眼的光环，普通到只是城市中老百姓的生活日常。但，它们是这个城市最厚重的历史积淀，具有鲜明的民间性、生活性和广泛的群众参与性。它们具有公共文化属性，是公共文化的组成部分。散落在南京城市的非物质文化遗产项目便是这样的存在。

作为一名从事公共文化服务的工作者，自2001年5月18日“中国昆曲艺术”被联合国教科文组织列入首批“人类口头和非物质遗产代表作”起，保护作为南京文明印记和名片的非物质文化遗产，便成为我的工作内容和职责使命。2004年，我开始参与南京的非物质文化遗产保护工作，对如何挖掘、研究、保护、传承南京非物质文化遗产资源，如何加强非物质文化遗产品牌建设，如何充分发挥非物质文化遗产传承人的作用，更好地促进非物质文化遗产与公共文化服务建设的融合发展等问题的思考一直与我如影随行。

从2017年始，我萌生了写作本书的想法，拟以南京云锦人的个体口述为基础，建构一部能够反映中华人民共和国成立后南京云锦研究所发展主线的著作，突出申遗等重要的历史时刻，从口述史学科的角度，提炼出一个活态的、正在发生的、当代的历史。其中学艺、传承、技艺、事件，关注几代云锦人的心路历程，释放他们的酸辣苦涩等将成为我写作的重点。

“南京云锦织造技艺”是南京众多非物质文化遗产中的一朵绚丽奇葩。从20世纪50年代至2016年的近60年间，南京云锦研究所及与云锦行业相关的人士等已从不同的角度非常专业、深入、细致地写过关于南京云锦的历史、品种、织造技艺、图案艺术研究等的书籍，如《南京云锦史》《中国南京云锦》《南京云锦图典》《中国文武官补》《南京云锦图案》及不同版本的《南京云锦》等，为南京云锦的保护、传承与发展做出了突出的贡献，从不同层面展示了南京云锦的历史、科技与文化艺术价值。但其中缺少一本与口述历史相关的书籍。

这本书的提纲设置和构架思路，既源于已有的关于20世纪包括当下南京云锦发展的线索和文献，又侧重于每次的专访。专访是撰写这本书最基本和最主要的事实依据，全书设置传承篇、申遗篇、发展篇3个篇章，主题鲜明，用细水长流式的讲述方式展现云锦之美、南京之美、中国之美。

这，对我来说也是一项挑战。

6年多的写作期间，我寻访到37位南京云锦人，他们身在北京、南京、瑞士等地，有的是技艺的传承人、创新人、志愿者，有的是曾参与过云锦保护工作的从国家到地方的各级领导、专家，还有留存市井记忆的普通南京市民等。他们饱含深情地讲述了来自久远岁月的记忆，斑驳却不失鲜活。他们在交谈与聊天中会告诉我，那个年代是什么样的，那个年代的人是什么样的，他们年轻的时候是怎么做的，他们处事的方式是又怎样的。于是，我就知道了那个年代他们是怎么生存的，他们为什么这样生存。

有些人我需要去采访三次或四次，每一次采访我都有不同的感受，他们的口述随兴而谈，随意而至，流于细碎，却很有趣，在不经意间流露出来的，是遍寻史书也不能得的真实。它是活的，活灵活现的，是有生命力的。我和他们产生了共鸣，一同感受他们那个年代的呼吸，他们对云锦的热爱。他们具有的那种质感是南京云锦人身上所具有的魅力。最终，个体的故事汇集成了一部集体的记忆。

在采访的过程中，我并不期待每个人都善言辞、易配合。在决定采访前，我首先要思考的是，在我心中对方是一个怎样的人，当我准备写他（她）并想将他（她）呈现给读者时，我要寻找他（她）身上最难捕捉到的点。所以，认真、细致且具有针对性的准备工作是必须的。开始正式的口述采访之前的准备工作大致可分为三个方面，知识性的准备、采访提纲的编写、前期的沟通与适应。

我就如一个解密者，一片一片地寻找着拼图，最终把它们平衡扎实地拼在了一起，历史就清楚明了了。我把这本书作为向南京云锦研究所呈送的一份云锦档案。“对于一个民族，我们既要看它过去的辉煌，又要看它当下的坚定。”记得有部影片中有这样一句台词，它很好地诠释了我写这本书的现实意义。

对南京而言，云锦是“金字招牌”，首先有助于旅游业、文化创意产业等领域的提档升级；其次能保障南京市民的基本文化权益，是南京公共文化繁荣的重要标志。

希望这本书能为公共文化服务工作的可持续发展提供参考，能够助力南京城市公共文化品牌打造和城市形象塑造，增进传承人与南京的纽带关联，推动南京非物质文化遗产实现创造性转化、创新性发展，形成规模化、品牌化效应，这是我写这本书的出发点和动因。在未来的发展进程中，有计划、有步骤、高质量地建成与南京文化强市相适应的南京非物质文化遗产传承、保护、发展与南京公共文化服务高质量发展体系，是构建江苏乃至中国非物质文化遗产、公共文化服务高质量发展理论体系、学术体系、学科体系、话语体系的时代任务。

这本书我也写得特别幸福，因为得到了太多、太好的帮助。感谢我的老领导南京市文化旅游局原副局长李为民先生，南京市文化馆原副馆长（研究馆员）、南京市非物质文化遗产保护中心原主任王露明先生，谢谢他们长期以来对我的栽培和信任。王老在疫情防控期间，还一直在帮我认真细致地修改文稿，帮助我修改书的框架结构。本书所有的访谈者都想尽办法帮助我寻找与文章相匹配的高清图片，希望这本书更加赏心悦目。

南京云锦研究所原所长王宝林先生、原副所长张玉英女士专门帮助我联系北京、海外的与南京云锦事业发展相关的领导、驻外文化参赞及志愿者，还帮助我到所里查找档案资料。感谢他们对南京云锦的热爱和帮助，感谢他们对我个人的支持和帮助！感谢王维女士，感谢江苏省文化产业协会对我出版这本书的无私帮助。

感谢江苏省地方志编纂委员会办公室主任左健伟先生、南京市地方志编纂委员会办公室主任姜巧玲女士及相关专家们对我这本书的认可和帮助，并把本书列入2023年度江苏省重点史志作品编纂出版资助项目，给予资金和支持！谢谢南京市地方志编纂委员会办公室的全体同仁所给予的专业指导和所有的付出！同时，也感谢南京出版社社长卢海鸣先生在我写作过程中付出的大量心血和关爱，最后要谢谢南京出版社的各位编辑对我的大力支持和帮助，让这本书漂亮面世！

2023年于南京立秋的阳光下

后　记

新时期，南京市地方志编纂委员会办公室积极探索方志文化创造性转化和创新性发展，充分发挥社会资源优势和专家学者智库作用，取得丰硕成果。

南京云锦有着 1600 多年的历史。2009 年，“南京云锦织造技艺”入选联合国教科文组织“人类非物质文化遗产代表作名录”。云锦，不仅是南京所特有的传统历史文化标志，也是中华民族和全世界珍贵的历史文化遗产。如实记录云锦的发展历史，延续城市根，传承文化魂，是方志工作者的历史使命和责任担当。

2022 年 5 月，江苏省地方志编纂委员会办公室启动实施重点史志作品编纂出版资助计划，旨在激励和鼓励全省地方志系统在史与志编纂领域创新性探索、奋发作为。

我们关注到万宝宁女士正在编著《南京云锦人口述史》一书。感佩于万女士对于云锦的浓厚情怀，她以异于常人的坚韧与执着，花费了 6 年多的时间搜集材料，采访了 30 多位与云锦有渊源的人士，整理、撰写并形成了初具规模的文稿。在充分酝酿、友好协商的基础上，我们达成合作，以口述史的全新视角，通过呈现真实的集体记忆，编著一部展现中华人民共和国成立后南京云锦由衰落而再度兴盛的历史发展脉络的史志作品。

南京市地方志编纂委员会办公室将该作品列为创新工作项目纳入编纂出版计划，积极申报并成功入选江苏省重点史志作品编纂出版资助项目。

编著过程是艰难的，出版过程亦如此。

《南京云锦口述记忆》一书采取了省、市地方志编纂委员会办公室资助指导，万宝宁编著，南京出版社出版的合作模式。2022 年 9 月，万宝宁女士完成了初稿；2023

年11月上旬定稿，并申请江苏省地方志编纂委员会办公室终审验收。历时1年半，其间，南京市地方志编纂委员会办公室多次组织召开内审研讨会，邀请各方专家召开2次审稿会，研究探讨在依据地方志出版规范要求和如实记述历史原貌的基础上，如何以新颖、独特的方式来呈现南京云锦的发展历史。专家们对书稿提出的修改补充意见和建议是多层面、全方位的，包括框架调整、受访人选、内容表述、出版规范等。南京市地方志编纂委员会办公室和万宝宁女士协同合作，对书稿进行多次修改、倾力打磨。书名由《南京云锦人口述史》改为《南京云锦口述记忆》，原历史、传承、见证、发展4个篇章调整归类为传承、申遗、发展3个篇章，受访者最终确定为37人等等。对于书中相关人物的规范性表述，商请市台办等相关部门予以审核。就封面和版式设计，与出版社美术编辑进行充分沟通，希望以最美的方式展现云锦之美、云锦人之美。与此同时，邀请专业制作团队，跟随编著者的采访节奏，同期录制人物采访视频。

《南京云锦口述记忆》是集文字、图照以及代表性人物专访视频为一体的有关南京云锦人集体记忆的首部口述史志作品，全书有约20万字、200余幅图照和10分钟的人物采访视频。

本书通过访谈，将已尘封的有关云锦的历史记忆一页一页地呈现出来，使有价值的个人记忆成为一个民族的精神宝藏，从而生动地展现出南京云锦由衰落而逐渐走向兴盛的历史发展脉络。体现出在党和政府的重视和支持下，一代又一代云锦人把南京云锦从几近失传、濒临灭绝的险境中挖掘抢救、保留火种，到不断尝试、复织成功而使之重获新生的历史过程；呈现出从申遗八年、一朝成功，到图存谋变、开拓创新，让云锦走入百姓人家、迈向世界舞台的历史瞬间；再现出以访谈者为代表的亲历者为了云锦发展、发展为了云锦、为了发展云锦的心路历程，折射了几代云锦人坚韧执着、追求卓越的敬业精神。值得欣慰的是，我们通过镜头跟踪记录下了部分云锦人的心声，非常珍贵。

自强不息的信念、行稳致远的逐梦情怀，不仅是南京云锦人的精神，而且是中华民族世代相传的民族精神。我们希望这部作品用娓娓道来的讲述方式展现云锦之美、南京之美、中国之美，并成就一部独特的、创新型的史志精品。

“对历史最好的继承，就是创造新的历史；对人类文明最大的礼敬，就是创造人类文明新形态。”

《南京云锦口述记忆》的问世，是万宝宁女士致力于南京非物质文化遗产保护与传承的一部力作，也是南京方志人聚焦新的文化使命，在新的历史起点上，在中国式现代化南京新实践中贡献方志智慧和力量，推动文化繁荣的最好印证！

感谢江苏省地方志编纂委员会办公室陈华副主任及方志同仁们的专业指导，感谢南京出版社卢海鸣社长的精心策划与指导，感谢尤岩女士，王露明、高安宁、王达云先生等对于本书所奉献的才智，感谢南京硬腿子网络科技有限公司制作的精彩视频，感谢南京出版社诸多同仁的支持与帮助……

谨以这部南京云锦人的集体口述记忆，致敬岁月、礼赞云锦！

南京市地方志编纂委员会办公室

2023 年 11 月